COMMENT
RÉDIGER
MON PLAN
D'AFFAIRES

2ᵉ **édition** revue et enrichie

Les Éditions Transcontinental inc.
1100, boul. René-Lévesque Ouest
24e étage
Montréal (Québec) H3B 4X9
Tél.: 514 392-9000
1 800 361-5479
www.livres.transcontinental.ca

Les Éditions de la Fondation de l'entrepreneurship
55, rue Marie de l'Incarnation
Bureau 201
Québec (Québec) G1N 3E9
Tél.: 418 646-1994, poste 222
1 800 661-2160, poste 222
www.entrepreneurship.qc.ca

La collection Entreprendre est une initiative conjointe de la Fondation de l'entrepreneurship et des Éditions Transcontinental visant à répondre aux besoins des futurs et des nouveaux entrepreneurs.

Distribution au Canada
Les Messageries ADP
2315, rue de la Province, Longueuil (Québec) J4G 1G4
Tél.: 450 640-1234 ou 1 800 771-3022
adpcommercial@sogides.com

Données de catalogage avant publication (Canada)

Belley, André
Comment rédiger mon plan d'affaires
2e éd., rev. et enrichie.
(Collection Entreprendre)
Publ. antérieurement sous le titre: Comment rédiger son plan d'affaires. c1996.
Publ. en collab. avec: Fondation de l'entrepreneurship.
Comprend des réf. bibliogr.

ISBN-10: 2-89472-320-2
ISBN-13: 978-2-89472-320-3 (Éditions Transcontinental)
ISBN-13: 978-2-89521-094-8
ISBN-10: 2-89521-094-2 (Éditions de la Fondation de l'entrepreneurship)

1. Plan d'affaires. 2. Projet d'entreprise. 3. Entreprises - Planification. 4. Entreprises nouvelles. 5. Affectation des ressources. I. Dussault, Louis. II. Laferté, Sylvie. III. Titre. IV. Titre: Comment rédiger son plan d'affaires. V. Collection: Entreprendre (Montréal, Québec).

HD30.28.B45 2006   658.4'012   C2006-941294-4

Révision: Jacinthe Lesage
Correction: Carmen Desmeules
Conception graphique de la couverture et mise en pages: Studio Andrée Robillard
Impression: Transcontinental Gagné

Imprimé au Canada
© Les Éditions Transcontinental inc. et
Les Éditions de la Fondation de l'entrepreneurship, 2006
Dépôt légal — 3e trimestre 2006
Bibliothèque nationale du Québec
Bibliothèque nationale du Canada
ISBN-13: 978-2-89472-320-3
ISBN-13: 978-2-89521-094-8

Nous reconnaissons, pour nos activités d'édition, l'aide financière du gouvernement du Canada, par l'entremise du Programme d'aide au développement de l'industrie de l'édition (PADIÉ), ainsi que celle du gouvernement du Québec (SODEC), par l'entremise du programme Aide à la promotion.

André Belley

Louis Dussault

Sylvie Laferté

COMMENT
RÉDIGER
MON PLAN
D'AFFAIRES

2e édition revue et enrichie

fondation de l'entrepreneurship

La **Fondation de l'entrepreneurship** s'est donné pour mission de promouvoir la culture entrepreneuriale, sous toutes ses formes d'expression, comme moyen privilégié pour assurer le plein développement économique et social de toutes les régions du Québec.

En plus de promouvoir la culture entrepreneuriale, elle assure un support à la création d'un environnement propice à son développement. Elle joue également un rôle de réseauteur auprès des principaux groupes d'intervenants et poursuit, en collaboration avec un grand nombre d'institutions et de chercheurs, un rôle de vigie sur les nouvelles tendances et les pratiques exemplaires en matière de sensibilisation, d'éducation et d'animation à l'entrepreneurship.

La Fondation de l'entrepreneurship s'acquitte de sa mission grâce à l'expertise et au soutien financier de plusieurs organisations. Elle rend un hommage particulier à ses **partenaires** :

ses **associés gouvernementaux** :

Québec 🝖🝖   Canadä

et remercie ses **gouverneurs** :

Raymond Chabot Grant Thornton

À la mémoire d'André Belley

Remerciements

La conception et la rédaction d'un ouvrage comme celui-ci émanent de l'esprit de plusieurs personnes. En ce sens, nous tenons à remercier tous les entrepreneurs qui ont bien voulu partager avec nous leur projet d'entreprise.

Nos remerciements vont aussi à tous nos étudiants qui ont discuté avec nous des différentes versions de ce volume et de leur projet d'entreprise.

Enfin, nous remercions plus particulièrement Annie Normandin et les jeunes fondateurs de l'entreprise de fabrication de celliers La Vieille Garde inc., soit Jean-François Perron, Dany Piché et Louis Gagné, qui nous ont généreusement permis d'utiliser leur plan d'affaires pour illustrer nos propos.

Préface

Plusieurs années comme gestionnaire d'organismes œuvrant dans le capital de risque m'ont appris toute l'importance de la préparation des projets d'affaires. Trop souvent j'ai vu des promoteurs agissant sans préparation et se comportant comme s'ils adhéraient à la maxime : *On n'est jamais perdu si on n'a aucune idée de sa destination.*

Voilà un beau principe pour aller nulle part. Ces cow-boys de l'entrepreneuriat, à l'ego surdimensionné, sont les mêmes qui se sentent insultés lorsqu'on leur pose des questions, et qui sont allergiques à la production de documents, « paperasserie inutile » qui les retarde dans leur démarche pour devenir millionnaires grâce à leur génial projet. Ce sont eux aussi qui prônent un guichet unique pour les entrepreneurs... et de préférence un guichet automatique !

Une telle attitude nourrit les statistiques de mortalité des jeunes entreprises. Elle nourrit aussi l'aversion pour le risque que les financiers ont développée dans les dossiers de prédémarrage et de démarrage.

Le présent ouvrage démontre que monter un bon plan d'affaires est pourtant chose simple. L'édition précédente a d'ailleurs fait ses preuves auprès de milliers d'entrepreneurs potentiels, de professeurs et d'étudiants. La présente édition gagne encore en pertinence et en qualité, avec notamment un exemple supplémentaire de plan d'affaires, cette fois dans le domaine manufacturier. Bravo aux auteurs qui nous fournissent cet outil pratique qui, par sa clarté et sa qualité, contribue à améliorer les pratiques entrepreneuriales. On le sait : *Comme on fait son lit on se couche.*

Les plans d'affaires bien exécutés mènent le plus souvent à des projets réussis.

Félicitations à Sylvie, à Louis et à leur complice de la première heure, André, qui n'est plus là mais qui reste très présent dans nos cœurs.

Michel Belley
Recteur
Université du Québec à Chicoutimi

Table des matières

Comment utiliser
ce livre

Ce volume regroupe toutes les questions auxquelles vous devrez répondre pour rédiger votre plan d'affaires. Il est structuré de la même façon que le sera votre plan d'affaires, une fois que celui-ci sera terminé. La figure 1, que vous trouverez dans l'introduction de ce volume, montre cette structure. Quoi qu'il en soit, la rédaction du plan d'affaires résultera de l'efficacité de votre recherche, de l'analyse que vous ferez de l'information recueillie et des décisions que vous prendrez.

Pour vous aider dans cette démarche, nous vous présentons les principales sources d'information dans le premier chapitre, alors que nous mentionnerons d'autres sources d'information pertinente dans chacun des chapitres suivants. La recension de ces sources d'information n'est pas exhaustive ; il est possible que certains organismes soient manquants ou que d'autres se soient ajoutés ou aient disparu entre le moment où nous avons écrit ces lignes et le moment où vous entreprendrez la rédaction de votre plan d'affaires. Le cas échéant, communiquez avec votre municipalité et informez-vous des ressources disponibles dans votre localité.

Des sections très importantes

Dans tous les chapitres où cela s'est avéré pertinent, nous avons inséré une section intitulée **Le sommaire des coûts.** Cette section a pour but de vous permettre de retrouver, en un même endroit, tous les renseignements dont vous aurez besoin pour produire vos prévisions financières (chapitre 12).

De plus, pour vous aider dans la réalisation de votre travail, vous trouverez, à la fin de chacun des chapitres (sauf le premier), un exemple de ce qui aura été présenté. Vous y trouverez les sections d'un plan d'affaires complet réalisé dans le cadre d'un cours de démarrage d'entreprise de deuxième cycle universitaire. Nous avons choisi le plan d'affaires de la boutique Viens bouquiner, qui se spécialise dans la vente de livres d'occasion. Les données qui y figurent sont en grande partie réelles ; nous avons cependant retranché ou ajouté certains renseignements afin de mieux illustrer notre propos et dans le but de préserver la vie privée de la promotrice du projet. On trouvera toujours cet exemple sous l'appellation suivante : **Plan d'affaires Viens bouquiner.**

À la fin de chaque chapitre, vous trouverez un tableau intitulé **Les applications propres à votre projet.** Ce tableau reprend les principaux éléments du chapitre et le travail à effectuer pour rédiger votre plan d'affaires. Il est conçu de façon que vous puissiez facilement préciser ce qui s'applique à votre projet. Il pourra aussi vous servir d'échéancier pour la réalisation de votre projet, puisque vous y retrouverez un espace pour indiquer une date d'échéance et les sources d'information nécessaires à cette étape. Bref, il s'agit d'une sorte d'échéancier de travail, que vous pourrez adapter selon vos besoins. À titre d'exemple :

● LES APPLICATIONS PROPRES À VOTRE PROJET ●

ÉLÉMENTS DE CONTENU DU PLAN D'AFFAIRES	CET ÉLÉMENT S'APPLIQUE-T-IL À VOTRE PROJET?	DATE D'ÉCHÉANCE POUR CETTE ÉTAPE	SOURCES D'INFORMATION À UTILISER
Forme juridique de l'entreprise	Oui	14 janvier 2006	Notaire Gagnon (444-2323) Palais de justice, rue Principale
Marché visé	Oui	30 janvier 2006	Mon étude de marché, Statistique Canada (Jean Labonté, poste 334)
Propriété intellectuelle	Non		

Enfin, à la fin du volume, vous trouverez un autre exemple de plan d'affaires, lié cette fois au secteur de la fabrication. C'est celui de l'entreprise La Vieille Garde inc., qui se spécialise dans la fabrication de celliers en bois haut de gamme.

Une proposition de méthode de travail

Nous vous suggérons de reproduire dès maintenant toutes les sections intitulées **Les applications propres à votre projet** et de les regrouper, dans un classeur à anneaux, par sujets. En effet, la première chose que vous aurez à faire sera de classer les données que vous aurez accumulées grâce à vos démarches, de façon qu'elles vous soient utiles et facilement accessibles. Ainsi, toutes les fois que vous trouverez un renseignement ou un document portant sur l'un de ces sujets, vous le classerez dans la section correspondante de votre classeur.

Dans certains cas, un renseignement ou un document pourra se retrouver sous plusieurs rubriques : reproduisez-le alors en quantité suffisante et classez-le dans les sections correspondantes.

Armez-vous d'un crayon et de courage, et lisez tout le volume une première fois. Repérez les sections qui s'appliquent à votre projet et indiquez-les sur les fiches **Les applications propres à votre projet**.

Il est fort possible que certaines sections du plan d'affaires ou que certains chapitres de ce volume ne s'appliquent pas à votre projet. Par exemple, si vous êtes travailleur autonome et que vous ne prévoyez embaucher aucun employé, la section sur les ressources humaines sera des plus brèves, sinon inexistante, dans votre plan d'affaires. Cependant, réfléchissez bien avant de laisser tomber une section, voire une seule question : elle pourrait avoir des implications que vous n'auriez pas imaginées à première vue ; par exemple, vous pourriez omettre de vous inscrire à la TPS et à la TVQ en pensant qu'une aussi petite entreprise que la vôtre n'y est pas assujettie.

Après avoir fait cette première lecture, reprenez toutes les fiches **Les applications propres à votre projet** et vérifiez si les sources d'information mentionnées, ou celles que vous avez relevées dans une section, se répètent. Reclassez les éléments qui s'appliquent à votre projet selon la source d'information. Cette façon de procéder vous évitera d'avoir à communiquer plus d'une fois avec une personne ou à visiter un centre de documentation ou un site Internet pour obtenir tous les renseignements dont vous avez besoin.

Lors de cette première lecture, vous pourrez déjà commencer la rédaction de certains éléments de votre plan d'affaires avec les divers renseignements que vous possédez déjà. D'autres s'ajouteront avec le temps et vous permettront de détailler votre projet et de réduire l'incertitude.

Il est parfaitement normal que, lors de votre première esquisse de plan d'affaires, des détails vous échappent. Votre idée est nouvelle, vous explorez des possibilités ; bref, votre concept n'est pas tout à fait au point. Répétons-le : le temps, vos recherches d'information, vos consultations, vos analyses et vos réflexions vous permettront d'ajouter tous les détails nécessaires.

Selon une expression populaire, « trop, c'est comme pas assez ». Aussi, dans votre recherche et votre analyse de l'information, ne péchez pas par excès. Ne vous contentez pas non plus du minimum. Établissez le niveau de détails que vous voulez atteindre dans votre recherche d'information. L'important est que vous ayez en main tous les renseignements utiles pour évaluer la faisabilité technique et commerciale de votre projet, de même que sa rentabilité. Vous pourrez ensuite déterminer si cette entreprise vous mènera à l'atteinte de vos objectifs personnels. Enfin, il est possible que certains renseignements ne soient pas disponibles ; vous devrez quand même prendre des décisions avec l'information dont vous disposerez. Cela fait partie du rôle de l'entrepreneur.

Nous avons connu des entrepreneurs qui ont cherché si longtemps toute l'information pertinente ou non pertinente à leur projet que d'autres ont démarré une entreprise semblable avant eux. Le résultat : un entrepreneur sans entreprise, un projet mort avant d'avoir vu le jour. À l'opposé, nous avons connu des entrepreneurs qui se sont contentés de peu de renseignements, mais qui ont oublié de vérifier des éléments aussi essentiels que les règlements municipaux. Le résultat : la fermeture de l'entreprise pour non-respect du règlement de zonage.

Dans votre plan d'affaires, vous devrez indiquer les sources d'information qui vous auront servi. Il peut s'agir de votre étude de marché, d'une référence bibliographique, d'un article de revue, d'une entrevue avec un fournisseur ou avec un représentant d'un organisme de développement économique. **Assurez-vous de toujours prendre en note la référence exacte, le nom et le numéro de téléphone de la personne interrogée, et ce, pour tous les renseignements que vous recueillerez.** Les lecteurs de votre plan d'affaires voudront connaître ces renseignements, et vous pourrez plus facilement retourner à vos sources de référence dans l'avenir. Tout écrire est l'un des secrets du succès d'un plan d'affaires, et c'est ce qui assurera que votre affaire se concrétisera.

Un plan d'affaires compte combien de pages?

On nous demande régulièrement combien de pages doit compter un plan d'affaires. Il y a plus d'une réponse à cette question. Ainsi, le plan d'affaires de la boutique Viens bouquiner compte quelque 50 pages écrites à simple interligne, dont les prévisions financières. Nous avons aussi vu des plans d'affaires de 20 pages, dans le cas de travailleurs autonomes exploitant leur entreprise à partir de la maison, alors que nous en avons vu d'autres qui comptaient près de 300 pages, dans le cas d'entreprises manufacturières où l'on devait construire un bâtiment, embaucher bon nombre d'employés et acheter beaucoup d'équipement spécialisé.

Quel que soit le nombre de pages, l'important est que vous ayez planifié toutes les étapes importantes de votre projet et que toute l'information pertinente s'y trouve.

À VOTRE TOUR !

 Cette invitation, que vous retrouverez à plusieurs reprises au fil de votre lecture, indique que le temps est venu pour vous de rédiger une section précise de votre plan d'affaires.

Maintenant, au travail !

Introduction

Cet ouvrage a pour but de vous aider dans la préparation de votre plan d'affaires. Il vous permettra de planifier votre projet d'entreprise dans sa globalité, de façon à prévoir et à minimiser les risques inhérents au démarrage d'une nouvelle entreprise.

L'élaboration de ce guide est le résultat d'une recension importante des écrits sur le sujet. Il combine l'expérience pratique que ses auteurs ont accumulée sur le terrain, au contact d'entrepreneurs, avec celle qu'ils ont acquise en donnant des cours portant sur la création d'entreprise.

La préparation d'un plan d'affaires n'est pas un exercice futile. Quoi que l'on puisse penser, son objectif premier est de simuler ce que sera l'entreprise convoitée au cours des trois à cinq premières années de son existence. L'entrepreneur qui investit une partie importante de ses ressources, sinon toutes, trouvera sans doute qu'il est capital d'évaluer si l'occasion poursuivie lui permettra d'atteindre les objectifs visés. Lorsqu'elles auront été prévues, les erreurs que la préparation du plan d'affaires aura permis d'éviter coûteront moins cher et seront moins tragiques que si elles étaient vécues en cours de réalisation. Le plan d'affaires demeurera, par la suite, un outil de gestion précieux qui servira d'outil pour toutes les personnes engagées dans le processus de démarrage de l'entreprise.

Le plan d'affaires représente l'étape de la planification, première étape du processus de management, qui consiste à planifier, organiser, diriger et contrôler les activités et les ressources essentielles à l'atteinte des objectifs poursuivis par l'entreprise et par l'entrepreneur.

Pour demeurer efficace, le plan d'affaires devra, par la suite, être maintenu à jour afin de refléter les conditions changeantes du milieu. Finalement, le plan d'affaires est un support essentiel à toute demande d'aide sollicitée par l'entrepreneur, que ce soit une demande de subvention ou de financement, ou encore la recherche de partenaires désireux de partager la propriété de l'entreprise. Il servira même à l'entrepreneur dans sa recherche de clients et de fournisseurs éventuels. En résumé, le plan d'affaires représente un outil d'analyse, un outil de négociation ainsi qu'un outil de gestion.

En fait, l'objectif de la préparation du plan d'affaires est d'abord de se convaincre soi-même que le projet est viable. Ensuite, il sera utile pour convaincre les autres que nous avons déniché une bonne occasion d'affaires, que nous possédons les talents entrepreneuriaux et les talents de gestionnaire requis et, finalement, que nous avons un plan rationnel, crédible et cohérent pour réaliser cette occasion d'affaires.

Les éléments fondamentaux du plan d'affaires, selon le modèle intégrateur proposé à la figure 1, vous sont présentés à la page 26. On y trouve, dans un premier bloc, trois des quatre éléments essentiels au processus de création d'une entreprise : **l'entrepreneur**, qui a déniché dans son milieu une **occasion d'affaires** pour laquelle existe un **marché.** Suivront, en ce qui a trait au plan d'affaires, la description de l'occasion d'affaires ancrée dans son environnement général et dans son secteur d'activité, l'analyse de son marché et la présentation de l'entrepreneur ou de l'équipe entrepreneuriale, selon le cas. Sur cette planification stratégique de l'entreprise reposera non seulement toute la planification opérationnelle, c'est-à-dire la façon dont l'entrepreneur organisera les ressources mises à sa disposition afin d'exploiter l'occasion d'affaires qu'il a dénichée, mais aussi tout le projet. Il s'agit de la partie la plus importante du plan d'affaires, car c'est celle qui servira à vous convaincre et à convaincre les autres.

Le deuxième bloc est aussi important, mais il est plus malléable en ce sens que ses divers éléments peuvent se changer, du moins sur papier, plus facilement que le promoteur (ou l'entrepreneur), le marché ou le secteur d'activité de l'entreprise et son environnement. Ce deuxième bloc introduit le quatrième élément du processus de création d'entreprise : les **ressources.**

Nous faisons ici référence aux plans d'allocation des ressources, dans la préparation desquels l'entrepreneur détermine, d'une part, les ressources nécessaires pour mener à bonne fin son entreprise et amorce, d'autre part, le tissage du réseau essentiel à leur appropriation. Les plans d'allocation des ressources se concrétisent dans les diverses sections du plan d'affaires qui porteront sur chacune des fonctions de l'entreprise, à savoir la localisation, le marketing, les opérations, l'écologie, les ressources humaines, la recherche et le développement de même que la gestion des ressources financières.

Comme le plan d'affaires repose sur un ensemble d'hypothèses, il demeure important que les risques y soient indiqués et que des plans de contingence, ou solutions de rechange, soient élaborés. Si le plan d'affaires vise la recherche de financement, on trouvera, dans le plan des ressources financières, la proposition décrivant ce que l'entreprise est prête à offrir en contrepartie du financement requis pour son démarrage.

Ce volume a été rédigé dans l'optique du démarrage d'une nouvelle entreprise. Cependant, il peut aussi vous servir au moment de l'achat d'une entreprise déjà existante, ou lorsque vous cherchez à prendre de l'expansion ou à consolider votre fonctionnement si vous êtes déjà en affaires. Dans ces cas, la rédaction du plan d'affaires et la recherche d'information préalable doivent respecter la même démarche. La principale différence est que vous aurez probablement déjà en main la majorité des renseignements nécessaires et que vous pourrez vous appuyer sur les résultats des années antérieures.

FIGURE 1

LE MODÈLE INTÉGRATEUR DU CONTENU D'UN PLAN D'AFFAIRES

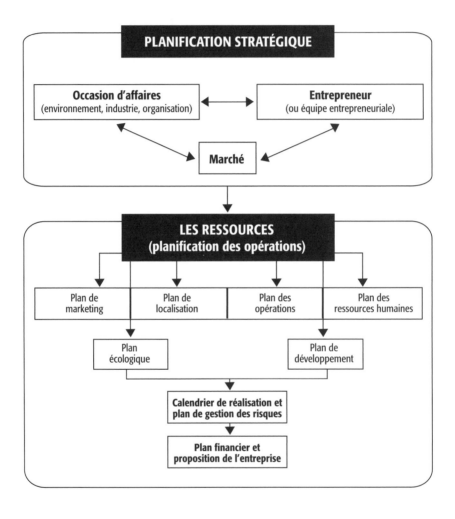

Les promoteurs de projets coopératifs, communautaires, sportifs ou sociaux auront aussi avantage à utiliser ce modèle pour élaborer leur projet d'organisation. La démarche proposée convient à tous les types de projets, qu'ils soient à but lucratif ou non. En effet, tout projet viable doit démontrer une faisabilité technique, commerciale et financière. Les promoteurs de projets sans but lucratif doivent aussi convaincre des organismes subventionnaires de financer leur projet, en assurer un certain autofinancement, vendre leur produit ou leur service aux clientèles qu'ils auront trouvées et ainsi de suite.

Ce guide d'élaboration du plan d'affaires vous est présenté sous forme de questions et de directives vous invitant à réfléchir sur les diverses dimensions qui interagissent dans le processus de création d'une entreprise. La présentation formelle du plan d'affaires se fait au moyen d'un rapport structuré empruntant la même démarche que celle utilisée dans le guide. Débutons dès maintenant avec l'information dont vous aurez besoin pour rédiger votre plan d'affaires.

1 〉 *La cueillette d'information*

Quoi chercher pour préparer la rédaction ?

Avant d'entreprendre la rédaction de votre plan d'affaires, vous aurez besoin de recueillir, de valider et d'analyser une quantité importante de renseignements de toutes sortes. Ces renseignements traiteront, entre autres :

- du besoin ou de la demande pour votre produit ou votre service ;

- de la disponibilité et du coût de l'équipement ou des biens dont vous aurez besoin pour exploiter votre entreprise ;

- des besoins en main-d'œuvre ;

- des frais d'exploitation de votre entreprise ;

- des lois et règlements régissant les affaires en général, et votre entreprise en particulier, et bien d'autres encore.

En fait, le plan d'affaires est le résultat écrit d'une démarche de recherche, de validation et d'analyse de l'information recueillie, visant la prise de décision en ce qui concerne les différents aspects de votre future entreprise. Dans le langage des affaires, cette démarche de recherche, de validation et d'analyse de l'information visant la prise de décision comprend :

- l'étude de marché (qui seront mes clients ? quel sera mon chiffre d'affaires ? qui seront mes concurrents ?) ;

- l'étude de la faisabilité technique (les ressources nécessaires à la réalisation de mon projet me sont-elles accessibles ? à quel coût ?) ;

- l'étude de la rentabilité du projet (vais-je réaliser des profits suffisants ?).

Une fois ces trois études achevées, la rédaction du plan d'affaires devient « l'affaire » de quelques jours. Quant au processus de recherche, de validation et d'analyse d'information, il peut s'étendre sur quelques semaines ou sur plusieurs mois. Cela dépend de l'énergie que vous y consacrerez, de même que de la complexité de votre projet et de votre connaissance personnelle du secteur d'activité dans lequel vous vous engagez.

1.1 Les sources d'information

Afin d'obtenir l'information dont vous aurez besoin pour effectuer ces trois types d'études, vous pouvez puiser à deux sources principales. La première source d'information est constituée des renseignements disponibles sous forme de statistiques, de répertoires, de rapports de recherche, d'articles de journaux ou de revues spécialisées. C'est ce que l'on appelle les données secondaires. Ce sont des données publiées.

La seconde source d'information est constituée des renseignements que vous recueillerez directement auprès des personnes concernées, soit des représentants de votre marché cible et toutes les autres personnes touchées par les aspects autres que ceux de l'étude de marché. C'est ce que l'on appelle les données primaires, non publiées, évidemment. Voyons ces deux sources d'information plus en détail.

1.1.1 Les données secondaires

Les données secondaires sont des données, ou de l'information, qui ont été recueillies et compilées pour d'autres fins que les vôtres, mais qui peuvent vous être utiles. Elles vous serviront à rédiger plusieurs sections de votre plan d'affaires. Parmi elles, on compte les statistiques, les écrits divers, les répertoires et les banques de données.

1.1.1.1 Les statistiques

Les principales sources de données secondaires proviennent d'organismes tels que Statistique Canada et l'Institut de la statistique du Québec. Ces deux ressources peuvent vous fournir des données compilées par divers organismes ou ministères à partir des recensements et d'autres sources. Pour connaître les données disponibles, consultez les les documents suivants :

✓ *Répertoire des ensembles de données statistiques*, Institut de la statistique du Québec (www.stat.gouv.qc.ca[1])

✓ *Catalogue des publications de Statistique Canada* (www.statcan.ca)

✓ *Catalogue des publications des Publications du Québec* (www.publicationsduquebec.gouv.qc.ca)

Ces trois documents sont publiés annuellement et les sites Internet sont mis à jour régulièrement. Ils présentent, par sujets, les documents ou l'ensemble des renseignements ayant fait l'objet d'une compilation ou pouvant être consultés dans les bibliothèques. Certaines bibliothèques municipales peuvent posséder ces documents.

Les documents ou compilations statistiques publiés par l'Institut de la statistique du Québec et Statistique Canada sont généralement disponibles pour consultation dans les bibliothèques des établissements d'enseignement supérieur (cégeps ou universités). Vous pouvez demander à ces organismes gouvernementaux de préparer, à votre intention, des compilations spéciales, mais vous devrez alors débourser des frais pouvant varier de quelques dollars à quelques centaines de dollars. Informez-vous avant de passer une commande.

En ce qui a trait au catalogue des documents publiés par les Publications du Québec, il est généralement disponible, gratuitement, dans les librairies commerciales concessionnaires des Publications du

---

[1]   Nous avons visité en mars et en avril 2006 tous les sites Internet que nous vous proposons. Internet étant un monde en continuel changement, il est possible que certaines des adresses aient été modifiées entre ce moment et celui où vous lirez ce volume. Comme la grande majorité de ces sites sont des sites gouvernementaux, il pourra être relativement facile de trouver les nouvelles adresses en visitant les portails des gouvernements du Québec et du Canada.

Québec. Vous trouverez ces librairies dans toutes les régions du Québec ; pour localiser celle qui est la plus près de chez vous, consultez les pages bleues de l'annuaire téléphonique sous la rubrique Gouvernement du Québec — Publications du Québec. Vous trouverez un numéro sans frais permettant de commander un catalogue.

Pour obtenir d'autres renseignements sur les publications de Statistique Canada, consultez la section Gouvernement du Canada des pages bleues de l'annuaire téléphonique et composez le numéro sans frais pour communiquer avec cet organisme.

Si vous avez besoin de statistiques pour des pays étrangers, nous vous proposons de consulter les sites de l'Institut national de la statistique et des études économiques (INSEE) (www.insee.fr), qui offrent des liens avec de nombreux sites d'instituts et de bureaux de la statistique à travers l'Europe, Stat-USA (www.stat-usa.gov) ou FedStats (www.fedstats.gov) du gouvernement américain.

1.1.1.2 Les écrits divers

D'autres organismes recueillent de l'information sur toutes sortes de sujets. Mentionnons seulement les journaux et les revues d'affaires, tels que le journal *Les Affaires*, ou les revues spécialisées telles que *PME*, *Commerce* et *Affaires Plus*. Ces publications regorgent d'articles et d'études sur toutes sortes de sujets. Vous pouvez toujours les consulter à la bibliothèque des établissements d'enseignement supérieur ou, dans certains cas, à la bibliothèque municipale.

À ces sources s'ajoutent toutes les publications spécialisées portant sur d'autres sujets et vendues dans les kiosques à journaux, par abonnement papier ou en ligne. Des revues existent sur à peu près tous les sujets, que ce soit les sports, la musique et la culture ou encore l'informatique et les jeux de rôles. Vous serez surpris de l'information que vous trouverez dans ces documents.

Les organisations ou corporations professionnelles compilent également beaucoup de renseignements sur les activités qui concernent leurs membres et, dans plusieurs cas, publient une revue sur une base régulière. Si vous êtes membre d'une ou de plusieurs corporations professionnelles, vous recevez certainement de ces publications. Dans le cas contraire, vous pouvez trouver des exemplaires de ces publications dans les bibliothèques des établissements d'enseignement supérieur.

Les centres de recherche universitaires, collégiaux ou privés publient des rapports de recherche qui pourraient peut-être vous intéresser. Afin de connaître les centres de recherche qui couvrent le secteur d'activité qui vous intéresse, vous pouvez visiter les sites Internet des universités (une simple recherche sur Google, Yahoo! ou autres vous permettra de les trouver facilement) ou encore vous informer auprès des organismes de développement économique qui œuvrent dans votre région ou votre localité. Pour les trouver, visitez le site de l'Association des centres locaux de développement du Québec (www.acldq.qc.ca) et celui du Réseau des sociétés d'aide au développement des collectivités (www.reseau-sadc.qc.ca).

Ces derniers, ainsi que les ministères provinciaux et fédéraux, possèdent généralement des centres de documentation, où vous pouvez consulter divers documents traitant de différents secteurs d'activité (agriculture, forêts, industries, etc.) et des lois et règlements qui les régissent ou qui présentent des portraits économiques de votre région (localité ou région administrative).

Enfin, des documents portant sur la structure financière des entreprises, comme les publications de Statistique Canada[2], de l'Institut de la statistique du Québec ou des institutions financières (banques à charte et caisses populaires) peuvent vous aider dans votre recherche d'information sur la rentabilité de votre entreprise. Plusieurs de ces publications peuvent aussi être consultées dans les bibliothèques des établissements d'enseignement supérieur.

---

[2] Par exemple : Statistique Canada propose des « Profils des petites entreprises », produits sur demande, le prix variant selon la complexité de la demande. Courrier électronique : infostats@statcan.ca, Téléphone (Canada et États-Unis seulement) : de 7 h 30 à 19 h 30, heure de l'Est. 1 800 263-1136 – Ligne de renseignements généraux sans frais d'interurbain. 1 800 267-6677 – Ligne sans frais pour la vente de produits et services. (www.statcan.ca/cgi-bin/statcomment_f.pl, consulté le 4 avril 2006)

1.1.1.3 Les répertoires

Dans votre recherche d'information, vous devez cerner les organismes ou les entreprises qui deviendront vos fournisseurs de biens ou de services et qui pourront vous fournir de l'information. Outre le portail « entreprise » du gouvernement du Québec (www.gouv.qc.ca et cliquez sur l'onglet « entreprise ») et le portail « entreprise » du gouvernement du Canada (www.strategis.gc.ca), il existe d'autres répertoires ou annuaires qui pourront vous être très utiles. La majorité de ces répertoires ou annuaires sont disponibles aux mêmes endroits que les statistiques et les écrits divers. D'autres, comme les annuaires de membres des corporations professionnelles, ne sont cependant distribués qu'aux membres.

Pour trouver des fournisseurs de services professionnels (avocats, notaires, comptables, ingénieurs, architectes, etc.), vous pouvez tout simplement consulter l'annuaire téléphonique de votre localité ou, mieux, vous informer auprès des membres de votre réseau personnel, dont nous discuterons un peu plus loin dans ce chapitre.

Pour trouver des fournisseurs et des distributeurs de produits, d'équipement, d'outillage ou de matières premières, vous pouvez consulter le Répertoire des produits fabriqués et distribués au Québec (www.criq.qc.ca). Vous pouvez aussi consulter les listes d'entreprises disponibles auprès des organismes de développement économique de votre région.

Enfin, prenez note que la majorité de ces répertoires et ensembles de données statistiques sont aussi disponibles sous forme de cédérom dans les centres de documentation des établissements d'enseignement supérieur et qu'ils peuvent être directement accessibles par Internet. Une recherche Internet peut aussi vous permettre de trouver des fournisseurs, mais vous devrez avoir une série de mots clés très précis pour ne pas vous retrouver avec des milliers de références.

1.1.1.4 Les banques de données

Pour toutes vos recherches d'information, que ce soit pour l'étude de marché, pour les études de faisabilité et de rentabilité ou encore pour l'analyse du secteur d'activité et de l'environnement général (chapitre 2), vous pouvez puiser les renseignements dont vous aurez besoin dans diverses banques de données. Certaines sont accessibles gratuitement, généralement par le réseau Internet, alors que d'autres nécessitent un abonnement annuel ou mensuel pouvant varier de quelques dollars par mois à plusieurs centaines de dollars par année.

Les banques de données couvrent à peu près tous les sujets possibles, des brevets aux statistiques démographiques, en passant par les bibliographies, par sujet ou par auteur, et les articles scientifiques présentés lors de diverses conférences internationales, sans oublier les répertoires de produits disponibles au Canada et aux États-Unis et les programmes de subventions. Certaines de ces banques de données sont accessibles gratuitement dans les bibliothèques municipales dotées d'une collection liée aux affaires, de même qu'à la Bibliothèque nationale du Québec (maintenant connue sous le nom de Bibliothèque et Archives nationales du Québec [www.banq.qc.ca]), par Internet ou sur place, à Montréal. Notez que l'abonnement à la Bibliothèque nationale du Québec est aussi gratuit.

Interroger une banque de données n'est pas toujours facile. Il faut connaître les codes d'accès, les méthodes et les mots clés de recherche. Pour le non-initié, naviguer dans les banques de données peut coûter très cher en temps et en énergie. Soyez cependant rassuré: plusieurs intermédiaires ou courtiers en information peuvent vous aider dans vos recherches dans les banques de données.

Ces intermédiaires peuvent être de source gouvernementale, comme la Banque de développement du Canada (www.bdc.ca), Développement économique Canada pour les régions du Québec (www.dec-ced.gc.ca), et le Conseil national de recherches Canada (www.nrc-cnrc.gc.ca). D'autres intermédiaires sont de source privée ; vous pouvez trouver leurs coordonnées dans l'annuaire téléphonique ou en vous informant auprès du Centre local de développement (commissaire industriel) de votre région.

Notez que ces intermédiaires vous facturent les frais de la recherche qu'ils font pour vous dans ces banques de données. Il y a cependant de grandes chances que cela vous coûte moins cher que si vous faites votre recherche vous-même, puisque ces intermédiaires sont très à l'aise avec les banques de données et vont directement au but.

1.1.2 Les données primaires

À la différence des données secondaires, qui sont des données publiées, les données primaires proviennent de contacts avec des personnes, notamment avec votre clientèle cible et les membres de votre réseau d'affaires personnel.

Se bâtir un réseau d'affaires personnel est peut-être la première et la plus importante étape qui vous mènera à la rédaction de votre plan d'affaires et au démarrage de votre entreprise. En effet, les personnes que vous connaissez ou que vous chercherez à connaître, dans votre milieu ou dans le même secteur d'activité que votre future entreprise, seront pour vous une source très importante d'information et, surtout, une voie d'accès pour l'établissement d'une liste d'autres contacts d'affaires.

Toutefois, qui doit faire partie de votre réseau d'affaires ? Une personne à y intégrer très rapidement est un responsable du crédit commercial dans l'établissement financier où vous faites déjà affaire. Cette personne peut vous aider à trouver les sources de financement possibles pour votre projet et vous suggérer des personnes-ressources pour différents aspects de votre projet d'entreprise.

Si vous faites déjà affaire avec un comptable, un notaire, un avocat ou un autre professionnel, celui-ci peut vous intégrer à son propre réseau. Certains de ses clients peuvent devenir les vôtres ou encore se révéler des fournisseurs potentiels de matériel ou de financement pour votre entreprise.

Si vous entretenez des relations d'affaires avec des fonctionnaires ou avec des représentants d'organismes de développement économique, ceux-ci peuvent aussi vous présenter d'autres entrepreneurs et des fournisseurs potentiels avec lesquels vous pourriez faire des affaires. Si vous connaissez des gens d'affaires, dans votre famille ou parmi vos amis, ceux-ci peuvent aussi vous « ouvrir des portes » auprès de clients ou de fournisseurs potentiels.

Enfin, pour que votre réseau d'affaires personnel soit efficace, vous devez l'entretenir, c'est-à-dire que vous devez donner autant que vous recevez. Comment ? Tout simplement en fournissant de l'information à vos contacts d'affaires, qui feront de même avec vous. Le principe est le même que pour votre réseau d'amis personnels. Vous informez Luc d'une bonne aubaine et, en retour, Luc vous informe sur un sujet qui vous intéresse. Johanne vous indique le meilleur restaurant du coin en retour de votre recette secrète de poulet chasseur.

En affaires, ce système de références ou de services fonctionne de la même façon ; seul le type d'information diffère. Paul, de ABC inc., vous indique le nom de son fournisseur d'équipement informatique et vous présente à lui comme étant un ami personnel, ce qui vous vaut une réduction. En retour, vous dites à Louise, de WYZ inc., que Paul, de ABC inc., offre le meilleur service en ville. Louise sera contente de faire des affaires avec Paul et dirigera éventuellement des clients vers votre entreprise.

Comme vous pouvez le constater, se bâtir et maintenir un réseau d'affaires personnel n'est pas si compliqué. Il faut cependant faire bien attention à ne pas le négliger, car comme pour les amis, « loin des yeux, loin du cœur ».

Par ailleurs, soyez attentif aux « gérants d'estrades » ! Plusieurs personnes veulent aider et même conseiller le futur entrepreneur. Cependant, il doit apprendre à valider l'information et les conseils qui lui sont donnés.

Les sources de données primaires sont surtout les personnes qui composent votre marché cible, soit vos futurs clients. Ces personnes vous seront d'une grande utilité pour effectuer votre étude de marché. Dans le cas des études de faisabilité et de rentabilité, dont nous reparlerons un peu plus loin dans ce chapitre, les sources de données primaires peuvent être des représentants d'organismes de développement économique, des fournisseurs, des fonctionnaires œuvrant dans les ministères concernés par votre secteur d'activité, des membres de votre corporation professionnelle et plusieurs autres. Nous reviendrons sur ces sources particulières de données dans les chapitres suivants.

Quant à l'étude de marché, il existe plusieurs façons de recueillir des données primaires auprès de la clientèle cible. Vous pouvez procéder par questionnaire postal, par télécopieur, par Internet, par entrevue téléphonique ou en personne et, finalement, en organisant des groupes de discussion.

Une étude approfondie des façons de recueillir les données primaires dépasse l'objectif fixé pour ce volume. Nous vous suggérons cependant de consulter les volumes suivants :

✓ D'Astous, A. *Le projet de recherche en marketing*, 3ᵉ édition, Chenelière Éducation, Montréal, 2005.

✓ Roy, M. *Faire une étude de marché avec son PC*, Les Éditions Transcontinental et les Éditions de la Fondation de l'entrepreneurship, Montréal, 2002. (Collection Entreprendre)

Ces volumes présentent les étapes à suivre pour les différentes méthodes de collecte de données ainsi que la façon d'effectuer une étude de marché. Les directives qu'ils contiennent s'appliquent à tous genres de projets. Dans la bibliographie de ces volumes, vous trouverez d'autres références qui pourront vous guider dans la réalisation de votre étude de marché.

1.2 L'étude de marché

L'étude de marché[3] a pour objectif premier de déterminer quelle est la demande pour votre produit ou votre service. Elle sert aussi à déterminer qui sont les concurrents déjà sur le marché, de même qu'à évaluer les possibilités que d'autres entreprises viennent, comme vous, s'implanter dans le même secteur. Finalement, l'étude de marché permet d'accumuler l'information nécessaire à l'élaboration de la stratégie d'implantation dans le marché. Le but final est d'estimer le plus précisément possible quel pourrait être votre chiffre d'affaires pour les premières années d'exploitation de votre entreprise.

---

[3] Vous remarquerez que nous présumons à plusieurs reprises dans ce volume que votre produit ou service s'adresse à une clientèle formée de consommatrices et de consommateurs. D'une part, ce choix est justifié parce que la majorité des projets d'entreprise visent cette clientèle ; d'autre part, même si votre produit ou votre service s'adresse à une clientèle formée d'autres entreprises, les principales dimensions régissant l'étude de marché, de faisabilité et de rentabilité, de même que la rédaction du plan d'affaires demeurent les mêmes. De plus, il peut être judicieux de connaître l'utilisateur final du produit ou service (consommateur) de la ou des entreprises que vous compterez dans votre clientèle. La demande pour leur propre produit ou service n'influera-t-elle pas sur la demande pour le vôtre ? Le cas échéant, nous ferons la distinction entre les deux types de clientèle (personne ou entreprise).

Ainsi, l'étude de marché vous aide à prendre des décisions éclairées sur les différents aspects de votre projet d'entreprise. Elle permet, entre autres, de déterminer les caractéristiques du produit ou du service à offrir et son prix de vente, de valider le choix de la localisation de votre entreprise et de planifier les moyens à prendre pour faire connaître votre entreprise, votre produit ou votre service.

Dégageant le chiffre d'affaires potentiel, grâce à l'évaluation de la demande pour votre produit ou votre service, l'étude de marché vous permet ensuite d'évaluer vos besoins en équipement pour fabriquer et vendre votre produit, de même que pour assurer la prestation de votre service afin qu'il corresponde aux besoins de votre clientèle. Au fait de ces renseignements, vous pourrez alors mieux évaluer tous vos besoins en ressources humaines, matérielles, physiques et financières pour assurer le fonctionnement efficace de votre entreprise.

Comme vous pouvez le constater, l'étude de marché est une étape primordiale à la réalisation de votre projet d'entreprise et à la rédaction de votre plan d'affaires. Tout votre projet dépend des résultats de votre étude de marché.

Enfin, vous pouvez faire votre étude de marché vous-même. Cela vous prendra un certain temps, mais vous serez assuré d'un meilleur contrôle de l'information. Vous pouvez aussi en confier la réalisation à une firme spécialisée. Ainsi, vous obtiendrez probablement votre étude plus rapidement, mais elle vous coûtera certainement plus cher.

Nous vous conseillons fortement de procéder aux recherches de données secondaires vous-même et, le cas échéant, de ne confier que l'enquête auprès de la clientèle cible (données primaires) à une firme spécialisée qui connaît bien les méthodes de collecte de données et qui pourra vous garantir une meilleure fiabilité des résultats. Le choix de la firme demeure très important. Il faut se méfier des charlatans. Vous pouvez consulter les membres de votre réseau d'affaires pour faire un choix éclairé.

Pour vous aider dans la réalisation de votre étude de marché, vous pouvez également avoir recours aux établissements d'enseignement supérieur. En effet, dans les universités et les collèges, les professeurs de marketing peuvent demander à leurs étudiants de procéder à une étude de marché dans le cadre de leurs cours. Souvent, les étudiants aiment bien avoir l'occasion de travailler à un projet réel.

Ainsi, quelques mois avant le début d'un trimestre, entrez en contact avec les professeurs de marketing du collège ou de l'université de votre région. Informez-les de votre projet et demandez à ce qu'il soit soumis à leurs étudiants au cours du prochain trimestre. Cette façon de procéder ne vous coûtera pas trop cher et vous pourrez bénéficier de l'encadrement du professeur. De plus, vous aurez contribué à la formation pratique d'une équipe d'étudiants. Attendez-vous cependant à n'obtenir les résultats qu'à la fin du trimestre. Il se peut aussi que votre projet ne soit pas retenu par les étudiants.

Plusieurs universités et collèges comptent également des clubs de marketing et des clubs d'entrepreneurs étudiants (www.acee.qc.ca), lesquels peuvent être sollicités moyennant une rétribution raisonnable. Ces clubs sont encadrés par un professeur spécialiste du domaine.

Enfin, quelle que soit votre décision, vous devez bien évaluer vos besoins en information avant de vous lancer dans quelque recherche que ce soit. Pour définir vos besoins en information concernant l'étude de marché, référez-vous à l'avant-propos de ce volume, où nous vous suggérons une méthode de travail pour la réalisation de votre plan d'affaires.

1.3 L'étude de faisabilité

Une fois votre étude de marché achevée, vous connaissez les besoins de votre clientèle potentielle, de même que les ressources nécessaires à leur satisfaction et à la réalisation de votre projet. L'étape subséquente est donc de déterminer les ressources nécessaires et de vérifier si elles sont disponibles, à quels coûts et à quelles conditions. Bref, l'étude de faisabilité permet de vérifier si le projet est « faisable » techniquement, humainement, légalement et financièrement.

L'étude de faisabilité se divise en trois phases, dont la première est la confection d'un prototype du produit que vous voulez fabriquer, si votre entreprise est de type manufacturier. Si vous comptez rendre un service, vous devez aussi réaliser un prototype, mais d'une façon quelque peu différente, par une simulation de la prestation de ce service.

Enfin, si vous comptez vendre « au détail » différents biens de consommation, vous n'avez pas de prototype à fabriquer. Vous devez cependant, comme pour les autres secteurs, franchir les deux phases subséquentes de l'étude de faisabilité, soit l'évaluation de vos besoins en ressources et l'identification des lois et règlements s'appliquant à votre secteur d'activité.

1.3.1 Le prototype

La réalisation d'un prototype vous permet de déterminer la faisabilité technique de votre produit ou de votre service. Vous pouvez également évaluer le temps requis pour fabriquer votre produit ou rendre votre service, déterminer l'équipement et l'outillage nécessaires, préciser les compétences essentielles des ressources humaines qui y travailleront, mesurer la quantité de matières premières et de matériaux nécessaires à sa fabrication, dans le cas d'un produit, ou de fournitures nécessaires à sa prestation, dans le cas d'un service. Ces renseignements vous permettront d'évaluer le coût de votre produit ou de votre service, ce qui vous guidera dans la détermination de son prix de vente.

Comme pour l'étude de marché, vous pouvez confier la réalisation de votre prototype à un ou plusieurs étudiants d'un collège ou d'une université. Il s'agit alors de vous informer auprès des professeurs y enseignant une matière reliée à votre projet (ingénierie, technique de dessin industriel, informatique, etc.) pour voir si un ou plusieurs de leurs étudiants désireraient faire ce travail pour vous dans le cadre d'un cours. Vous pouvez aussi en confier la réalisation à une firme spécialisée, mais à un coût supérieur.

Enfin, vous pouvez réaliser vous-même votre prototype, ce qui vous permettra, encore une fois, de mieux contrôler l'information. En contexte de prédémarrage, le développement d'un prototype se fait souvent par essais et erreurs. Il faut élaborer plusieurs versions du nouveau produit avant d'obtenir une version acceptable. C'est à partir de cette version qu'on pourra procéder à une analyse d'optimisation menant à l'obtention de certification et à la commercialisation du nouveau produit.

Dans certains secteurs (par exemple en biopharmacologie), le développement d'un nouveau produit doit suivre des étapes précises (phase préclinique, phase clinique), lesquelles sont contrôlées de près par des organismes de certification (Santé Canada, dans ce cas).

Lors de la fabrication de votre prototype, il est évident que les coûts engagés n'auront aucune commune mesure avec les coûts réels. En effet, si vous achetez une unité d'une pièce X pour réaliser votre prototype, elle vous coûtera plus cher que lorsque vous l'achèterez par dizaines ou centaines une fois votre entreprise en exploitation. L'important est de connaître les quantités requises par unité produite.

Une fois que votre étude de marché vous aura permis d'évaluer les quantités que vous pourrez vendre, il vous sera possible de déterminer, d'une part, votre coût de fabrication sur une base de coûts réels, puisque vous connaîtrez les quantités de matières premières à acheter pour parvenir à satisfaire à la demande et, d'autre part, les possibilités de bénéficier d'escomptes de quantité. À certaines occasions, le développement d'un nouveau produit (le développement d'un logiciel ou la mise au point d'une pièce mécanique, par exemple) constitue le point central lié à l'émergence d'un projet d'affaires et à la création d'une nouvelle entreprise.

En plus de l'information sur les besoins en matières premières, votre prototype doit vous permettre de vous renseigner sur les aspects suivants :

• la nature et la quantité de fournitures nécessaires par unité produite (colle, vis...) ;

• la nature, la quantité et la capacité de production de l'équipement et de l'outillage requis pour fabriquer le produit et pour répondre à la demande de la clientèle ;

• le temps requis pour produire un nombre X d'unités afin de déterminer le coût en main-d'œuvre par unité produite ;

- le nombre d'employés et les compétences de la main-d'œuvre pour assembler ou fabriquer le produit, faire fonctionner l'équipement ou l'outillage requis et satisfaire à la demande de la clientèle.

Il faut se rappeler que certains procédés ou technologies fonctionnent bien, à petite échelle, en laboratoire. L'analyse de faisabilité doit aussi servir à étudier le procédé dans des conditions industrielles normales.

Dans le cas d'une simulation de la prestation d'un service, votre prototype permet d'évaluer :

- le temps requis pour rendre ce service ;

- la nature, la quantité et la capacité de production de l'équipement ou de l'outillage nécessaire, le cas échéant ;

- le nombre d'employés et les compétences de la main-d'œuvre pour rendre le service.

1.3.2 La disponibilité et le coût des ressources

Une fois votre prototype réalisé, vous connaissez les ressources dont vous avez besoin. Ces ressources sont de quatre types : les ressources matérielles, les ressources techniques, les ressources humaines et les ressources financières pour fabriquer le produit. Par ailleurs, l'étude de marché vous ayant permis d'estimer votre chiffre d'affaires des premières années, vous serez en mesure d'évaluer le volume (nombre, capacité de production, compétences nécessaires) de ces ressources. Celles-ci feront l'objet de différentes sections de votre plan d'affaires, comme nous le verrons plus loin dans ce volume. Pour l'instant, définissons brièvement l'information dont vous avez besoin sur chacune d'entre elles.

1.3.2.1 Les ressources matérielles

Les ressources matérielles sont notamment les matières premières et les pièces nécessaires à la fabrication de votre produit ou à la prestation de votre service, dans le cas d'un service de réparation, par exemple. Il s'agit aussi des biens à revendre dans le cas d'un commerce de détail.

Les ressources matérielles comprennent aussi les fournitures nécessaires (papier, colle, vis…) pour fabriquer le produit, rendre le service ou revendre les biens de consommation que les clients trouveront dans votre commerce. Enfin, elles incluent l'équipement et l'outillage requis, qu'il s'agisse de machinerie industrielle, d'équipement informatique, de caisses enregistreuses ou de mobilier de bureau.

Dans l'étude de faisabilité, vous devez déterminer les fournisseurs potentiels de toutes ces ressources matérielles et vous informer de leur disponibilité et de leur coût. En effet, imaginez que la pièce d'équipement dont vous avez besoin pour fabriquer votre produit ne soit pas encore inventée. Il vous faudra alors inclure dans votre plan d'affaires l'invention et la fabrication de cette pièce d'équipement, ce qui pourrait retarder votre démarrage et vous coûter beaucoup plus cher que vous ne le croyiez au départ.

Imaginez aussi que les biens à revendre proviennent d'un autre continent et que personne ne les importe actuellement. Il vous faudra alors inclure dans votre plan d'affaires les considérations reliées à l'importation, aux douanes, etc.

Enfin, imaginez que certaines composantes ou que les procédés de fabrication soient protégés par un brevet, un droit d'auteur ou une autre forme de protection intellectuelle. Pensez aussi que, si vous inventez un procédé ou un produit, vous aurez besoin d'une protection intellectuelle (nous en reparlerons plus loin).

1.3.2.2 Les ressources techniques

Quand on parle de ressources techniques ou de technologies, on parle des personnes ou des organismes qui les possèdent. On veut aussi savoir à qui appartient ce savoir-faire, s'il est d'usage public ou s'il est protégé. Par exemple, la marque de commerce Aspirine est protégée : elle appartient à la compagnie Bayer. Le programme informatique qui nous a permis d'écrire ce texte, quant à lui, est protégé par un droit d'auteur. Par ailleurs, la couture est une technique qui est de notoriété publique : tout le monde peut en faire.

Dans votre projet d'entreprise, il est possible que vous ayez besoin d'un savoir-faire qui appartient à quelqu'un d'autre ou encore que vous développiez un savoir-faire qu'il vous faudra protéger afin qu'il demeure votre propriété exclusive le plus longtemps possible. Il s'agit ici d'assurer votre propriété intellectuelle.

Au Canada, il existe six formes de propriété intellectuelle, soit le brevet, le droit d'auteur, la marque de commerce, le dessin industriel, l'obtention végétale et la topographie de circuits intégrés.

Le brevet s'applique à une innovation de fonction ou de procédé pour un produit, une pièce d'équipement ou d'outillage ; bref, le brevet protège un produit tangible. Le droit d'auteur s'applique aux écrits tant littéraires qu'informatiques ou musicaux. La marque de commerce protège le nom d'un produit, alors que le dessin industriel protège un dessin, un logo, une forme particulière pour un produit. L'obtention végétale se rapporte aux nouveaux produits de la terre ou aux nouvelles variétés de légumes, de fleurs ou d'arbres. Enfin, la topographie de circuits intégrés s'applique au plan tridimensionnel des puces électroniques.

Pour en savoir plus sur le sujet des brevets, nous vous conseillons de visiter le site de l'Institut de la propriété intellectuelle du Canada (www.ipic.ca), à partir duquel vous pourrez télécharger gratuitement des brochures qui renferment des explications sur ces différentes formes de propriété intellectuelle et de l'information sur les coûts qui leur sont associés. L'utilisation d'une technologie qui ne vous appartient pas est illégale. Si vous n'êtes pas certain que le savoir-faire dont vous avez besoin est de notoriété publique, vérifiez auprès de l'Institut de la propriété intellectuelle du Canada. Vous trouverez les coordonnées de cet institut sous la rubrique Industrie Canada, dans les pages bleues de l'annuaire téléphonique.

Pour régler le problème du savoir-faire, si vous ne le possédez pas vous-même, vous pouvez embaucher des personnes qui le possèdent, vous associer à ces personnes ou vous le procurer sous licence. Cette dernière possibilité consiste à obtenir la permission du détenteur de la propriété intellectuelle d'utiliser son savoir-faire en retour d'avantages financiers, tels qu'une redevance sur les ventes.

1.3.2.3 Les ressources humaines

Les ressources humaines que vous embaucherez doivent être en nombre suffisant pour répondre à la demande suscitée par l'apparition de votre produit ou service sur le marché, demande que vous aurez établie dans votre étude de marché. Ces ressources doivent posséder les compétences nécessaires pour faire fonctionner l'équipement et l'outillage que vous avez jugés nécessaires à la production de votre bien, à la revente des biens de consommation que vous offrirez dans votre commerce ou à la prestation de votre service. Il est maintenant temps de vous poser la question suivante : « Les ressources humaines dont j'ai besoin sont-elles disponibles dans ma région et à quel coût ? »

Pour vous aider à répondre à cette question, vous pouvez consulter Ressources humaines et développement social Canada (www.rhdcc.gc.ca) et Emploi et Solidarité sociale Québec (www.mess.gouv.qc.ca ou www.emploiquebec.net). Ces deux organismes connaissent les compétences de la main-d'œuvre disponible dans la région ainsi que les taux horaires ou le salaire annuel moyen pour la plupart des catégories d'emplois.

1.3.2.4 Les ressources financières

À la suite de l'analyse approfondie de tous vos besoins en ressources matérielles, techniques et humaines, vous serez en mesure de déterminer le coût de votre projet et d'évaluer vos besoins en ressources financières.

À cette étape, vous devez évaluer le réalisme de votre projet par rapport à votre propre mise de fonds et à vos capacités personnelles d'emprunter. Ainsi, si vous possédez personnellement 5 000 $ et que vous évaluez votre projet d'entreprise à 250 000 $, attendez-vous à éprouver quelques difficultés à obtenir les 245 000 $ qui vous manquent.

Rassurez-vous : il existe plusieurs formes d'aide financière offertes par les différents ordres de gouvernement, notamment des garanties de prêts. Cette option consiste en un « endossement », par le gouvernement concerné, de votre emprunt auprès d'une institution financière.

Cependant, soyez conscient qu'il vous faut généralement investir un minimum de 20 % du coût total de votre projet et que, dans certains cas, cette mise de fonds pourra aller jusqu'à 50 %, voire 75 %. Ce pourcentage est déterminé par le niveau de risque que représente votre projet et par la nature des garanties offertes. Par exemple, il est plus facile de financer un bâtiment que les stocks ou la décoration d'un restaurant. Le bâtiment est une bonne garantie pour un créancier, alors que la nourriture et le papier peint ont peu de valeur aux yeux des financiers.

Pour connaître les programmes d'aide auxquels vous ou votre projet êtes admissibles, vous pouvez consulter le portail entreprise du gouvernement du Québec (www.gouv.qc.ca) ou celui du gouvernement du Canada (www.strategis.gc.ca). Certains répertoires « papier » sont aussi disponibles dans les bibliothèques des établissements d'enseignement supérieur et dans les centres de documentation des organismes de développement économique de votre région. Rappelez-vous cependant qu'avant d'avoir recours à des programmes gouvernementaux, vous devrez avoir fait la preuve que votre projet est viable (réaliste et rentable) et que vous y ayez investi les sommes nécessaires. Les programmes d'aide interviennent en complément des investissements personnels du ou des promoteurs des projets d'entreprise.

Enfin, si vous vous apercevez que votre projet est peu réaliste, il existe une autre solution : démarrer à plus petite échelle et grandir au fil du temps. Il s'agit là d'un conseil que nous donnons à tout nouvel entrepreneur et qui vous permettra de mieux contrôler la croissance de votre entreprise.

1.3.3 Les questions juridiques

La dernière question qui pourrait avoir une influence négative ou positive sur votre projet est la question des lois et règlements s'appliquant aux affaires et à votre entreprise en particulier. En effet, il est possible qu'un règlement municipal ou qu'une loi gouvernementale vous empêchent de lancer votre entreprise ou apportent des limitations à votre projet. Nous avons déjà discuté des questions de propriété intellectuelle. Il existe cependant beaucoup d'autres lois et règlements qu'il vous faudra connaître et surtout respecter avant de démarrer votre entreprise.

Mentionnons les règlements municipaux de zonage et d'utilisation de l'eau potable, les lois concernant la protection de l'environnement et la gestion des ressources humaines, ainsi que les codes d'éthique ou de déontologie des corporations professionnelles. L'exploitation de certains types d'entreprises exige que l'on obtienne un permis. C'est le cas, entre autres, du rembourrage, de l'hôtellerie et de la restauration, de l'utilisation de produits dangereux pour l'environnement et de l'exploitation des ressources naturelles.

Effectuez des vérifications auprès de votre municipalité, du ministère ou de l'organisme gouvernemental qui s'occupe du secteur d'activité dans lequel évoluera votre entreprise, ou encore auprès de votre corporation professionnelle, le cas échéant, afin d'être au fait des lois et règlements à respecter ou des permis à obtenir avant de démarrer votre entreprise. Avec les questions juridiques, on n'est jamais assez prudent.

Il serait malheureux que votre projet ne puisse être réalisé dans les conditions que vous aviez envisagées à cause d'une loi ou d'une petite clause dans un règlement. Il vaut mieux tout vérifier et s'assurer d'avoir tous les permis nécessaires avant d'ouvrir les portes de l'entreprise.

Encore une fois, avant d'entreprendre quelque recherche que ce soit, évaluez vos besoins en information. Afin de définir ceux-ci en ce qui a trait à l'étude de faisabilité, référez-vous à l'avant-propos de ce volume, où nous vous suggérons une méthode de travail pour la réalisation de votre plan d'affaires.

1.4 L'étude de rentabilité

L'étude de rentabilité permet de déterminer si votre projet sera rentable et payant, c'est-à-dire si l'entreprise que vous projetez de créer fera suffisamment de ventes, et surtout de profits, pour assurer son autonomie financière et payer ses propres dettes.

Pour mener à bien cette étude, vous avez besoin des renseignements recueillis dans l'étude de marché et dans l'étude de faisabilité. Vous avez aussi besoin de renseignements concernant les frais d'exploitation de votre entreprise, tels que les coûts du loyer, des assurances, des permis, de la papeterie et des fournitures de bureau, et de bien d'autres choses. Enfin, un comptable ou un fiscaliste peuvent vous fournir toute l'information spécifique, comme les taux d'imposition ou d'amortissement pour les biens durables de votre entreprise.

Dans chacune des sections du plan d'affaires, certaines de ces dépenses seront indiquées comme telles, alors que d'autres n'apparaîtront que dans la section portant sur le plan de gestion des ressources financières. C'est dans ce chapitre que vous trouverez l'information requise pour élaborer votre étude de rentabilité.

Après avoir fait le prototype de votre produit ou la simulation de prestation de votre service, vous serez en mesure d'en déterminer le coût. Dans le cas d'un commerce de détail, après avoir trouvé vos fournisseurs de biens à revendre, vous pourrez établir le coût d'achat de ces biens. Votre étude de marché vous ayant permis de déterminer le prix de vente de votre produit ou de votre service, vous serez alors à même de calculer votre marge bénéficiaire brute.

La marge bénéficiaire brute est le montant d'argent qu'il vous reste du prix de vente, une fois que vous avez déduit le coût de votre produit ou de votre service. Ce coût du produit ou du service est variable, puisque vous ne le payez que si vous êtes en production ou si vous faites des ventes.

Ce montant d'argent (marge bénéficiaire brute) doit ensuite vous permettre de payer toutes les dépenses reliées à votre entreprise, que celle-ci fasse des ventes ou non ; c'est ce que l'on nomme les frais fixes. Ces frais fixes sont notamment le loyer, les assurances, les frais de base du service téléphonique, les salaires des employés associés à la gestion, les permis d'exploitation, les dépenses associées à la location d'équipement, les versements sur emprunt et toutes autres dépenses du même type.

Cet exercice vous permet de déterminer à quel moment votre entreprise ne fera ni profit ni perte, compte tenu de la marge bénéficiaire brute et des frais fixes de votre entreprise. Ce calcul se nomme le « seuil de rentabilité » ou encore le « point mort ».

Vous aurez d'autres calculs à faire afin d'évaluer la rentabilité de votre entreprise. Nous en rediscuterons plus loin. Nous pouvons cependant vous suggérer les ouvrages de référence suivants :

✓ Laroche, D.-C., et collaborateurs. *Le gestionnaire et les états financiers*, 4ᵉ édition, Les Éditions du Renouveau pédagogique Inc. (ERPI), Saint-Laurent, 2004.

✓ Fortin, R. *Comment gérer son fonds de roulement*, Les Éditions Transcontinental et les Éditions de la Fondation de l'entrepreneurship, Montréal, 1995. (Collection Entreprendre)

Encore une fois, avant d'entreprendre quelque recherche que ce soit, évaluez bien vos besoins en information. Afin de les définir en ce qui a trait à l'étude de rentabilité, référez-vous à l'avant-propos de ce volume, où nous vous suggérons une méthode de travail pour la réalisation de votre plan d'affaires. Référez-vous aussi au chapitre portant sur le plan de gestion des ressources financières.

Enfin, il est essentiel que vous fassiez les études de marché, de faisabilité et de rentabilité avant de commencer la rédaction de votre plan d'affaires. De cette façon, vous serez certain d'avoir en main tous les renseignements nécessaires.

2 ⟩ La description de votre projet

Qu'est-ce qui le caractérise ?

L'objectif de cette section du plan d'affaires est de vous situer par rapport à votre occasion d'affaires, à votre secteur d'activité et à l'environnement dans lequel votre entreprise évoluera. Dans ce chapitre, vous verrez donc comment organiser l'information concernant l'entreprise que vous projetez de créer.

Vous débuterez par la description de l'entreprise comme telle et de sa forme juridique. Ensuite, vous devrez définir et analyser le secteur d'activité économique dans lequel elle œuvrera. Enfin, vous aurez à évaluer les contraintes et les occasions que recèle l'environnement politique et juridique, économique, social et culturel, technologique et écologique, et ce, par rapport au secteur d'activité de votre entreprise.

En fait, cette partie vous permet de comprendre sur quel terrain vous allez jouer et d'en connaître les grandes règles du jeu.

2.1 La description de l'organisation

Cette section du plan d'affaires fait connaître la raison sociale et l'adresse de l'entreprise. Elle indique aussi la forme juridique que l'entrepreneur aura choisie, de même que le cheminement qui a été suivi au moment où le plan d'affaires est présenté.

2.1.1 La raison sociale

La raison sociale de l'entreprise est le nom sous lequel elle sera exploitée. Ce nom pourra être tout simplement le vôtre si vous êtes travailleur autonome et que vous désirez mettre de l'avant votre nom personnel. Ce sera par exemple Jean Lebrun, consultant en diététique, ou Aline Chassé, psychologue.

Votre raison sociale pourra aussi décrire ce que fait votre entreprise. Elle pourra se lire comme suit : Les distributions alimentaires du Nord ou Restaurant chez Paula.

Si vous choisissez un nom d'entreprise autre que votre nom personnel, vous devrez immatriculer ce nom auprès du Registraire des entreprises du Québec (www.req.gouv.qc.ca). Pour vous immatriculer, vous pouvez vous rendre aux bureaux des greffiers des palais de justice ou aux bureaux de Revenu Québec qui se trouvent dans toutes les régions. L'immatriculation de la raison sociale a pour but de rendre publics l'identité des propriétaires d'une entreprise et le nom de celle-ci. Elle est renouvelable chaque année, à des coûts variant entre 35 $ et 79 $[4] selon la forme juridique de l'entreprise.

Le choix de la raison sociale de votre entreprise fait partie du marketing, puisque c'est la première avenue par laquelle vos clients potentiels seront sollicités ou pressentis. Quoi qu'il en soit, elle devra bien représenter ce que vous faites ou qui vous êtes, afin que les clients sachent à quoi s'attendre.

---

[4]   Montants en vigueur en janvier 2006.

Si l'emplacement de l'entreprise est déjà choisi, vous devez en indiquer l'adresse exacte. Dans le cas contraire, vous pouvez donner votre propre adresse, en précisant que c'est la vôtre et que cette situation est temporaire. Il est aussi possible que vous ayez choisi d'exploiter votre entreprise à partir de votre domicile : l'adresse de l'entreprise et la vôtre seront alors la même.

À VOTRE TOUR !

 Indiquez la raison sociale et l'adresse actuelle ou projetée de votre entreprise.

2.1.2 La forme juridique de votre entreprise

Au Québec, les promoteurs de projets ont le choix entre plusieurs formes juridiques, dont les suivantes :

- l'entreprise individuelle (une personne seule) ;
- la société en nom collectif (deux personnes ou plus) ;
- la société en participation (au moins deux personnes ou entreprises) ;
- l'incorporation (personne seule ou deux actionnaires et plus) ;
- la coopérative (douze personnes ou plus) ;
- la société sans but lucratif (organismes communautaires, sportifs ou sociaux).

En résumé, l'entreprise individuelle est établie par le travailleur autonome ou le professionnel en pratique privée qui exploite et gère seul son entreprise. Le travailleur autonome et son entreprise individuelle sont alors, aux yeux de la loi, vus comme une seule et même personne. Le travailleur autonome ou le professionnel est responsable des dettes et des actions de son entreprise. Les revenus de celle-ci sont ajoutés à la déclaration de revenus du propriétaire, tout comme les pertes sont assumées par ce dernier.

La société en nom collectif est une forme juridique qui peut être employée lorsqu'il y a deux propriétaires ou plus. Tout comme pour l'entreprise individuelle, les propriétaires de la société en nom collectif et l'entreprise sont, aux yeux de la loi, vus comme une seule et même entité. Les revenus de celle-ci sont partagés entre les associés, selon leur entente, et les pertes sont assumées de la même façon. Les associés sont conjointement et solidairement responsables des dettes et des actions de leur entreprise, c'est-à-dire que si l'un des associés ne peut faire face à ses obligations envers l'entreprise, l'autre ou les autres associés devront y faire face pour lui.

La société en participation ressemble à la société en nom collectif, à l'exception qu'elle ne couvre que certaines activités de l'entreprise ou du regroupement. Ainsi, des entreprises, des travailleurs autonomes ou des professionnels en pratique privée pourraient se regrouper en société en participation afin de partager, par exemple, des locaux, des services de secrétariat ou la location d'un photocopieur. Les surplus ou les dettes de la société en participation ne s'appliquent alors qu'aux éléments pour lesquels elle a été formée, par exemple le salaire de la personne affectée au secrétariat.

L'incorporation est une forme juridique qui peut être privilégiée par une personne seule ou encore par un groupe de personnes. Le choix de cette forme juridique a pour effet de créer une « personne morale » qui, aux yeux de la loi, possède les mêmes droits et devoirs qu'une « personne physique ». L'entreprise incorporée et ses actionnaires sont donc des entités légales distinctes. L'entreprise paie ses propres impôts et assume ses pertes. Les actionnaires se partagent les profits et ne sont responsables que de l'argent qu'ils y ont investi.

Pour ce qui est des coopératives, il en existe plusieurs formes, dont la coopérative de travailleurs et la coopérative d'utilisateurs. Dans ces deux cas, comme les démarches juridiques sont assez complexes, nous vous suggérons de communiquer avec la coopérative de développement de votre région, qui pourra vous accompagner dans ces démarches.

Pour en savoir plus sur les coopératives, entrez en contact avec le ministère du Développement économique, de l'Innovation et de l'Exportation (www.mdeie.gouv.qc.ca), lequel est responsable de la forme coopérative au Québec ou avec le Conseil de la coopération du Québec (www.coopquebec.coop). D'autres renseignements sont disponibles auprès du Registraire des entreprises du Québec (www.req.gouv.qc.ca) ou sur les portails « entreprise » des gouvernements du Québec et du Canada dont nous avons déjà discuté.

Enfin, la société sans but lucratif est la forme juridique la plus employée par les organisations communautaires, sportives et sociales. Il s'agit d'une forme d'incorporation au sein de laquelle les fondateurs et les membres du conseil d'administration ne sont responsables que de leurs investissements personnels dans l'organisation. À ce jour, la société sans but lucratif ne paie pas d'impôts. Si elle fait des surplus ou des profits, ceux-ci sont réinvestis dans l'organisation et ne peuvent être partagés entre les membres.

Prenez note que certains professionnels n'ont pas le droit de s'incorporer pour exercer leur profession. C'est le cas des médecins, des ingénieurs, des infirmiers, des psychologues, des architectes et des comptables. Ils ont cependant le droit de le faire pour des fins autres que celles ayant trait à leur pratique professionnelle. Dans le doute, vérifiez auprès de votre corporation professionnelle. En outre, nous vous suggérons fortement de consulter un professionnel des questions juridiques avant de faire votre choix ou de remplir quelque paperasse que ce soit.

Pour en savoir davantage sur les différentes formes juridiques, nous vous suggérons de consulter le guide :

✓ Gouvernement du Québec. *Les principales formes juridiques de l'entreprise au Québec*, 3e édition, Les Publications du Québec, Québec, 2004.

À VOTRE TOUR !

 Indiquez la forme juridique de l'entreprise et les raisons de votre choix.

2.1.3 Le cheminement suivi

Cette section du plan d'affaires indique au lecteur les étapes que vous avez franchies à ce jour pour mettre sur pied votre projet. Cette description très sommaire permettra au lecteur de votre plan d'affaires de se situer par rapport aux détails auxquels il peut ensuite s'attendre. Ainsi, si vous êtes à la recherche d'un partenaire ou si vous n'avez pas encore fait votre étude de marché directement auprès de la clientèle cible (données primaires), mais que vous l'avez faite à l'aide de données secondaires, il faut l'indiquer. Le lecteur comprendra ainsi que la suite du document portera uniquement sur des renseignements tirés des données secondaires (articles ou écrits divers) et que l'étude de marché est à faire.

À VOTRE TOUR !

 Décrivez sommairement le cheminement suivi à ce jour.

2.2 L'énoncé de la mission de l'entreprise et la description de l'occasion d'affaires

La mission de l'entreprise constitue sa raison d'être. Elle fait générale-ment état des produits et des services que l'entreprise offre, du type de clientèle et du territoire qu'elle dessert dans une perspective à long terme. Elle mentionne également les technologies utilisées, de même que les valeurs privilégiées par l'entreprise.

La mission d'une entreprise, c'est le résumé, en une phrase ou deux, de l'occasion d'affaires et des façons dont vous entendez en tirer parti. Elle repose principalement sur votre vision de l'avenir, tant pour votre entreprise que pour vous. Une vision, c'est tout simplement une image mentale de ce que vous souhaitez dans l'avenir. Que voulez-vous accomplir ? Que voulez-vous faire dans 5, 10 ou 20 ans ?

Pour en savoir plus long sur la vision de l'entrepreneur, nous vous proposons la lecture de :

✓ Filion, L.-J. *Vision et relations : clefs du succès de l'entrepreneur*, Les Éditions de l'entrepreneur, Montréal, 1991.

La mission de l'entreprise permettra aux clients de savoir immédiatement à quoi s'attendre lorsqu'ils feront des affaires avec vous ; elle permettra à vos employés de bien comprendre leur rôle au sein de l'entreprise ; enfin, elle permettra aux investisseurs et aux créanciers éventuels de bien cerner le potentiel de votre entreprise, de votre occasion d'affaires, afin d'y investir avec confiance. Tout votre plan d'affaires, de même que l'avenir de votre entreprise, repose sur la mission de celle-ci. Pour la formuler, vous devrez mentionner les produits ou les services que vous voulez offrir, le marché (clientèle et territoire) que vous visez et la technologie utilisée, de même que vos attentes par rapport aux valeurs que vous comptez privilégier dans votre entreprise. Voici un énoncé pertinent de mission d'entreprise :

> « Être la première entreprise dans le domaine de la conception et de la vente de systèmes informatisés de gestion pour les PME de la région de l'Estrie, en assurant à nos clients une qualité totale dans le service et un professionnalisme certain dans toutes nos relations d'affaires, tout en demeurant à la fine pointe de la technologie informatique. »

Cette mission indique bien la vision (être le premier), le produit ou le service (vente de systèmes informatisés de gestion), les valeurs (qualité et professionnalisme), le marché (PME de la région de l'Estrie) et la technologie (conception). À la limite, les fournisseurs et les créanciers se reconnaîtront dans cette mission, puisque toutes les relations d'affaires de l'entreprise se feront de façon professionnelle.

À VOTRE TOUR !

 Formulez la mission de votre entreprise.

L'occasion d'affaires, elle, représente l'objet précis de votre plan d'affaires quant au produit ou au service que vous comptez offrir dans l'immédiat. La description de l'occasion d'affaires permet au lecteur de votre plan de se faire une première idée de ce que sera le projet, soit l'objet du plan d'affaires. Pour formuler les aspects suivants, vous aurez besoin de l'information contenue dans vos études de marché, de faisabilité et de rentabilité. Souvent, cette partie du plan d'affaires est rédigée en dernier, même si elle est présentée en premier. Vous constaterez en effet que ces aspects résument de façon assez complète l'ensemble du plan d'affaires.

À VOTRE TOUR !

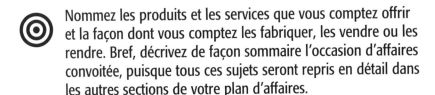

Nommez les produits et les services que vous comptez offrir et la façon dont vous comptez les fabriquer, les vendre ou les rendre. Bref, décrivez de façon sommaire l'occasion d'affaires convoitée, puisque tous ces sujets seront repris en détail dans les autres sections de votre plan d'affaires.

Si vous proposez un modèle d'affaires différent, faites-en mention et expliquez en quoi il diffère de celui de la concurrence (un modèle d'affaires, c'est la particularité de l'entreprise, par exemple Dell qui vend des ordinateurs par téléphone et courriel, ou eBay et ses enchères électroniques).

Déterminez, pour chaque produit ou service, les propriétés intellectuelles qui pourraient s'appliquer ou pour lesquelles vous avez entrepris des démarches. Si vous avez des questions à ce sujet, vous pouvez communiquer avec l'Institut de la propriété intellectuelle du Canada.

Précisez, pour chaque produit ou service, le marché visé (les clients potentiels) et le territoire desservi. Mentionnez aussi le besoin auquel répondra votre produit ou service, et son utilité pour l'acheteur. Cependant, soyez bref, puisque vous traiterez des détails dans votre analyse du marché.

2.3 Quels sont vos objectifs ?

Formuler des objectifs pour votre entreprise, qu'elle soit nouvelle ou existante, est primordial à une saine gestion et à la réalisation de votre mission. Les objectifs constituent des résultats à atteindre. La comparaison entre vos objectifs et les résultats obtenus vous permettra de vérifier si vos décisions étaient bonnes et de rectifier votre tir pour l'avenir. En gestion, c'est ce que l'on nomme le contrôle.

Enfin, lorsque des objectifs réalistes sont formulés pour l'entreprise, on peut les utiliser comme outils de motivation. Vous saurez précisément, comme vos employés, quels sont les résultats à atteindre et où l'entreprise veut aller. Quand on sait où l'on va, il est plus facile de s'y rendre. Il existe essentiellement trois types d'objectifs :

• les objectifs à long terme ;

• les objectifs à moyen terme ;

• les objectifs à court terme.

Les objectifs à long terme sont souvent des objectifs globaux, qui sont ensuite décomposés en plusieurs autres objectifs à moyen et à court terme. Par exemple, un objectif à long terme pour votre entreprise pourrait être de vous approprier 10 % du marché d'ici 5 ans. Afin d'atteindre cet objectif à long terme, vous fixeriez des objectifs à moyen terme, tels que : atteindre 5 % du marché après 2 ans et ensuite, augmenter la part de marché de 1,5 % toutes les années, jusqu'à concurrence de 10 % au bout de 5 ans. Enfin, vos objectifs à court terme pourraient être de vendre pour 500 $ par semaine, 2 000 $ par mois ou 24 000 $ par année, pour atteindre votre objectif global de 10 % du marché d'ici 5 ans.

Ces objectifs globaux doivent au moins porter sur le chiffre d'affaires, la part de marché et la rentabilité de l'entreprise. On décomposera ces objectifs globaux en formulant des objectifs pour chacune des fonctions de l'entreprise, soit la production, la mise en marché, les ressources humaines et la gestion financière. Il va sans dire que les objectifs de chacune de ces fonctions devront être cohérents. Si la production doit atteindre une quantité X par mois, le service des ventes doit vendre cette même quantité. Si vous avez donné à la gestion financière l'objectif de couper dans les dépenses, ne demandez pas à la publicité d'investir dans des campagnes très coûteuses ni aux ressources humaines d'embaucher à tout vent.

Vos objectifs doivent être précis, mesurables dans le temps, réalistes et réalisables, utiles et motivants. Un objectif précis traite d'un seul sujet à la fois. Les ventes, le profit, la part de marché, le nombre d'employés ou la qualité du produit seraient autant d'exemples pertinents.

Afin de pouvoir évaluer s'il est atteint, l'objectif doit être mesurable dans le temps. Vous pourriez par exemple décider d'effectuer 10 000 $ de ventes au cours des 6 premiers mois de l'entreprise. L'atteinte d'un tel objectif pourra être évaluée positivement si, après 6 mois, vous avez effectué 10 000 $ de ventes.

Un objectif doit aussi être réaliste et réalisable compte tenu du secteur d'activité dans lequel évoluera votre entreprise, du contexte économique qui prévaut ainsi que des capacités internes de l'entreprise. Bref, il doit être possible d'atteindre l'objectif avec les ressources disponibles, ce que vous avez déterminé dans l'étude de faisabilité, et dans l'environnement où évoluera votre entreprise, ce que nous verrons dans la prochaine section.

Enfin, l'objectif doit représenter un défi motivant et avoir une utilité certaine pour l'entreprise. Si vous ou vos employés ne voyez pas l'utilité de l'objectif, il sera beaucoup moins motivant de travailler à son atteinte. Si le défi n'est pas assez grand, ou encore trop grand, il ne sera pas non plus motivant de le relever.

À VOTRE TOUR !

 Formulez vos objectifs globaux en déterminant le chiffre d'affaires et les parts de marché à atteindre, de même que les marges de profit visées. Il s'agit d'indiquer, après avoir fait l'étude de marché et l'analyse de la concurrence, la part (en argent ou en pourcentage) du marché que vous voulez atteindre. Vous devez aussi déterminer le pourcentage de profit que vous voulez conserver après avoir payé toutes les dépenses de votre entreprise. La réalisation d'une étude de rentabilité ainsi que d'une étude de marché vous apportera toute cette information.

N'oubliez pas de préciser un délai pour atteindre ces objectifs. Un objectif, c'est un objet (chiffre d'affaires, part de marché, profit, etc.), un élément quantitatif (chiffre) qu'il sera possible d'évaluer et qui comporte une échéance (quand); par exemple : atteindre un chiffre d'affaires de 150 000 $ d'ici le 31 décembre 2008.

Prenez note que les objectifs précis de chacune des fonctions de votre entreprise (opérations, ressources humaines, mise en marché et finances) seront formulés dans les prochaines sections de votre plan d'affaires.

2.4 L'analyse du secteur d'activité et de l'environnement général

Les organisations n'œuvrent pas seules, en vase clos. Elles œuvrent dans un secteur d'activité (industrie) où d'autres organisations concurrentes se bousculent pour conquérir et conserver des parts de marché, de façon à assurer leur survie. Toutes ces organisations font également partie d'un environnement plus grand qui les influence.

Il est important pour un entrepreneur de connaître les règles du jeu dans son secteur d'activité et de comprendre quels sont les facteurs qui le dynamisent et de quelle façon ils le font. Dans l'analyse de tous ces facteurs, on se préoccupe non seulement des conditions présentes, mais aussi de leur évolution future pour faire ressortir, à la fin, les occasions et les menaces que l'on prévoit.

Si vous connaissez bien le secteur d'activité dans lequel prendra place votre entreprise, cette section du plan d'affaires ne vous posera pas trop de problèmes. En effet, si vous y avez travaillé, vous en connaissez assez bien les acteurs et les règles du jeu.

Dans le cas contraire, nous vous suggérons fortement de faire des lectures sur le sujet ou encore de rencontrer des personnes de ce secteur afin d'en apprendre le plus possible. Les ministères ou organismes gouvernementaux qui le régissent, votre corporation professionnelle, les syndicats ou les publications spécialisées peuvent vous fournir les renseignements dont vous aurez besoin pour rédiger cette section.

2.4.1 Le secteur d'activité (industrie)

La première étape de l'analyse du secteur d'activité consiste à bien le définir et à le décrire dans ses grandes lignes afin de permettre au lecteur du plan d'affaires de bien en comprendre la suite. Cette étape est aussi importante pour vous puisque, si vous définissez mal votre secteur d'activité, vous aurez probablement de la difficulté, d'une part, à colliger l'information nécessaire à sa description et, d'autre part, à cerner la concurrence et le marché. Par exemple, une entreprise qui fabrique, imprime et vend des t-shirts promotionnels fait-elle partie du secteur du vêtement ou de la publicité ?

À VOTRE TOUR !

 Nommez et décrivez le secteur d'activité dans lequel vous comptez faire des affaires (alimentation, usinage de pièces, firmes de conseillers en gestion, etc.).

L'analyse du secteur d'activité comprend une seconde étape, soit la présentation d'un court historique de ce secteur d'activité ainsi que des tendances de croissance des dernières années. Il faut convaincre le lecteur que le secteur auquel vous vous intéressez présente de bonnes perspectives pour l'avenir, puisqu'il repose sur un passé favorisant le succès. Par exemple :

« Notre firme œuvrera dans le secteur de la vente au détail, secteur qui, entre 1992 et 2003, a connu une croissance annuelle moyenne de 2,0 %. Cette croissance s'est surtout fait sentir dans les magasins de marchandises diverses (80 %), alors que, contrairement à ce que l'on pourrait croire, elle n'a été que de 36 % dans les grands magasins. Quant à notre projet de magasin de vêtements pour dames, son intérêt repose sur une croissance des ventes au détail, entre 1992 et 2003, de 31 % pour une moyenne annuelle de 3,1 %[5]. »

À VOTRE TOUR !

 Après un bref historique, mentionnez quelles ont été les tendances de croissance au cours des dernières années en ce qui a trait au potentiel de marché, aux nouveaux produits, aux nouveaux clients, aux nouveaux concurrents et à la technologie.

Dans tous les secteurs d'activité, il y a des « règles du jeu », des facteurs incontournables de succès. Il est important de les connaître afin de les respecter et de s'assurer que l'entreprise possèdera les atouts nécessaires pour faire face à la concurrence.

Dans le commerce de détail, la localisation est un facteur de succès, mais il pourrait aussi s'agir du choix varié, du rapport qualité-prix, de l'ambiance, des compétences des vendeurs, etc. Dans le secteur manufacturier, mentionnons un avantage de coût (ceux à qui il en coûte moins cher pour produire génèrent plus de profits ou peuvent offrir le produit à moindre prix), un avantage technologique (la possession du

---

[5] Les données proviennent du document suivant : Direction du commerce, des services aux entreprises et de la construction, *Tendances dans l'industrie du commerce de détail,* ministère du Développement Économique et Régional et de la Recherche, Québec, 2004.

savoir-faire), un accès privilégié aux matières premières ou à la main-d'œuvre qualifiée, une culture organisationnelle d'innovation, etc. Dans le secteur des services, une des règles du succès concerne les compétences des prestataires, l'accessibilité et la réputation de la firme.

À VOTRE TOUR !

 Quels sont les facteurs de succès dans votre secteur d'activité ? Qui est le meneur de jeu, qui détermine les normes de succès ? Comment votre entreprise se positionnera-t-elle par rapport à ces facteurs de succès ?

Dans certains secteurs d'activité, il est très difficile de démarrer une nouvelle entreprise. Parfois, les entreprises en place (les concurrents) tiennent tellement à demeurer seules sur le marché qu'elles instaurent ce que nous nommons des « barrières à l'entrée » bloquant les nouveaux concurrents. Par exemple, dans le secteur de la haute technologie, les entreprises en place possèdent le savoir-faire et ne tiennent pas particulièrement à le partager avec de nouvelles entreprises. Dans d'autres cas, le secteur d'activité étant composé essentiellement de grandes entreprises, il devient très difficile pour les petites de s'y établir en raison du coût de l'équipement.

Enfin, dans d'autres secteurs d'activité, les lois et les règlements les régissant peuvent aussi présenter de grands défis pour la nouvelle entreprise. C'est le cas du secteur de la construction, où il faut obtenir nombre de permis avant de s'y lancer ; c'est aussi le cas des psychologues, qui doivent détenir une maîtrise et bientôt un doctorat afin de pouvoir exercer leur profession comme travailleurs autonomes et poser des diagnostics.

Il est très important que vous connaissiez ces barrières ou empêchements possibles à l'entrée dans le secteur d'activité qui vous intéresse. Afin d'obtenir l'information nécessaire pour répondre aux prochaines questions, nous vous suggérons des lectures dans les revues spécialisées et des rencontres avec les principaux intervenants du secteur (organismes, ministères et fournisseurs de biens ou d'équipement, par exemple).

À VOTRE TOUR !

 Votre secteur d'activité est-il soumis à des « barrières à l'entrée », comme d'importants capitaux nécessaires au démarrage, des réglementations coûteuses à respecter, des produits brevetés par d'autres, ou des types de savoir-faire qui ne sont pas disponibles, des économies d'échelle importantes lors d'une production à grand volume ou d'autres éléments ?

 Faites brièvement mention des fournisseurs existant dans ce secteur d'activité, de même que de la facilité ou de la difficulté à s'approvisionner en matières premières nécessaires à la fabrication de votre produit.

 Faites état de la disponibilité de la main-d'œuvre et des politiques de sous-traitance dans le secteur d'activité. La main-d'œuvre compétente nécessaire à l'exploitation d'une telle entreprise est-elle disponible ? Quel en est le coût ? Y a-t-il des contraintes au recrutement de cette main-d'œuvre (pénurie appréhendée, formation, éloignement ou autres) ? Les autres entreprises de ce secteur d'activité font-elles plutôt appel à des sous-traitants ? Dans l'affirmative, ces sous-traitants peuvent-ils aussi travailler pour vous ?

Vous devez conclure cette section en discutant de l'avenir du secteur d'activité. Le lecteur et vous-même voudrez savoir si le secteur présente des perspectives d'avenir intéressantes. S'il s'agit d'un secteur d'activité à croissance rapide (la téléphonie cellulaire, la transmission sans fil, la biotechnologie, par exemple), il faudra préciser dans les autres sections du plan d'affaires, notamment dans le plan de développement (chapitre 10), les moyens grâce auxquels vous comptez demeurer à la fine pointe.

Par ailleurs, s'il s'agit d'un secteur d'activité relativement stable (le vêtement, la restauration, la mécanique automobile, par exemple), il faudra alors indiquer la façon dont vous vous démarquerez et assurerez la croissance de votre entreprise dans un secteur à maturité.

Un secteur à maturité est un secteur où les possibilités de croissance sont faibles par rapport à l'offre actuelle de produits ou de services; s'il y a croissance dans un secteur à maturité, elle sera généralement associée à l'innovation, à de nouvelles façons de faire les choses. Par exemple, le secteur de l'alimentation (les épiceries) est un secteur à maturité : plusieurs grandes entreprises contrôlent le marché. De petites boutiques spécialisées peuvent cependant y trouver leur place si les propriétaires font preuve d'innovation dans leur modèle d'affaires.

Enfin, s'il s'agit d'un secteur en perte de vitesse, vous indiquez la façon dont vous vous y prendrez pour ne pas subir le même sort que les autres entreprises. Prenons l'exemple du secteur de la cordonnerie. Ces dernières années, les cordonniers ont dû accomplir de petits miracles pour rester en affaires. Ceux qui ont agi et ajouté de nouveaux services (achat et vente de produits d'occasion tels que des patins, la fabrication de chaussures sur mesure, la fabrication de sac à dos) sont demeurés en affaires. D'autres n'ont rien fait et ont alors dû fermer leurs portes.

À VOTRE TOUR !

 Quelles tendances de croissance prévoyez-vous au cours des cinq prochaines années ? Ce secteur d'activité bouge-t-il rapidement ? Est-il en expansion, stable ou en régression ?

2.4.2 L'environnement général

L'analyse de l'environnement général fait référence aux éléments ou événements qui sont externes à votre projet et qui sont incontrôlables, c'est-à-dire ceux sur lesquels vous n'avez aucune influence sur le fait qu'ils apparaissent ou non : une nouvelle loi, une action de la concurrence, une découverte scientifique, une tendance dans la consommation, etc.

Connu sous l'acronyme de PESTE, l'environnement politique et juridique, économique, social et culturel, technologique et écologique aura une influence positive ou négative (occasions ou menaces) sur votre entreprise et le secteur d'activité dans lequel elle prendra place. Dans l'analyse qui suit, vous devrez faire ressortir ces deux éléments, soit les aspects qui représentent des menaces pour votre secteur d'activité ou votre entreprise et les aspects qui représentent des occasions.

Qui plus est, en effectuant l'analyse de l'environnement, vous devez tenir compte de la situation actuelle mais aussi, et surtout, de l'avenir prévisible afin de vous préparer à y faire face dans le cas d'une menace ou à en tirer avantage dans le cas d'une occasion. Vous devez donc expliquer, dans votre analyse, de quelles façons vous comptez profiter des occasions et surmonter les menaces.

Une occasion, c'est un élément ou un événement externe et incontrôlable dont profitera le secteur d'activité en général, et votre entreprise aussi, selon la façon dont vous en tirerez parti. Par exemple, sur le plan social et culturel, les préoccupations qu'a la population pour la santé offrent une occasion à toutes les entreprises œuvrant dans le secteur des aliments naturels, des suppléments alimentaires, des restaurants végétariens, etc.

Cette occasion existe pour tous, et chacun en tirera parti à sa manière. Le défi est de trouver une manière qui vous démarquera de la concurrence et qui vous attirera les faveurs des consommateurs ou de vos clients organisationnels.

Une menace, c'est un élément ou un événement externe et incontrôlable qui peut nuire à un secteur d'activité et à votre entreprise, voire en menacer la survie. Par exemple, au niveau économique, la hausse du dollar canadien en 2005 a fait mal à plus d'une entreprise exportatrice, notamment dans le secteur du meuble; sur le plan juridique, la loi anti-tabac dans tous les établissements publics fait peur à bien des tenanciers de bar et oblige les fabricants de cigarettes à développer de nouveaux marchés et à restreindre leurs opérations ; dans la sphère sociale, la sortie de Richard Desjardins contre les coupes à blanc a mis le secteur de la foresterie et celui des pâtes et papiers dans l'embarras ; etc.

Une menace provenant de l'environnement externe existe pour tous les intervenants du secteur d'activité ; le défi est de trouver une manière d'en amoindrir les effets, voire d'en tirer parti.

Quelquefois, une occasion pour un secteur d'activité peut représenter une menace pour un autre. Par exemple, la hausse du dollar canadien a nui aux entreprises exportatrices, mais a profité aux entreprises importatrices. Il faut parfois regarder les deux côtés de la médaille !

Pour vous aider dans la rédaction de cette section de votre plan d'affaires, nous vous proposons la lecture du volume suivant :

✓ Vallerand, J. et P. Gendron. *Naviguer en affaires : la stratégie qui vous mènera à bon port !,* Les Éditions Transcontinental et les Éditions de la Fondation de l'entrepreneurship, Montréal, 1995. (Collection Entreprendre)

2.4.2.1 L'environnement politique et juridique

L'environnement politique et juridique renvoie aux lois et aux règlements régissant votre secteur d'activité. Certaines de ces lois ou certains de ces règlements peuvent agir en votre faveur, alors que d'autres agiront en votre défaveur. Ici, l'exemple classique est celui de l'industrie du tabac qui voit ses activités de plus en plus restreintes par les lobbies anti-tabac et par les gouvernements. D'un autre côté, la législation sur l'environnement peut ouvrir des portes à plusieurs entreprises, notamment dans la gestion des déchets, la récupération ou d'autres activités reliées à la protection de l'environnement.

Le cas échéant, l'environnement politique et juridique fait aussi référence à la situation politique (stable ou instable) du pays où vous exploiterez votre entreprise, mais aussi des pays d'où vous importerez, ou exporterez, des matières premières, des services ou des biens à revendre.

À VOTRE TOUR !

 Actuellement, quels sont les lois et les règlements qui contraignent ou favorisent votre secteur d'activité ? Voyez-vous poindre de nouvelles lois ou de nouveaux règlements dans un avenir prévisible, et quelle influence auront-ils sur l'entreprise que vous projetez de démarrer ?

 Quelle est la situation politique actuelle dans le ou les pays où vous prévoyez faire affaire ? Quels sont les développements prévisibles de cette situation politique ? Quelle influence auront-ils sur l'entreprise que vous projetez de démarrer ?

Dans votre présentation de l'analyse PESTE, décrivez d'abord la situation actuelle pour le secteur d'activité puis les développements prévisibles. Terminez avec les répercussions sur votre propre projet. De plus, lorsque la situation l'exige, ne limitez pas votre analyse au seul aspect de la production ou des opérations à l'interne.

Incluez dans votre analyse les fournisseurs, les distributeurs et les utilisateurs, voire les processus de gestion. Par exemple, l'influence du commerce électronique sur les processus de gestion et de distribution (pensez à Dell qui a révolutionné la vente au détail d'ordinateurs) ; ou encore les répercussions du mouvement de recyclage et d'écologie sur l'industrie de l'emballage ainsi que sur les entreprises de restauration-minute, les détaillants de toutes sortes et les entreprises manufacturières qui utilisent du carton ou du plastique.

2.4.2.2 L'environnement économique

L'économie d'un pays ou d'un secteur d'activité est soumise à des fluctuations cycliques. Votre entreprise est-elle sensible à ces fluctuations dans la conjoncture économique (taux d'intérêt, taux de change, chômage, inflation) ? Par exemple, si vous devez importer des matières premières, le taux de change aura une grande influence (à la hausse ou à la baisse) sur le prix de vente de vos produits. Si vous voulez vendre un bien ou un service dit de luxe, le taux d'inflation et le taux de chômage joueront certainement sur vos ventes. Si vos clients doivent emprunter pour se procurer le bien que vous voulez vendre, les taux d'intérêt auront une influence favorable ou défavorable sur leur décision d'achat.

Le revenu disponible, la situation fiscale, l'épargne et la confiance des consommateurs et des entreprises dans l'avenir sont aussi des variables économiques importantes à prendre en considération. Ces variables, et leur importance, dépendront du secteur d'activité de votre entreprise.

À VOTRE TOUR !

 Nommez puis décrivez l'état actuel des variables économiques pouvant influer sur le secteur d'activité dans lequel œuvrera votre entreprise. Expliquez ensuite comment les fluctuations économiques touchent votre secteur d'activité et, probablement, votre future entreprise.

 Quelles sont les prévisions des spécialistes concernant l'environnement économique ? Quels enseignements tirez-vous de ces prévisions pour votre projet d'entreprise ?

Les marchés se mondialisent de plus en plus et les pays conviennent d'accords de libre-échange. Les frontières physiques n'existent presque plus entre les pays et peuvent être franchies grâce aux technologies de l'information et des communications. Des accords facilitent l'ouverture des marchés étrangers, favorisant ainsi l'exportation. En même temps, les portes s'ouvrent à une plus grande concurrence.

À VOTRE TOUR !

 Dans votre secteur d'activité, quelle est la situation actuelle concernant les opérations à l'international ? Quels sont les développements prévisibles ? Quelle influence auront cette situation et ces développements sur votre projet d'entreprise ?

2.4.2.3 L'environnement social et culturel

Au cours des dernières années, nous avons assisté à des changements sociaux, culturels et démographiques importants (familles mono-parentales, immigration accrue, niveau d'éducation accru, familles à double revenu, accès à la propriété facilité, changements de valeurs chez les jeunes, baisse du taux de natalité, augmentation du nombre de personnes âgées, etc.). Pour une analyse plus détaillée des nouvelles tendances dans la société, nous vous suggérons le volume :

✓ Laferté, S. *Comment trouver son idée d'entreprise : découvrez les bons filons*, 3e édition, Les Éditions Transcontinental et les Éditions de la Fondation de l'entrepreneurship, Montréal,1998. (Collection Entreprendre)

Tous ces changements peuvent influer grandement sur la consommation de certains biens ou de certains services. Par exemple, la baisse du taux de natalité ferme certaines options aux entreprises spécialisées dans le marché des produits pour enfants ; quant à l'augmentation du nombre de personnes âgées, cette réalité démographique présente des occasions pour plusieurs types d'entreprises : voyage, logement adapté, vêtement, etc.

À VOTRE TOUR !

 Décrivez la situation actuelle en ce qui a trait aux tendances sociales et culturelles ou aux tendances dans la consommation qui peuvent influer sur votre secteur d'activité. De quelle façon ces changements touchent-ils votre entreprise ?
Quels changements prévoyez-vous ?

2.4.2.4 L'environnement technologique

La technologie, dont la propriété du savoir-faire, est un élément très important de l'analyse de l'environnement.

Dans certains secteurs d'activité, il s'agit souvent du facteur externe le plus important, puisqu'un manque de personnel compétent peut avoir des conséquences graves sur le rendement de l'entreprise : c'est le cas de l'informatique, de la pharmacologie, de l'aéronautique et de la fabrication des matériaux composites.

Dans d'autres secteurs d'activité, tels que la traduction, les services de comptabilité ou la garde de jeunes enfants, il est de moindre importance. Il faut cependant étudier cette question, ne serait-ce que sur le plan de la disponibilité de l'outillage et de l'équipement pour exploiter votre entreprise ou par rapport aux nouvelles façons de faire ou de rendre le service que vous proposez.

À VOTRE TOUR !

 Dans votre secteur d'activité, quelle est la situation actuelle en matière de technologie ? Votre secteur d'activité est-il soumis à une évolution technologique rapide ? Prévoyez-vous des changements dans le futur ? Des changements technologiques dans d'autres secteurs d'activité peuvent-ils rendre votre technologie désuète ? Quelle influence peut avoir cette situation sur votre projet d'entreprise ?

2.4.2.5 L'environnement écologique

La société, les gouvernements et les clients accordent de plus en plus d'importance aux impacts écologiques de certaines activités économiques. D'ailleurs, tout bon plan d'affaires comprend maintenant une section traitant de l'écologie (chapitre 8). Dans cette section, il faut indiquer brièvement s'il existe, dans votre secteur d'activité, des occasions ou des menaces reliées à l'écologie. Il faut donc déterminer les impacts possibles de celles-ci sur votre projet d'entreprise.

À VOTRE TOUR !

Considérant la nature de vos activités, quelle est la situation actuelle sur le plan écologique dans votre secteur ? Que prévoyez-vous à cet égard pour le futur ? Quelles sont les occasions ou les menaces que cette situation de sensibilisation aux impacts écologiques engendre pour votre entreprise ?

2.4.2.6 *Le sommaire des occasions et des menaces que présente l'environnement*

Pour conclure cette partie du plan d'affaires, faites un sommaire des occasions et des menaces relevées dans l'analyse de votre secteur d'activité et de votre environnement général.

À VOTRE TOUR !

Faites le sommaire des occasions et des menaces que présente l'environnement général. Prenez note que ce sommaire ne présente pas de nouveaux éléments mais correspond à un résumé de votre analyse PESTE. Si de nouvelles idées vous viennent pendant la rédaction du sommaire, revenez à votre texte et discutez-en à l'endroit approprié.

Enfin, une fois cette section rédigée, mettez en annexe tous les documents pouvant attester vos observations et influencer favorablement le lecteur de votre plan d'affaires. N'oubliez pas d'inclure une bibliographie et une webographie de tous les documents consultés lors de la rédaction de cette section de votre plan d'affaires. Ces références se retrouveront à la fin de votre plan d'affaires ; nous y reviendrons plus loin.

Dans les prochaines pages, vous pourrez lire la première partie du plan d'affaires de la boutique Viens bouquiner. Ensuite, vous trouverez la section d'applications propres à votre projet. L'utilité et l'utilisation de cette section vous ont été expliquées dans l'avant-propos.

2. La description de l'organisation et de l'occasion d'affaires

Ayant travaillé comme aide-bibliothécaire pendant deux étés à la Bibliothèque municipale de Sherbrooke, j'ai développé un goût sûr pour les livres. Ma bibliothèque personnelle compte près de 500 titres. Lors de mes voyages à l'extérieur de la ville, j'aime bien aller visiter les boutiques de livres d'occasion. De plus, comme le prix des livres neufs augmente sans cesse, j'ai eu l'idée d'ouvrir une boutique d'achat et de vente de livres d'occasion. Dans les pages qui suivent, je vous expliquerai plus en détail mon projet et les moyens que je prendrai pour réaliser et rentabiliser ce projet d'entreprise.

2.1 La raison sociale, la forme juridique et l'état d'avancement du projet

J'ai choisi la raison sociale **Viens bouquiner** pour ma boutique. Ce nom donne l'idée aux gens qu'ils seront accueillis avec amabilité dans ma boutique et qu'ils pourront prendre tout leur temps pour parcourir les livres qui y seront offerts.

J'aimerais pouvoir trouver un local au centre-ville de Trois-Rivières, de préférence rue des Forges, l'artère principale. Les raisons de ce choix seront expliquées dans le plan de localisation.

Comme je suis la seule propriétaire de l'entreprise, ma boutique prendra la forme juridique de l'entreprise individuelle. C'est la forme juridique la plus économique au démarrage de l'entreprise : je n'aurai que 35 $ à débourser pour en immatriculer la raison sociale.

Le projet est au stade préopératoire, et je compte démarrer l'entreprise en mai prochain. D'ici là, il me faut trouver un local approprié, procéder aux améliorations locatives nécessaires, de même qu'y installer les étagères et les comptoirs. Enfin, il me faut constituer les stocks de départ. À ce jour, j'ai effectué une étude de marché à l'aide de données secondaires et j'ai bien étudié le secteur d'activité dans lequel évoluera mon entreprise. Ces réflexions m'ont permis de décider de poursuivre mes démarches.

2.2 L'énoncé de la mission de l'entreprise et la description de l'occasion d'affaires

2.2.1 La mission de l'entreprise

La boutique **Viens bouquiner** offrira à tous les amoureux du livre le plus large choix de livres d'occasion de l'agglomération de Trois-Rivières. Les ouvrages offerts seront en bon état et répondront à des critères stricts de qualité, le tout à des prix comparables à ceux demandés par la concurrence. Le bouquinage se déroulera dans une ambiance professionnelle, calme, classique et bien organisée.

2.2.2 L'occasion d'affaires

Les livres d'occasion qui seront achetés puis offerts dans la boutique traiteront de tous les sujets et pourront répondre à tous les goûts. La clientèle pourra y retrouver :

- des romans ;
- de la littérature classique ;
- de la poésie ;
- des traités philosophiques ou religieux ;
- des ouvrages scientifiques, de médecine et de psychologie ;
- des volumes portant sur l'histoire, les sports, la sexualité, l'économie et l'administration ;
- des encyclopédies ;
- des bandes dessinées ;
- des dictionnaires ;
- des manuels scolaires ;
- etc.

La clientèle visée par la boutique est formée des adultes de 15 ans et plus de l'agglomération de Trois-Rivières, incluant les étudiants de passage à l'Université du Québec à Trois-Rivières (UQTR) et au Cégep de Trois-Rivières, de même que les touristes qui visitent notre belle région durant la saison estivale.

Plan d'affaires *Viens Bouquiner*

2.3 Les objectifs poursuivis

Après avoir analysé toutes les données secondaires disponibles traitant des habitudes d'achat et des clientèles cibles pour le secteur du livre, j'ai formulé, pour mon entreprise, les objectifs de parts de marché et de chiffres d'affaires suivants :

	PREMIÈRE ANNÉE	DEUXIÈME ANNÉE	TROISIÈME ANNÉE
Part de marché en pourcentage	2,70 %	4,07 %	5,43 %
Chiffre d'affaires	94 800 $	142 200 $	189 600 $

Je crois réaliste, voire conservateur, de prévoir une augmentation graduelle de la part de marché pour les trois premières années d'exploitation. Par la suite, les ventes pourront encore augmenter, mais à un rythme beaucoup moins rapide. Je prévois que mon entreprise, telle qu'elle est définie dans ce plan d'affaires, pourra, toutes choses étant par ailleurs égales, atteindre et conserver 6 % de la part du marché à compter de la quatrième année d'exploitation. Ces objectifs seront atteints grâce à une stratégie de publicité bien adaptée à la clientèle cible.

2.4 L'analyse du secteur d'activité et de l'environnement général

Des tablettes de roc gravées à l'imprimerie d'aujourd'hui, en passant par la reproduction manuelle de manuscrits, le livre a été le média privilégié de transmission des idées et de la culture à toutes les époques. Malgré l'informatique et les médias électroniques, le livre devrait encore jouir d'une grande popularité auprès de la population, non seulement aux fins de détente, mais aussi aux fins d'éducation.

Dans l'analyse du secteur d'activité et de l'environnement, j'ai relevé plusieurs pistes me laissant croire que le marché du livre, sans nécessairement être en croissance, est relativement stable. Je discuterai donc essentiellement de la tendance de croissance du marché des livres d'occasion, en opposition avec la relative stabilité du marché du livre neuf.

2.4.1 *Le secteur d'activité*

La boutique **Viens bouquiner** œuvrera dans le secteur du livre, lequel comprend non seulement les librairies générales et spécialisées, mais aussi tous les autres points de vente où la clientèle peut se procurer des livres : les grands magasins, les tabagies, les kiosques à journaux, les supermarchés, les pharmacies, les clubs de livres et les commerces de livres d'occasion.

Dans la région de Trois-Rivières, il y a plusieurs acteurs majeurs dans le secteur du livre. Notons la présence d'un certain nombre de librairies générales et spécialisées, d'un magasin Archambault (livres, revues et disques), d'un Costco, qui offre les livres à succès à bas prix, et de quelques boutiques de livres d'occasion. Quoi qu'il en soit, et j'y reviendrai, ma stratégie de mise en marché et les particularités de ma boutique devraient me permettre de me tailler une place intéressante dans ce marché.

En outre, dans ces nombreux points de vente, le livre prend une importance différente selon qu'il est le produit principal offert ou une marchandise parmi tant d'autres. À cet égard, les librairies générales ou spécialisées demeurent l'endroit privilégié pour l'achat de livres. Selon les données recueillies dans l'étude des données secondaires, il est à noter qu'en 1989, au Québec, 64 % des acheteurs de livres mentionnent la librairie comme premier lieu d'achat. Bien qu'il reste 36 % du marché aux autres types de points de vente, les librairies détiennent tout de même la plus grande part du marché du livre.

Le secteur du livre ne comporte aucune barrière à l'entrée ni à la sortie. Dans le domaine du livre neuf, les prix de vente et les réseaux d'approvisionnement sont très bien structurés. De la même façon, le personnel requis pour l'exploitation d'une librairie est facilement accessible, à un salaire raisonnable.

Dans le secteur du livre d'occasion, la situation est légèrement différente, même si les prix de vente doivent respecter le prix du marché. Le principal facteur de succès relève de l'approvisionnement, puisque nous sommes à la merci de la volonté des « vendeurs » potentiels de livres. Ce défi sera relevé par une politique d'achat avantageuse et par une publicité bien ciblée par rapport à cette clientèle « inverse » de vendeurs de livres.

2.4.2 L'environnement général

2.4.2.1 L'environnement politique et juridique

Aucune loi et aucun règlement ne régissent le secteur de la vente du livre d'occasion. Dans le futur, je ne pressens aucune loi ni aucun règlement qui favoriseraient ou défavoriseraient le secteur du livre ou ma boutique.

2.4.2.2 L'environnement économique

Les fluctuations économiques influent sur le secteur du livre. On peut penser au chômage, alors que les gens ont plus de temps pour lire, mais ont moins d'argent à consacrer aux loisirs. On dit souvent qu'en temps de crise, les gens ont besoin d'évasion : un livre peut alors répondre à ce besoin.

Le taux de change et le taux d'inflation peuvent aussi avoir une influence défavorable sur le marché du livre neuf et une influence favorable sur le marché du livre d'occasion. Comme le dollar canadien est haut et que la majorité des livres originaux ou traduits en français proviennent de l'étranger, le prix des livres neufs va en augmentant. Le taux d'inflation augmentant la facture de tous les biens de consommation, la part du budget que les ménages peuvent consacrer à l'achat de livres neufs pourrait diminuer. Le livre d'occasion étant vendu moins cher sur le marché que le livre neuf, ces situations lui sont donc favorables.

À mon avis, les gens qui aiment et veulent lire vont en faire une priorité dans leur budget, quelle que soit la situation économique. Il n'y a aucune raison de croire que, en cette période de stabilité, voire de croissance économique, nous assisterons à une baisse des ventes dans le secteur du livre, surtout dans le livre d'occasion. Quant aux prévisions économiques, il est très difficile d'en faire actuellement : même les plus grands économistes ont de la difficulté à prévoir les cycles futurs.

Enfin, en ce qui a trait aux impacts des accords de libre-échange et à la mondialisation des marchés, surtout au chapitre des communications, je crois que cette situation amènera les gens à vouloir se cultiver davantage, afin de tirer parti de la nouvelle information qui circulera un peu partout. Quoi de mieux qu'une bonne lecture pour apprendre à connaître une nouvelle culture ou une nouvelle façon de faire, ou encore pour apprivoiser de nouvelles technologies ?

2.4.2.3 L'environnement social et culturel

Les changements sociaux et culturels vont avoir une influence sur le secteur du livre, quelquefois de façon favorable, parfois de façon défavorable. Par exemple, le niveau d'éducation accru, les familles à double revenu, le retour aux valeurs traditionnelles et l'importance de bien maîtriser sa langue ont amené les Québécois à lire davantage et, ayant plus de revenus à accorder aux loisirs, à consommer plus de biens et de services reliés aux divertissements.

Par contre, l'augmentation du nombre de familles monoparentales et de personnes vivant seules avec un faible revenu a pu nuire à l'essor de l'industrie du livre. Bien souvent, dans ce type de ménages, les dépenses en loisirs (donc en livres) viennent à la dernière position dans les priorités d'achats. Par ailleurs, le rythme de vie effréné que doivent soutenir ces personnes peut devenir une occasion pour la vente de livres d'occasion, le besoin de se divertir à coût abordable étant présent autant dans ces familles que dans la population en général.

De même, le changement de valeurs chez les jeunes, lesquels sont très centrés sur l'électronique et l'informatique, a pu déteindre sur le marché du livre, les jeunes préférant la télévision et leur micro-ordinateur à la lecture. Il y aura cependant de bonnes occasions à faire grâce à la vente de livres informatiques d'occasion.

Malgré ces remarques, je pense que ceux qui aiment lire vont continuer de le faire. S'ils ont plus d'argent à accorder aux livres, ils en achèteront davantage. Quant à ceux qui sont moins fortunés, l'achat de livres d'occasion pourra leur permettre de continuer à satisfaire leur soif de lecture tout en respectant leur budget restreint.

Pour les années à venir, on peut prévoir que les gens travailleront de plus en plus pour sauvegarder leur emploi. De cette manière, ils auront besoin de détente le soir venu, et les livres pourront leur procurer cette détente. Le livre permet aussi de se divertir à la maison, diminuant de ce fait les dépenses associées aux sorties.

Enfin, le phénomène actuel de la baisse du taux de natalité pourra être bénéfique pour le secteur du livre dans les prochaines années. En effet, comme il y a moins d'enfants, les parents ont certainement plus de temps et d'argent à consacrer à la lecture. De plus, cette habitude pourra se transmettre aux enfants qui, dans 15 ou 20 ans, deviendront des clients potentiels pour les librairies et les boutiques comme la mienne.

2.4.2.4 L'environnement technologique

Le livre risque-t-il de se voir remplacer par un produit plus évolué technologiquement? Je ne le crois pas, et ce, malgré l'arrivée du cédérom (que certains appellent le livre du troisième type), des DVD, des iPod et des eBook.

Étant en mesure d'emmagasiner jusqu'à 350 000 pages de texte à lui seul, le cédérom est présentement utilisé pour le stockage de l'information. Cependant, deux autres utilisations sont en plein développement : les ouvrages de référence et les livres pour enfants.

Certaines analyses prédisent que, en ce début de nouveau millénaire, près de la moitié du marché de l'édition sera constitué de produits électroniques. Toutefois, ce type de document doit être consulté à l'aide d'équipement passablement dispendieux, du moins aujourd'hui. Cela constitue un net désavantage comparativement au livre papier traditionnel, que l'on peut lire au lit, dans son fauteuil préféré, dans la salle d'attente de son médecin ou dans l'autobus, sans autre équipement que nos deux mains. À mon avis, les livres ne risquent donc pas d'être éliminés dans un avenir rapproché.

2.4.2.5 L'environnement écologique

L'exploitation d'une librairie de livres d'occasion a un grand impact sur l'écologie. En fait, l'achat de livres d'occasion permet une réutilisation d'un bien fabriqué à partir d'une ressource naturelle. Comme le livre est fait de papier, si nous réutilisons les livres par la voie de la vente et de l'échange, il y aura moins d'arbres à couper. Cependant, la menace d'autres augmentations majeures du coût du papier reste alarmante pour ce qui est du secteur du livre neuf.

2.4.3 Le sommaire des occasions et des menaces que présente l'environnement

En somme, pour une boutique de livres d'occasion, les occasions relevées dans l'analyse de l'environnement sont liées au retour à des valeurs traditionnelles, au besoin de détente ressenti par tous et chacun, à la valorisation des études et de la mise à jour des connaissances, à l'augmentation du revenu de certains types de ménages, à la reprise économique actuelle et au concept de réutilisation qui est proposé.

Par contre, l'augmentation du nombre de personnes vivant seules et de familles monoparentales, la présence d'acteurs majeurs comme Archambault, la valorisation de l'électronique chez les jeunes, la relative faiblesse de la devise canadienne, du moins par rapport à l'euro, et une éventuelle augmentation du coût du papier peuvent nuire à l'industrie du livre. Ces éléments pourraient cependant jouer à l'avantage d'une boutique spécialisée dans la vente et l'achat de livres d'occasion.

● LES APPLICATIONS PROPRES À VOTRE PROJET ●

ÉLÉMENTS DE CONTENU DU PLAN D'AFFAIRES	CET ÉLÉMENT S'APPLIQUE-T-IL À VOTRE PROJET?	DATE D'ÉCHÉANCE POUR CETTE ÉTAPE	SOURCES D'INFORMATION À UTILISER
Raison sociale et adresse de l'entreprise			
Forme juridique et raison du choix			
Cheminement suivi à ce jour			
Mission de l'entreprise			
Description du produit ou du service			
Modèles d'affaires			
Processus de fabrication ou de prestation			
Propriétés intellectuelles			
Marché visé			
Territoire desservi			
Objectifs visés			
Secteur d'activité			
Historique du secteur d'activité			
Tendance de croissance dans le secteur d'activité			
Barrières à l'entrée ou à la sortie			
Approvisionnement et fournisseurs			
Disponibilité de la main-d'œuvre			
Politiques de sous-traitance			
Facteurs de succès			

● LES APPLICATIONS PROPRES À VOTRE PROJET *(suite)* ●

ÉLÉMENTS DE CONTENU DU PLAN D'AFFAIRES	CET ÉLÉMENT S'APPLIQUE-T-IL À VOTRE PROJET?	DATE D'ÉCHÉANCE POUR CETTE ÉTAPE	SOURCES D'INFORMATION À UTILISER
Avenir du secteur d'activité			
Environnement politique et juridique actuel et à venir			
Environnement économique actuel et à venir			
Environnement social et culturel actuel et à venir			
Environnement technologique actuel et à venir			
Environnement écologique actuel et à venir			
Sommaire des occasions et des menaces que présente l'environnement			

3 > L'équipe entrepreneuriale

Qui mènera à bien votre projet d'entreprise ?

L'objectif de cette section du plan d'affaires est de vous rassurer et de convaincre votre lecteur que vous, ou votre équipe, êtes en mesure de bien réaliser votre projet. Vous êtes évidemment le premier intéressé dans le processus, puisque vous devez évaluer si, seul, vous possédez les compétences et les ressources nécessaires pour mener à bien votre projet. Pour vous en assurer, nous vous proposons une démarche qui devrait vous aider à mieux réfléchir à vos capacités en vue de réaliser votre projet et à déterminer si vous avez besoin de vous allier à des partenaires.

Il est important aussi pour vous de savoir que les évaluateurs de plans d'affaires (les prêteurs dans les institutions financières et les investisseurs publics ou privés, entre autres) accordent beaucoup d'importance au promoteur ou à l'équipe entrepreneuriale lorsqu'ils analysent un projet d'affaires. Nous oserions avancer que leur décision repose à près de 50 % sur les compétences et la motivation du ou des futurs entrepreneurs. Cette section du plan d'affaires vous aidera à bien présenter vos compétences et vos motivations tout en démontrant votre capacité à vous lancer en affaires.

3.1 Les compétences requises par rapport à votre occasion d'affaires

La première étape du processus consiste à établir les exigences du projet à réaliser, à définir vos buts et vos objectifs, puis à établir les tâches et les actions à entreprendre pour réaliser le projet. À la section 2.4 du chapitre précédent, vous avez déterminé les facteurs de succès dans le secteur d'activité considéré : produit à l'avant-garde sur la concurrence, prix compétitif, produit de qualité, grande capacité d'adaptation au changement, besoins de ressources financières importants, compétence ou spécialisation des ressources humaines, ou tout autre facteur déterminant de la performance dans ce secteur d'activité. Posez-vous maintenant la question suivante :

> « Personnellement, ai-je les connaissances et les compétences nécessaires pour m'assurer que ma future entreprise fera face à ces facteurs de succès ? »

Si la réponse est **oui**, dressez immédiatement la liste de ces connaissances et ces compétences (formation et expérience entre autres), car vous aurez besoin de ces renseignements ultérieurement. Si la réponse est **non**, préparez plutôt deux listes : une comportant les connaissances et les compétences que vous possédez, l'autre énumérant celles que vous devrez « trouver ». Nous y reviendrons un peu plus loin.

Ensuite, indiquez quels sont les buts et les objectifs que vous poursuivez dans l'exploitation de votre entreprise. Vous avez déjà formulé les objectifs de l'entreprise à la section 2.3 du chapitre 2. Comptez-vous exploiter un marché local, régional, ou avez-vous l'ambition de vous attaquer à des marchés nationaux ou mondiaux ? Comptez-vous être un précurseur dans vos marchés ? Sur quelle base voulez-vous vous démarquer ? Que cherchez-vous à obtenir du point de vue de la rentabilité ? À cette étape, vous devez surtout vous attarder à vos objectifs personnels qui, eux, relèvent davantage de votre vision de l'avenir. À titre d'exemple, cherchez-vous seulement à vous créer un emploi ou, au contraire, cherchez-vous à créer une entreprise qui va croître et devenir gigantesque ?

Enfin, déterminez les tâches et les actions à entreprendre pour mener à bien votre projet. S'agit-il :

- de tâches techniques pour terminer le développement du produit ou du service, ou pour en développer de nouveaux ?

- de tâches orientées vers le développement des marchés, vers la communication commerciale, la vente, les relations publiques, la négociation ?

- de tâches de gestion comme la planification et le contrôle ?

- de tâches de gestion exigeant des habiletés interpersonnelles, des habiletés à motiver et à bien diriger le personnel, à communiquer avec celui-ci ?

Bref, quelles sont les habiletés requises pour l'exploitation de l'entreprise ? Plus vous avancerez dans la rédaction de votre plan d'affaires, plus les particularités de ces actions et de ces tâches seront évidentes pour vous. Cette réflexion faite, posez-vous encore une fois la question suivante :

« Personnellement, ai-je les connaissances et les compétences nécessaires pour effectuer ces actions et remplir ces tâches ? »

N'oubliez pas non plus d'évaluer votre intérêt. Si vous n'avez pas envie de « gérer » ou de « vendre », il va bien falloir que quelqu'un le fasse !

Si la réponse est **oui**, dressez immédiatement la liste de ces connaissances et de ces compétences (formation et expérience, entre autres), car vous aurez besoin de ces renseignements un peu plus loin. Si la réponse est **non**, préparez plutôt deux listes : une comportant les connaissances et les compétences que vous possédez ; l'autre énumérant celles que vous devrez « trouver ». Nous y reviendrons un peu plus loin.

La deuxième étape du processus consiste à évaluer comment vous pouvez, comme individu, satisfaire aux exigences imposées par la poursuite de l'occasion d'affaires. Pour ce faire, vous devrez évaluer vos habiletés, vos forces et vos faiblesses entrepreneuriales. Au-delà des compétences ou du savoir-faire technique, les entrepreneurs et les travailleurs autonomes à succès ont des caractéristiques personnelles qui, souvent, les distinguent des gens qui ne sont pas des entrepreneurs. Vous devrez ici faire l'évaluation de vos motivations et de vos caractéristiques entrepreneuriales, de votre propension à courir des risques modérés, de votre besoin d'indépendance et d'autonomie, de votre confiance en vos habiletés, d'une certaine tolérance face à l'ambiguïté et à l'incertitude financière, de votre persévérance, etc.

Au-delà de vos habiletés techniques et de vos habiletés de gestion, interrogez-vous sur vos habiletés en tant que stratège, c'est-à-dire sur votre capacité de développer votre propre vision de l'entreprise et de prendre les moyens pour atteindre vos objectifs. Vous devez aussi évaluer vos habiletés interpersonnelles et de communication, vos habiletés en marketing, en comptabilité et en finance, en gestion des ressources humaines, matérielles et informationnelles.

Pour en savoir plus sur les caractéristiques des entrepreneurs, nous vous conseillons la lecture du volume :

✓ Gasse, Y. et A. D'Amours. *Profession entrepreneur : avez-vous le profil de l'emploi ?*, Les Éditions Transcontinental et les Éditions de la Fondation de l'entrepreneurship, Montréal, 2000. (Collection Entreprendre)

Pour vous aider à faire le tour des habiletés de gestion nécessaires à la création d'une entreprise :

✓ Levasseur, P., C. Bruley, et J. Picard. *Autodiagnostic*, Les Éditions Transcontinental et les Éditions de la Fondation de l'entrepreneurship, Montréal, 1991. (Collection Entreprendre)

En ce qui concerne les habiletés techniques, votre connaissance du secteur d'activité vous permettra d'en déterminer les exigences.

Si vous décelez des écarts entre les exigences de la tâche et vos propres habiletés, il faudra élaborer des stratégies pour les combler. Peuvent-ils être comblés par une formation personnelle ? Sinon, devriez-vous les combler en ayant recours à l'embauche de conseillers, d'employés à temps partiel ou d'employés à temps plein ? Peut-être vous faudra-t-il former une équipe entrepreneuriale.

À VOTRE TOUR !

 À la suite de cette analyse, décrivez brièvement votre expérience de travail ou de bénévolat ainsi que votre scolarité, en insistant sur les éléments qui ont un rapport certain avec votre projet d'entreprise. Faites le lien entre les exigences de votre occasion d'affaires, vos connaissances et vos compétences.

 Si vous élaborez votre projet en équipe, faites l'analyse précédente pour chacun des membres de l'équipe et préparez un tableau ou un texte synthèse des connaissances, compétences, forces et faiblesses de chacun en relation avec l'occasion d'affaires poursuivie. Précisez les tâches principales de chacun en vous assurant que toutes les tâches et responsabilités seront attribuées à une personne responsable. Si personne ne peut s'occuper de certaines tâches ou responsabilités, ou si des faiblesses ne sont pas comblées, discutez de votre stratégie pour remédier à cette situation.

 Si vous êtes le seul promoteur de votre projet, indiquez de quelles façons vous comblerez vos faiblesses (formation, embauche, appel à des conseillers).

Nota : Dans le corps du document « plan d'affaires », faites une description sous la forme d'un texte. N'incluez pas votre curriculum vitæ détaillé dans le corps du texte ; mettez-le plutôt en annexe au plan d'affaires. Faites de même pour tous les membres de l'équipe entrepreneuriale.

3.2 Le choix des partenaires

Que votre équipe entrepreneuriale soit formée ou non, le choix des partenaires nécessite une évaluation aussi sérieuse que celle que vous avez faite pour juger de votre potentiel : vous devez prendre en considération les exigences de la tâche et les écarts constatés au cours de l'évaluation de vos forces et faiblesses en tant qu'entrepreneur.

La première chose à éviter est de s'associer avec des personnes possédant des habiletés similaires. Il faut plutôt rechercher les habiletés complémentaires. Il faut aussi éviter de s'associer avec quelqu'un pour la seule raison de son amitié ou des ressources financières que cette personne pourrait apporter à l'entreprise.

Il est également important de s'assurer que les partenaires choisis partagent les mêmes valeurs, la même éthique et les mêmes objectifs, qu'il existe une confiance mutuelle. Il est aussi très important d'entreprendre une discussion franche et ouverte avec les partenaires afin que tous s'entendent sur la vision à long terme de l'entreprise et sur la compréhension que chacun a de la mission. Qu'arrivera-t-il si, dans deux ans, vous voulez développer l'entreprise, la faire croître, alors que un ou plusieurs de vos partenaires veulent plutôt en assurer la rentabilité et augmenter leur salaire ? Selon la répartition du pouvoir formel (pourcentage des parts), la décision pourrait aller dans votre sens, dans leur sens, où nulle part si vous êtes à 50-50, mettant ainsi la survie de l'entreprise en péril. Pensez-y bien.

Bref, les partenaires doivent être complémentaires, dans le but d'accroître les forces de l'équipe, mais partager la même vision et les mêmes valeurs.

Il est aussi primordial de discuter de la répartition des tâches entre les membres de l'équipe. Si personne ne veut aller vendre… l'entreprise n'ira pas bien loin. Ne présumez pas des intérêts et intentions des autres membres de votre équipe. Discutez-en sérieusement.

3.3 Les droits et les devoirs des actionnaires ou des associés

Le choix des partenaires étant fait, il est important de bien s'entendre sur l'identité du leader, sur le partage de la propriété et sur les modes de rétribution. Le partage de la propriété et les modes de rétribution devraient tenir compte de la propriété de l'idée, de l'engagement financier de chacun et de sa participation dans l'entreprise, du risque encouru, des habiletés contribuant au succès de l'entreprise et des responsabilités confiées à chacun.

Il est essentiel de formaliser ces ententes dans une convention entre actionnaires ou entre associés très tôt dans le processus d'association. Une telle entente couvre généralement les conditions du partenariat, de fonctionnement ainsi que les modalités de séparation. De telles conventions étant relativement techniques et pouvant avoir des conséquences importantes pour les parties, il convient de consulter un conseiller juridique, un avocat ou un notaire.

À VOTRE TOUR !

 Selon la forme juridique que vous aurez choisie pour votre entreprise, vous devez décrire les droits et devoirs des actionnaires (société par actions) ou des associés (société en nom collectif). S'il s'agit d'une coopérative, décrivez les principales règles de fonctionnement entre les coopérants.

 Faites une description de toute convention signée ou à signer, entre les actionnaires ou les associés, faisant état des droits et des devoirs de chacun. Ajoutez en annexe une copie de cette convention ou du projet de convention.

Enfin, une fois cette section rédigée, joignez en annexe au plan d'affaires tous les documents pouvant attester vos dires et influencer favorablement le lecteur.

Nota : Dans l'exemple qui suit, nous avons présenté le bilan et les besoins financiers personnels d'Anne Joubert. Nous les expliquerons au chapitre 12, lequel porte sur les aspects financiers.

3 L'équipe entrepreneuriale

3.1 L'entrepreneur ou l'équipe entrepreneuriale

Mon objectif personnel, dans ce projet, est de créer mon propre emploi afin d'assurer mon autonomie financière tout en effectuant un travail qui me passionne. Mon objectif financier est de pouvoir m'assurer un salaire d'au moins 35 000 $ par année à compter de la deuxième année d'exploitation de l'entreprise. Si l'on considère le nombre d'heures exigé pour gérer et exploiter un tel commerce, je crois que cette somme n'est pas exagérée. Naturellement, pour les premières années, ma rémunération dépendra de la performance financière de mon entreprise. Ensuite, tous les surplus seront réinvestis dans l'entreprise.

Pour réaliser un tel objectif et un tel projet, il faut avoir non seulement de la détermination, mais aussi la passion des livres et aimer être en contact avec le public. Je possède cette passion des livres, de la lecture, et je suis très à l'aise avec les gens. Mon expérience de travail à la Bibliothèque municipale de Sherbrooke m'a permis de développer les habiletés techniques reliées au classement et à la réparation des livres abîmés, d'apprendre à mieux connaître les besoins et les goûts de la clientèle, et de mettre à l'épreuve mes aptitudes en rapport avec le service à la clientèle.

Réussir dans le domaine du livre d'occasion ne nécessite aucune compétence technique spéciale. Cependant, des compétences minimales en gestion sont essentielles au succès de toute entreprise. Je crois posséder ces compétences, mais, afin de bien m'entourer, j'ai sollicité l'aide de quelques personnes qui pourront me soutenir dans la réalisation de mon projet.

À titre de propriétaire unique, je serai responsable de la gestion tant quotidienne que stratégique de mon entreprise. Ma formation en gestion me servira dans toutes ces tâches. Je suis cependant consciente de quelques lacunes, notamment en droit, en comptabilité et en finance. Pour combler ces petites faiblesses, je peux compter sur l'aide de mon conjoint, qui possède un baccalauréat en administration, option finance. Je peux aussi faire appel à deux amies : l'une est avocate spécialisée en droit des affaires et l'autre, une économiste, termine un baccalauréat en administration, option comptabilité.

Ni mon conjoint ni mes deux amies ne seront propriétaires de l'entreprise, mais je les considère comme faisant partie de mon équipe entrepreneuriale. Nous nous complétons très bien, même si aucun de nous ne possède d'expérience pertinente en affaires.

3.2 Le choix des partenaires

Tout en ayant des compétences complémentaires, les membres de mon équipe entrepreneuriale ont beaucoup de points en commun. Mes deux amies, Jacinthe et Louise, sont des collègues d'études. Je connais Louise depuis le primaire et nous avons effectué en équipe plusieurs travaux scolaires, notamment à l'université. Je sais que Louise travaille plus lentement que moi, mais elle est plus minutieuse : elle considère tous les petits détails.

J'ai connu Jacinthe au collégial. Nous n'avons pas beaucoup travaillé ensemble, n'ayant pas étudié dans les mêmes domaines. Cependant, nous sommes toujours demeurées très proches. Je connais Jacinthe comme une personne attentionnée, travaillante et qui se passionne pour le droit.

Jean, mon conjoint, est un passionné de la bourse et du monde financier. Il est au courant de tout ce qui s'y passe. Il est toujours à l'affût de placements intéressants. Il lit deux quotidiens (*La Presse* et *The Globe and Mail*) et environ cinq revues hebdomadaires consacrées au domaine financier. C'est un bourreau de travail qui aime relever des défis. Enfin, il connaît bien Jacinthe et Louise.

Pour vous aider à mieux nous connaître, vous trouverez en annexe, outre mon curriculum vitæ, celui de chacun des membres de l'équipe entrepreneuriale.

3.3 Les droits et les devoirs des actionnaires ou des associés

Comme je suis la seule propriétaire de mon entreprise et que les membres de mon équipe entrepreneuriale ne sont pas partie prenante du projet, nous n'avons pas de convention comme telle. J'aurai recours à leurs bons conseils selon les besoins.

Plan d'affaires *Viens Bouquiner*

Annexe
CURRICULUM VITÆ ET BILAN PERSONNEL
DE LA PROPRIÉTAIRE

Anne Joubert
444, rue Louis-Pinard, app. 4
Trois-Rivières (Québec) G8Y 8Y8
Téléphone : 819 699-9900

Formation

1997	Maîtrise en gestion des PME Université du Québec à Trois-Rivières
1994	Certificat en administration des affaires Université de Sherbrooke
1990-1993	Baccalauréat coopératif en économique Université de Sherbrooke
1988-1990	Diplôme d'études collégiales en sciences pures Séminaire de Sherbrooke

Stages coopératifs

Automne 1992 et été 1993 — Revenu Canada, accises, douanes et impôts
Statistiques fiscales des particuliers – Économiste junior

- Gestion de projet pour la production de statistiques sur la déduction pour les habitants de régions éloignées pour les années 1990 et 1991 (préparer les spécifications informatiques, corriger les données, vérifier les tableaux, distribuer le produit final).

- Conception et réalisation d'une brochure sommaire de statistiques fiscales (réaliser des tableaux résumés et des graphiques, et faire de la mise en pages).

- Élaboration de procédures de vérification informatique des tableaux des statistiques fiscales au moyen de commandes Macro avec le logiciel SuperCalc.

Annexe
CURRICULUM VITÆ ET BILAN PERSONNEL
DE LA PROPRIÉTAIRE *(suite)*

- Assistance dans toutes les étapes de la production de la publication sur les statistiques fiscales.
- Correction des codes de localité (code géographique permettant la stratification de l'échantillon) et production de statistiques.
- Mise à jour des listes de distribution.
- Réponse à des demandes spéciales.

Hiver 1992   Secrétariat du Conseil du trésor du Canada, affaires réglementaires – Économiste junior

- Mise à jour des listes de distribution.
- Mise sur pied d'un minicentre de documentation.
- Élaboration d'études de coûts.
- Compilation des réponses à un sondage.

Emplois

Juin 1991   Centre hospitalier Hôtel-Dieu de Sherbrooke, préposée aux dossiers médicaux (archives)

Sept. 1989-
juin 1991   Marché Dion Belvédère de Sherbrooke, caissière

Mai 1991-
juin 1991   Ville de Sherbrooke, service d'évaluation

Été 1989 et
été 1990   Ville de Sherbrooke, bibliothèque municipale, aide-bibliothécaire

Été 1987 et
été 1988   Ville de Sherbrooke, recensement des piscines

Plan d'affaires *Viens Bouquiner*

CURRICULUM VITÆ ET BILAN PERSONNEL
DE LA PROPRIÉTAIRE *(suite)*

Autres connaissances

Connaissances générales en informatique : Basic, Lotus 123, MicroTSP, WordPerfect 5.1, Harvard Graphics 2.3, SuperCalc 5.10, Survey-it, système central en environnement TSO/ISPF

Activités et champs d'intérêt

- Je me suis occupée de l'organisation du pique-nique annuel de la division des services statistiques (Revenu Canada, accises, douanes et impôts) et j'ai été récipiendaire d'un prix d'excellence et d'innovation.

- Je manifeste un grand intérêt pour les causes sociales qui marquent l'actualité, la protection des animaux et de l'environnement.

- Mes différentes expériences de travail m'ont permis d'acquérir certaines aptitudes et qualités, notamment la ponctualité, le sens des responsabilités, la débrouillardise ainsi que l'autonomie.
  Étant une personne de défi, j'aime foncer pour atteindre mes buts et réaliser mes aspirations.

Références disponibles sur demande.

BILAN PERSONNEL – ANNE JOUBERT

Au 31 décembre 2006

Éléments d'actif

Argent en main	250 $
Dépôts à la caisse populaire	5 000 $
Actions (valeur de rachat)	10 000 $
Obligations du Canada	3 000 $
Automobile (Cavalier 1993)	5 000 $
Mobilier et effets personnels	7 500 $
Total des éléments d'actif	**30 750 $**

Éléments de passif

Prêt auto	4 000 $
Prêt étudiant	9 000 $
Carte de crédit	500 $
Total des éléments de passif	**13 500 $**

Valeur nette au 31 décembre 2006	**17 250 $**

Historique de crédit

Emprunt auto à la caisse populaire (mensualités de 350 $)

Solde à payer au 31 décembre 2006	4 000 $

Prêt étudiant à la banque (mensualités de 200 $)

Solde à payer au 31 décembre 2006	9 000 $

Plan d'affaires

Viens Bouquiner

BESOINS FINANCIERS PERSONNELS – ANNE JOUBERT

Au 31 décembre 2006

Dépenses mensuelles

Loyer	500 $
Alimentation	400 $
Assurances	35 $
Automobile (essence et entretien)	150 $
Téléphone et câble	40 $
Loisirs	25 $
Électricité et chauffage	100 $
Frais de scolarité	200 $
Versements sur emprunts	550 $
Vêtements et accessoires	100 $
Total des dépenses mensuelles	**2 100 $**

Revenus mensuels

Dividendes et intérêts	100 $
Total des revenus mensuels	**100 $**
Besoins financiers mensuels	**2 000 $**

Nota : Mon conjoint et moi-même sommes encore aux études. Dans le cas de mon conjoint, il s'agit d'un retour aux études après une période passée sur le marché du travail. Les biens décrits dans le bilan personnel sont les miens. Les dépenses décrites dans l'état des besoins financiers personnels sont celles du couple.

Annexe
CURRICULUM VITÆ DES MEMBRES
DE L'ÉQUIPE ENTREPRENEURIALE

Jean Paquet
444, rue Louis-Pinard, app. 4
Trois-Rivières (Québec)   G8Y 8Y8
Téléphone : 819 699-9900

Études

1992-1995	Baccalauréat en administration des affaires, option finance Université de Sherbrooke
	Autres cours : Valeurs mobilières au Canada (réussi) Gestion de placements accrédités (en cours)

Emplois

1994	Club de golf de Milby – serveur
1984-1991	Club de golf de Venise-en-Québec – préposé à la boutique, au terrain et aux départs ; serveur et enseignant de golf.
	De ces emplois d'été, j'ai acquis un grand sens des responsabilités, beaucoup d'entregent pour servir le public et une grande polyvalence, en raison des changements de tâches fréquents.
1989	La Publicité enr. – propriétaire
	Cette expérience m'a permis de développer mon sens de l'organisation, puis de parfaire mes connaissances en comptabilité et en marketing. Je devais m'occuper de l'organisation nécessaire à la confection du matériel, de la sollicitation des clients et de la gestion de l'entreprise.
1981-1983	Club de golf d'East Angus – préposé à la boutique

Activités et champs d'intérêt

Cinéma, sports (golf et squash), lecture de magazines et de livres à caractère économique et financier.

Annexe
CURRICULUM VITÆ DES MEMBRES
DE L'ÉQUIPE ENTREPRENEURIALE *(suite)*

Jacinthe Tremblay
123, rue King Ouest
Sherbrooke (Québec) J1A 1A1
Téléphone : 819 821-2222

Études

| 1990-1993 | Baccalauréat en droit
Université de Sherbrooke |
| 1988-1990 | Études collégiales en sciences administratives
Séminaire de Sherbrooke |

Emplois

| Depuis 1993 | Downey & Martel, avocats
Droit des affaires |
| 1990 | Dépanneur du Coin
Caissière |

Bilan des acquis

Ma formation universitaire m'a permis de mieux connaître l'environnement du droit des affaires et mon expérience de travail saura faire en sorte d'améliorer mes compétences. En ce qui concerne mes projets futurs, j'aimerais acquérir une expérience plus concrète en matière de gestion d'entreprise.

Annexe
CURRICULUM VITÆ DES MEMBRES
DE L'ÉQUIPE ENTREPRENEURIALE *(suite)*

Louise Laplante
1000, rue Richard, app. 403
Sherbrooke (Québec)   J1A 2A2
Téléphone : 819 566-6666

Études

Depuis 1993	Baccalauréat en administration des affaires, option comptabilité Université du Québec à Montréal
1990-1993	Baccalauréat coopératif en économique Université de Sherbrooke
1988-1990	Études collégiales en sciences pures Séminaire de Sherbrooke

Emplois

1994	Auberge du Fenil Auditrice comptable
Été 1993	Ministère de la Culture du Québec Économiste junior
Automne 1992	Emploi et Immigration Canada (Ottawa) Économiste junior
Hiver 1992	Emploi et Immigration Canada (Ottawa) Économiste junior

Bilan des acquis

De mes expériences de travail, je retire une grande satisfaction personnelle. Le goût du travail et la volonté d'atteindre les objectifs que je me fixe sont les valeurs qui me caractérisent le mieux. Bénévole à l'hôpital D'Youville de Sherbrooke, j'ai acquis un grand sens des responsabilités et le respect des autres.

● LES APPLICATIONS PROPRES À VOTRE PROJET ●

ÉLÉMENTS DE CONTENU DU PLAN D'AFFAIRES	CET ÉLÉMENT S'APPLIQUE-T-IL À VOTRE PROJET?	DATE D'ÉCHÉANCE POUR CETTE ÉTAPE	SOURCES D'INFORMATION À UTILISER
Exigences du projet à réaliser			
Buts et objectifs poursuivis			
Tâches et actions à entreprendre			
Évaluation de vos compétences pour satisfaire aux exigences du projet			
Habiletés techniques			
Habiletés de gestion			
Écarts entre les exigences et vos compétences			
Description de votre expérience et de votre scolarité			
Façons de combler les écarts entre les exigences et les compétences			
Bilan des compétences des membres de l'équipe entrepreneuriale			
Antécédents de chacun des membres de l'équipe entrepreneuriale			

● LES APPLICATIONS PROPRES À VOTRE PROJET *(suite)* ●

ÉLÉMENTS DE CONTENU DU PLAN D'AFFAIRES	CET ÉLÉMENT S'APPLIQUE-T-IL À VOTRE PROJET?	DATE D'ÉCHÉANCE POUR CETTE ÉTAPE	SOURCES D'INFORMATION À UTILISER
Atouts et capacité de chacun			
Façons de combler les écarts entre les exigences du projet et les compétences des partenaires			
Partage de la vision de l'entreprise entre les divers partenaires			
Description de la convention entre associés			

4 〉 L'analyse du marché

Pour qui allez-vous le faire ?

La section portant sur l'analyse du marché est l'une des plus importantes dans la présentation du plan d'affaires. C'est à cette étape que l'on établit s'il existe un marché pour le produit ou le service envisagé, selon la demande globale et le nombre de concurrents qui y répondent. L'objectif ultime est de déterminer le chiffre d'affaires et la stratégie appropriée pour l'atteindre, tout en convainquant le lecteur de la pertinence et de la justesse de ces prévisions.

Dans le premier chapitre, nous vous avons parlé de l'étude de marché. Dans la présente section du plan d'affaires, vous devez rapporter les conclusions de cette étude.

4.1 L'identification de la clientèle et l'évaluation des marchés

4.1.1 La description de la clientèle

Les habitudes et les comportements d'achat ne sont pas les mêmes pour tous les types de clientèles. Il faut déterminer la nature de la clientèle et regrouper les clients selon certains critères qui en font des groupes homogènes (ce que nous nommons la segmentation). Faites ces regroupements à partir des comportements d'achat (volume d'achat, taux de consommation, fidélité à la marque), des caractéristiques démographiques et socioéconomiques (âge, sexe, revenus, etc.), des variables psychographiques (style de vie, personnalité) ou encore des variables psychologiques (motivations, attitudes, préférences, perceptions).

Si les concepts associés au comportement du consommateur ne vous sont pas familiers, nous vous suggérons de consulter l'un ou l'autre des volumes suivants :

✓ D'Astous, A., et collaborateurs. *Comportement du consommateur*, Chenelière / McGraw-Hill, Montréal, 2002.

✓ Chebat, J.-C., et collaborateurs. *Le comportement du consommateur*, 3e édition, Gaétan Morin éditeur, Montréal, 2003.

Par exemple, votre marché cible pourrait être composé d'un des groupes suivants :

• des couples dont le plus âgé des deux a moins de 35 ans, ayant un revenu annuel familial de plus de 50 000 $ par année, demeurant dans un logement loué, n'ayant pas d'enfant et désirant acheter une maison dans les deux prochaines années ;

• des femmes de plus de 35 ans, célibataires ou non, sans enfant, demeurant en milieu urbain et occupant un emploi de cadre, gagnant plus de 40 000 $ par année, consommant des multivitamines afin de suppléer à une alimentation déficiente et aux effets du stress sur l'absorption des vitamines contenues généralement dans les aliments ;

• des jeunes de 16 à 18 ans, fréquentant l'école, travaillant à temps partiel et gagnant un revenu annuel entre 2 000 $ et 5 000 $, consommant au moins deux repas de restauration-minute par mois et désirant se retrouver avec d'autres jeunes du même âge qu'eux le plus souvent possible.

Si votre clientèle est composée d'entreprises, vous devez faire le même exercice. Cependant, les variables de segmentation seront différentes. Il s'agira alors de décrire votre clientèle d'entreprises selon le secteur d'activité, le nombre d'employés, le marché desservi, la localisation ou toute autre variable importante pour votre projet. Votre marché cible pourrait, par exemple, être défini de l'une ou l'autre des façons suivantes :

• les entreprises manufacturières du secteur de la transformation du bois, utilisant des scies à ruban, employant moins de 50 personnes, situées dans le Nord du Québec et desservant le marché du Québec, de l'Ontario, des provinces maritimes et les États de la Nouvelle-Angleterre ;

• les institutions, entreprises ou organismes de la région montérégienne, devant faire leur promotion auprès de la population, ne possédant pas de service interne de communication ou de marketing.

Pour une discussion plus en détail sur les éléments importants à considérer dans l'analyse et la segmentation de marché, nous vous proposons, dans la bibliographie, quelques volumes de référence. Vous pouvez aussi consulter :

✓ Carrier, S. *Le Marketing et la PME,* Les Éditions Transcontinental et les Éditions de la Fondation de l'entrepreneurship, Montréal, 1994. (Collection Entreprendre)

✓ Chiasson, M. *Marketing gagnant,* Les Éditions Transcontinental et la Fondation de l'entrepreneurship, Montréal, 1995. (Collection Entreprendre)

À VOTRE TOUR !

 Décrivez votre marché cible selon les variables importantes pour votre projet d'entreprise. Si vous visez plusieurs marchés cibles ou segments différents, faites cette description pour chacun.

4.1.2 L'évaluation de la demande globale

Cette section de l'analyse de marché vous permet de déterminer la demande globale, passée et actuelle, à partir de données statistiques disponibles ou d'information recueillie dans votre étude de marché. La demande globale fait référence aux dépenses annuelles engagées pour acheter le même produit ou le même service que celui que vous désirez offrir, dans la zone géographique où vous désirez vendre vos propres produits ou services. Par exemple (il s'agit ici de chiffres fictifs), vous pourriez lire dans les journaux que le marché de l'alimentation représente 50 milliards de dollars au Québec ou que le marché de l'informatique a dépassé le milliard de dollars à Montréal en 2005.

Vous aurez sans doute trouvé ce genre d'information dans les lectures, ou lors de rencontres, que vous avez faites dans le secteur d'activité de votre entreprise. Dans l'analyse du secteur d'activité, alors que vous en avez fait l'historique, vous aurez probablement discuté de l'évolution des ventes. Reprenez ici cette information et, à l'aide de votre étude de marché, estimez le montant de cette demande pour le territoire géographique que vous voulez desservir.

À VOTRE TOUR !

 Quelle est la demande globale actuelle pour votre produit ou votre service et comment cette demande a-t-elle évolué dans le passé ? Si vous visez plusieurs segments de marché différents ou offrez plusieurs produits ou services s'adressant à des marchés différents, répondez à cette question pour chacun.

4.1.3 L'évaluation de la demande pour le marché cible

Grâce à l'information recueillie dans les deux premières sections de l'analyse du marché (caractéristiques de votre marché cible et demande globale), vous êtes maintenant en mesure d'évaluer la demande pour votre marché cible, à l'intérieur du territoire géographique où prendra place votre entreprise.

Pour ce faire, vous devez déterminer le nombre de personnes ou d'entreprises qui répondent aux caractéristiques de segmentation importantes pour votre produit ou votre service. Les données statistiques, les listes d'entreprises et votre étude de marché vous permettront d'obtenir cette information. Il s'agit ensuite de calculer la part de la demande globale que peut représenter votre marché cible.

Par exemple, si 100 personnes ou entreprises répondent aux caractéristiques du marché cible dans la région où vous voulez vous installer et que la demande globale pour votre produit ou votre service est de 1 000 $ annuellement par personne ou entreprise, le marché global pour votre marché cible serait de 100 000 $.

À VOTRE TOUR !

Déterminez à combien se chiffre la demande globale pour votre marché cible.

Prenez note qu'à certaines occasions, notamment lors de l'introduction d'un nouveau produit ou service, d'une innovation technologique majeure, il est difficile d'évaluer la demande globale, la demande pour le marché cible et le chiffre d'affaires potentiel à l'aide des données secondaires ou d'une étude de marché, par exemple. Mais il est alors possible d'utiliser d'autres techniques, comme les suivantes :

- la comparaison : comparer ce nouveau produit ou service à un autre analogue (les résultats de la télévision en couleur afin d'estimer les résultats potentiels des écrans à plasma) ;

- le seuil de rentabilité : comparer le seuil de rentabilité (ventes minimums pour ne faire ni profit ni perte[6]) et l'estimation de ventes réalistes sur le marché ciblé ;

- la capacité de production : dans le cas des entreprises en exploitation, la capacité de production des équipements en main peut aider à évaluer le chiffre d'affaires potentiel.

---

[6]   Le calcul du seuil de rentabilité sera expliqué au point 12.3.1 de ce livre.

Parfois, il s'agit tout simplement d'un acte de foi.

4.1.4 Les facteurs déterminants de la demande

Afin d'appuyer vos hypothèses de ventes et de croissance des ventes, vous devez estimer la demande future pour votre produit ou votre service. Selon les secteurs d'activité, différents facteurs sociaux, culturels, démographiques ou économiques peuvent exercer une influence sur cette demande. Dans l'analyse du secteur d'activité (chapitre 2), vous avez déjà relevé certains de ces facteurs. Il s'agit maintenant de les préciser pour votre projet d'entreprise. À titre d'exemple, si vous comptez exploiter un commerce qui vend des robes de mariée, l'évolution du nombre de mariages sera un facteur déterminant de la demande future.

À VOTRE TOUR !

 Relevez les facteurs déterminants de la demande pour chacun des segments de marché que vous avez définis précédemment et indiquez leur évolution pour les trois à cinq prochaines années, afin d'évaluer la demande globale pour le futur.

4.2 L'analyse de la concurrence directe et indirecte

La demande globale est partagée par les entreprises qui exploitent déjà ce marché et, plus près de vous, par les concurrents œuvrant dans le territoire géographique que vous voulez desservir. Chaque dollar de vente que vous ferez proviendra de cette demande globale qui appartient actuellement aux entreprises concurrentes. Pour convaincre votre marché cible d'acheter de vous plutôt que de votre concurrence, vous devrez vous démarquer de celle-ci. Pour vous en démarquer, il vous faut bien la connaître.

Faites attention de ne pas tomber dans le piège de vous penser seul sur le marché. Peut-être n'existe-t-il aucune entreprise identique à la vôtre présentement (concurrence directe), mais il existe certainement des produits ou services substituts (concurrence indirecte).

La concurrence directe est donc celle qui offre le même produit ou le même service que vous. La concurrence indirecte est celle qui offre des produits ou des services qui peuvent remplacer celui que vous comptez offrir, en satisfaisant le même besoin. Par exemple, pour manger, vous avez le choix entre vous mijoter quelque chose à la maison ou aller au restaurant ; ou encore, pour vous amuser, vous pouvez aller au cinéma, lire un livre, assister à une pièce de théâtre ou assembler un modèle réduit d'avion.

Ces concurrents indirects sont très importants, puisqu'ils veulent s'emparer du budget (loisir, nourriture, santé, ameublement ou autres) du marché cible, au même titre que la concurrence directe.

Pour recenser vos concurrents directs et indirects, servez-vous des listes d'entreprises et des banques de données – il s'agit encore des meilleures sources d'information – ainsi que de votre propre connaissance du secteur d'activité. De plus, dans votre étude de marché, vous aurez appris comment et où votre marché cible se procure les produits ou les services semblables aux vôtres.

À VOTRE TOUR !

 Dressez la liste des concurrents directs et indirects.

Une fois cette liste faite, vous devez évaluer les forces et les faiblesses des concurrents. Il s'agit de déterminer ce qu'en pense le marché cible, plutôt que ce que vous en pensez personnellement. Nous vous rappelons que la meilleure façon de le savoir est de faire une étude de marché et de poser la question au marché cible. Cette analyse doit vous permettre d'éviter les faiblesses de vos concurrents, voire de faire mieux, et de connaître leurs facteurs de succès, leurs forces.

Les facteurs d'analyse de la concurrence vont différer selon le secteur d'activité et l'importance qui leur est accordée par le marché cible. Au minimum, on doit évaluer les éléments suivants :

• le prix de vente et le rapport qualité-prix ;

• la part de marché détenue (pourcentage de la demande globale appartenant à ce concurrent) ;

• la capacité de production ;

• la santé financière ;

• la technologie utilisée ;

• la spécialisation de la main-d'œuvre ;

• l'accès aux matières premières et aux réseaux de distribution ;

• la marque (image, renommée) ;

• le choix de produits ou de services offerts ;

• l'équipe de vente ;

• l'expertise, la crédibilité et le professionnalisme ;

• l'emplacement, la localisation ou le point de vente (ambiance, décor, accessibilité, stationnement, etc.) ;

• le service après-vente et les garanties offertes ;

• l'effort publicitaire et les promotions ;

• tout autre élément pertinent au secteur d'activité.

Pour évaluer la part de marché de vos concurrents, vous pouvez poser la question directement à votre clientèle cible dans votre étude de marché. De plus, si l'information nécessaire n'est pas disponible dans les statistiques ou dans d'autres données secondaires, vous pouvez utiliser une méthode indirecte.

Ainsi, vous pouvez estimer la part de marché selon le nombre d'employés de chaque concurrent par rapport à l'emploi total du secteur d'activité dans la région couverte. Vous pouvez aussi estimer cette part de marché selon la superficie de vente ou d'entreposage des entreprises concurrentes par rapport au total de la superficie utilisée ou selon le nombre de places assises dans un restaurant ou un théâtre, par exemple. La méthode indirecte que vous prendrez dépendra de votre secteur d'activité.

À VOTRE TOUR !

 Énumérez les forces et les faiblesses de chacune des entreprises concurrentes à partir de ce qui est important pour le marché cible.

 Après avoir dressé cette liste, comparez votre entreprise projetée en regard des forces et des faiblesses de la concurrence. Sur chacun des points soulevés (forces et faiblesses de la concurrence), expliquez comment vous allez vous démarquer de cette concurrence.

Si vous désirez démarrer votre entreprise dans un secteur d'activité en croissance, il est plus que probable que d'autres promoteurs pensent également à s'y lancer. Votre réseau personnel et votre analyse du secteur d'activité peuvent vous permettre d'évaluer les possibilités qu'une ou plusieurs autres entreprises viennent concurrencer la vôtre dans les prochains mois ou les prochaines années. Il est important de vous y préparer, car les promoteurs de ces projets vous évalueront dans leur analyse de la concurrence et pourront éventuellement faire mieux que vous.

À VOTRE TOUR !

 À partir de l'analyse du secteur d'activité déjà faite, envisagez la possibilité que de nouveaux concurrents s'établissent dans le marché au cours de la période considérée.

4.3 Le choix stratégique

Une stratégie est un ensemble de moyens ou d'actions que l'entreprise prendra afin d'atteindre ses objectifs et de réaliser sa mission. Comme l'entreprise ne peut pas tout mener en même temps, l'entrepreneur doit choisir la meilleure stratégie possible pour son commerce en fonction de la situation.

La stratégie générale de l'entreprise se décomposera en sous-stratégies pour chacune des fonctions de l'entreprise (marketing, ressources humaines, opérations et ressources financières). Vous devez donc déterminer la façon dont vous comptez progressivement atteindre chacune des clientèles visées ; bref, il s'agit de la stratégie de pénétration du marché.

Cette stratégie globale de pénétration du marché dépendra des ressources humaines, financières et matérielles disponibles au sein de votre entreprise, des facteurs environnementaux (PESTE), de vos préférences et de votre vision. Elle doit utiliser les meilleurs éléments de votre entreprise (forces), tirer profit des occasions présentées par l'environnement et le marché, tout en tenant compte des menaces de l'environnement, de la situation concurrentielle ainsi que des faiblesses de l'entreprise.

Dans chacun des sous-plans du plan d'affaires, vous devrez définir l'ensemble des moyens (ou tactiques) que vous comptez prendre afin de réussir votre stratégie de pénétration du marché. Vous expliquerez alors la façon dont vous organiserez vos ressources humaines, financières et matérielles afin d'atteindre vos objectifs.

Enfin, comme nous l'avons déjà mentionné, votre entrée dans le marché ne signifie pas que la demande globale va être partagée au prorata du nombre de concurrents. Au contraire, vous devrez aller conquérir, au détriment de vos concurrents, chaque dollar de ventes que vous souhaitez obtenir. Le chiffre d'affaires à atteindre est donc en fonction de la stratégie de pénétration du marché pour laquelle vous opterez. Il ne faut pas vous attendre à ce que la concurrence demeure inactive face à votre arrivée ; au contraire, des réactions sont à prévoir, comme un effort publicitaire accru ou une baisse des prix de vente.

À VOTRE TOUR !

 À partir de votre analyse du marché, de la concurrence et de l'environnement, formulez votre stratégie générale, tout en tenant compte des ressources disponibles. Est-ce un prix moindre, une qualité supérieure, un meilleur service après-vente, un produit nouveau, une meilleure garantie, etc. ?

Prenez note que, si vous désirez utiliser la stratégie d'un prix moindre, vous devez vous attendre à des réactions de la part des entreprises en place. De plus, vous devrez justifier comment vous réduirez vos coûts d'exploitation et de production afin de pouvoir demander un prix moins élevé que celui de la concurrence. Une autre stratégie est d'en offrir plus aux clients pour le même prix : quelquefois, une petite attention particulière, un meilleur délai de livraison ou une meilleure garantie peut faire toute la différence.

Mentionnez sur quelles forces de votre entreprise reposera votre stratégie générale de pénétration du marché.

Déterminez de quelle façon vous comptez progressivement atteindre chacune des clientèles visées et de quelle façon vous entrerez en contact avec les clients.

Expliquez comment votre produit ou votre service se démarquera de ceux de la concurrence.

Discutez des ripostes possibles des concurrents face à votre stratégie de pénétration. Les ripostes seront aussi vives que les concurrents se sentiront menacés.

4.4 L'évaluation du chiffre d'affaires

L'évaluation juste du chiffre d'affaires potentiel de votre entreprise vous évitera bien des ennuis et vous permettra d'évaluer les ressources dont vous aurez besoin pour le réaliser. Le chiffre d'affaires vous indique en effet la demande pour votre produit ou votre service, en quantité comme en qualité. Il est donc un outil utile pour bien évaluer vos besoins en ressources humaines, en ressources matérielles et en ressources financières afin de répondre adéquatement à cette demande.

En phase de prédémarrage, tout comme au démarrage de votre entreprise, une sous-évaluation ou une surévaluation de vos besoins en ressources peut amener bien des problèmes que vous devrez corriger subséquemment, souvent à des coûts supplémentaires.

À titre d'exemple, vous achetez deux pièces d'équipement de production, alors qu'une seule aurait pu répondre à la demande pour les premières années d'exploitation. Vous avez alors investi (et souvent emprunté) trop d'argent. Ou encore, vous louez une superficie de 500 mètres carrés, alors que vous avez besoin d'une superficie de 1 000 mètres carrés. Vous devrez alors soit déménager ou encore louer un local supplémentaire à un autre endroit. Ces changements entraîneront des coûts supplémentaires et bien des maux de tête.

Pour déterminer votre chiffre d'affaires potentiel, vous avez besoin des renseignements colligés dans votre étude de marché, dans votre analyse du secteur d'activité de votre entreprise ainsi que des données recueillies dans votre analyse de la concurrence.

Vous pouvez tout simplement multiplier le nombre d'acheteurs potentiels (dans le territoire géographique que vous comptez desservir) par la consommation annuelle du produit ou du service que vous comptez offrir afin de répondre à la demande globale (voir la section 4.1 du présent chapitre). À partir de cette demande globale et des résultats tirés de votre étude de marché concernant les intentions d'achat pour votre produit ou service, vous pouvez évaluer le pourcentage de cette demande globale qu'il vous est possible d'obtenir, donc votre chiffre d'affaires potentiel.

La détermination de ce pourcentage n'est pas chose facile. Vous devrez mettre votre jugement à contribution et essayer de bien estimer les résultats de la stratégie choisie, de même que la nature de la concurrence et sa riposte à votre entrée sur le marché. Il n'existe pas de recettes magiques pour déterminer ce pourcentage. Soyez réaliste dans sa détermination et ne vous laissez pas emballer par votre propre enthousiasme vis-à-vis de votre produit ou service.

Lorsque vous avez établi les parts de marché des concurrents, vous avez pu constater lequel avait la plus grande part et lequel avait la moins grande. Résistez à l'envie d'être trop optimiste et basez votre évaluation de votre chiffre d'affaires sur la part de marché du plus petit concurrent, en tenant compte du fait qu'il a pris plusieurs années pour l'obtenir.

Il est aussi possible que vous ayez en main des commandes fermes de clients, ou encore que vous ayez obtenu des contrats à la suite d'appels d'offres. Dans ce cas, vous devez l'indiquer afin d'appuyer l'évaluation de votre chiffre d'affaires potentiel.

À VOTRE TOUR !

 Indiquez si vous avez en main des commandes fermes de vos clients ou des clients potentiels qui sont prêts à prendre des engagements. Pensez à mettre en annexe toute preuve de ces commandes fermes ou contrats.

Par ailleurs, il se peut que vous ne puissiez répondre à la demande que vous avez évaluée précédemment, par exemple si la main-d'œuvre n'est pas disponible, si le savoir-faire ou le financement requis pour dépasser un certain volume de production ne vous sont pas accessibles, ou encore si le réseau de distribution ne peut rejoindre l'ensemble de votre marché. Vous devrez tenir compte de ces contraintes, non seulement dans l'évaluation de votre chiffre d'affaires potentiel, mais aussi dans votre stratégie de développement futur et dans votre échéancier de réalisation du projet (nous y reviendrons aux chapitres 10 et 11).

À VOTRE TOUR !

 Indiquez toute contrainte technologique ou incapacité de production qui vous empêchent de dépasser un certain volume.

Enfin, avec toute cette information en main, vous pouvez indiquer la part de marché visée ainsi que le chiffre d'affaires potentiel pour votre entreprise.

À VOTRE TOUR !

 Déterminez votre part de marché potentielle et sa croissance pour la période couverte par le plan d'affaires et, de là, votre chiffre d'affaires pour les trois premières années d'exploitation de votre entreprise. Expliquez de quelle manière vous avez procédé pour en arriver à ce chiffre d'affaires et à cette part de marché.

Une fois cette section rédigée, annexez au plan d'affaires tous les documents pouvant attester vos dires et influencer favorablement le lecteur.

Plan d'affaires

*V*iens *B*ouquiner

4 L'analyse du marché

L'analyse du marché a été faite à l'aide de données secondaires, notamment à partir d'articles de journaux, de statistiques provenant de Statistique Canada et du ministère des Affaires culturelles. Vous trouverez les références exactes en annexe, dans la section « Bibliographie et références ».

4.1 L'identification de la clientèle et l'évaluation des marchés

4.1.1 La description de la clientèle cible

Selon une étude du ministère des Affaires culturelles sur les comportements des Québécois en matière d'activités culturelles et de loisirs pour l'année 2003, le marché cible pour le livre est la population âgée de 15 ans et plus, encore aux études ou ayant au moins une cinquième secondaire. De plus, les acheteurs de livres sont des gens à revenus moyens ou élevés, revenus résultant en général d'une meilleure scolarité. Quoi qu'il en soit, l'analyse du secteur d'activité me laisse croire que le revenu, pour une boutique de livres d'occasion, n'est pas un facteur déterminant de la demande. Je limiterai donc mon analyse à l'âge et à la scolarité de la population pour le territoire que je veux desservir.

Je me limiterai aussi à la clientèle cible qui réside dans le territoire cible, soit l'agglomération de Trois-Rivières. Les ventes provenant des achats occasionnels des touristes ne seront pas considérées dans l'analyse du marché.

En ce qui a trait au nombre de personnes composant le marché cible dans l'agglomération de Trois-Rivières, on comptait, lors du dernier recensement, un peu plus de 80 000 personnes de 15 ans et plus, dont 64,3 % détenant au moins un certificat ou un diplôme d'études secondaires, soit 51 440 personnes.

4.1.2 L'évaluation de la demande globale

Toujours selon l'étude du ministère des Affaires culturelles, dans la population des 15 ans et plus, 58 % achète des livres, en moyenne 13 par année, à un coût moyen de 9 $. En 2003, ceci représentait un chiffre d'affaires pour l'ensemble du Québec de 384 448 900 $, excluant les achats de manuels scolaires et uniquement dans les librairies tenant plus de 1 000 titres en stock.

Plan d'affaires *Viens Bouquiner*

Je n'ai pu trouver de données antérieures ni de plus récentes. Je pose cependant comme hypothèse, afin d'être le plus conservatrice possible, que le marché du livre en général est stable et que, toutes choses étant égales par ailleurs, l'achat moyen (13 livres à 9 $) est demeuré le même depuis 2003. L'augmentation (ou la diminution) des ventes s'expliquera alors par les variations dans les caractéristiques sociodémographiques de la population.

4.1.3 L'évaluation de la demande pour le marché cible

Comme il a été mentionné précédemment, le marché cible dans l'agglomération de Trois-Rivières, lors du dernier recensement, était de 80 000 personnes âgées de plus de 15 ans, dont 64,3 % détenant au moins un certificat ou un diplôme d'études secondaires, soit 51 440 personnes.

L'étude du ministère des Affaires culturelles révèle que 58 % de ces 51 440 personnes font l'achat de livres, soit 29 839 personnes.

Si chacune de ces personnes achète 13 livres par année à 9 $ chacun, la demande globale pour l'agglomération de Trois-Rivières est donc de 387 855 livres (29 835 personnes x 13 livres) ou 3 490 695 $ (nombre de livres x 9 $).

Quant à la demande liée aux différents genres littéraires, toujours selon l'étude des comportements des Québécois en matière d'activités culturelles et de loisirs en 2003, on apprend à la question 7c que les gens lisent, du moins à l'occasion, des volumes portant sur les sujets suivants :

Romans	67,4 %
Santé, médecines douces, forme physique	62,7 %
Biographies ou autobiographies	59,5 %
Bricolage, cuisine, horticulture	55,4 %
Documentaires, actualité	49,9 %
Livres scientifiques	49,8 %
Développement personnel, psychologie	49,7 %
Histoire, généalogie, patrimoine	42,6 %

Bandes dessinées	35,1 %
Ésotérisme	28,7 %
Poésie	26,7 %
Livres religieux	25,2 %
Essais	22,5 %

On voit nettement que les romans et les biographies sont parmi les catégories les plus choisies et lues par la clientèle cible.

De plus, lorsqu'on leur demande, à la question 7e, leurs préférences entre la littérature classique et les best-sellers, on voit que les livres à succès obtiennent 58 % de la faveur populaire.

Ne possédant pas de chiffres sur les achats par catégories de livres, je souhaite garder en stock les catégories les plus populaires, soit les romans, les biographies et autobiographies et les best-sellers. Le défi, encore une fois, sera de les obtenir par des achats faits directement auprès de la clientèle.

4.1.4 Les facteurs déterminants de la demande

Maintenant, il convient de préciser un peu plus les facteurs déterminants de la demande pour le marché cible. L'enquête sur les comportements des Québécois en matière d'activités culturelles et de loisirs en 2003 révèle que plus on est scolarisé, plus on a tendance à lire et cette donnée est constante pour toutes les enquêtes. Cette enquête montre aussi que l'écart de scolarité entre les lecteurs et les non-lecteurs de livres est de près de trois ans. Pour mon projet, seront visées les personnes de 15 ans et plus aux études ou ayant obtenu un certificat ou un diplôme d'études secondaires, ce qui représente un peu plus de 50 000 personnes dans l'agglomération de Trois-Rivières.

Une autre étude démontre que plus les revenus d'un ménage sont élevés, plus la dépense pour le matériel de lecture est grande. Il s'agit du rapport de Statistique Canada concernant les dépenses des familles au Canada en 2002.

Ainsi, on peut affirmer que le niveau de scolarité et les revenus jouent sur l'achat de livres. Trois-Rivières étant une ville universitaire et une capitale régionale, la population métropolitaine a une bonne scolarité et les revenus y sont relativement élevés. Ce sont là des éléments positifs pour ma boutique.

4.2 L'analyse de la concurrence

Les librairies qui vendent seulement des livres neufs ou des livres d'occasion, ou encore les deux, forment la concurrence directe de ma boutique. La concurrence indirecte est constituée par les bibliothèques municipales et scolaires de même que par les magasins à grande surface comme Zellers ou Wal-Mart.

Comme je m'adresse à une clientèle de bouquineurs, lesquels aiment bien posséder leurs propres livres, je traiterai des bibliothèques et des magasins à grande surface d'une façon générale, mais je m'attarderai à la concurrence directe d'une façon plus détaillée.

4.2.1 L'analyse de la concurrence indirecte

Les bibliothèques municipales, au nombre de trois dans l'agglomération de Trois-Rivières, offrent à leur clientèle le prêt de livres pour une période de 15 jours, moyennant une cotisation annuelle variant entre 5 $ et 20 $. L'avantage indéniable des bibliothèques municipales est le coût relié à la lecture (les emprunts sont gratuits). Le désavantage est qu'il faut souvent attendre avant d'avoir accès aux nouveautés. Mais il faut aussi se souvenir que l'on doit rapporter les livres même si l'on a envie de les garder pour les relire plus tard...

Les bibliothèques scolaires, notamment les bibliothèques universitaires et collégiales, permettent aux étudiants d'emprunter des livres qui portent surtout sur les matières reliées à leur domaine d'études. Les sections détente et loisirs sont relativement minces dans ces bibliothèques. De plus, comme les étudiants ont un budget limité, ils représentent une clientèle privilégiée pour le livre d'occasion, tant de détente que scolaire.

Enfin, les magasins à grande surface visent surtout les achats impulsifs de livres. Le choix y est limité et surtout axé sur le livre de poche. Quoique les prix soient dans la norme du marché, voire plus bas, je ne crois pas que l'impact des grandes surfaces sur les librairies spécialisées ou générales soit très grand.

4.2.2 *L'analyse de la concurrence directe*

L'EXÈDRE, RUE SAINT-MAURICE

Cette librairie agréée partage ses produits destinés à la vente entre les livres d'occasion, les livres neufs, les cassettes et disques compacts d'occasion. C'est la librairie qui correspond le plus au concept de la boutique **Viens bouquiner**. La qualité du service offert est sans doute sa plus grande force. Il y a une belle atmosphère grâce à la musique classique qu'on y fait jouer. Par contre, les livres d'occasion sont un peu pêle-mêle, c'est-à-dire qu'il n'y a pas assez d'étagères pour les classer. Il y a des livres empilés par terre et d'autres sur le dessus des étagères, ce qui rend l'accès aux livres difficile. Pour ce qui est des prix, ils se maintiennent dans la moyenne.

LE LECTEUR, RUE DES ÉRABLES

Cette librairie de livres d'occasion seulement est située sur le côté d'un petit centre commercial et en face d'une caisse populaire très achalandée. Elle n'est pas très loin du Cégep de Trois-Rivières. Elle sert donc les cégépiens, les clients du centre commercial ainsi que les résidants du quartier résidentiel à proximité. Cependant, la boutique étant petite, on y manque d'espace. Les livres sont empilés par terre et, de plus, il n'y a aucune indication sur le classement des livres dans chaque catégorie. Par exemple, si je cherche un roman bien précis, je me rends à la section « romans », mais, ensuite, il n'y a plus d'indication. Cela rend difficile la recherche. Cependant, cette boutique possède un coin pour enfants, ce que je n'aurai pas dans ma boutique. La boutique étant souvent déserte, je considère qu'elle ne possède pas actuellement une grande part du marché.

COOP DE L'UQTR

À titre de coopérative, cette librairie agréée peut offrir de meilleurs prix à sa clientèle membre. Cette clientèle est justement formée, pour la majorité, des étudiants de l'UQTR. Cependant, elle ne vend que des livres neufs, sauf si l'on considère la vente de livres scolaires d'occasion en début de trimestre. De plus, elle offre aussi une section informatique, ce qui aura pour effet d'amener un autre genre de clientèle à la librairie.

ARCHAMBAULT, BOULEVARD DES RÉCOLLETS

Ce magasin à grande surface a l'avantage de servir un grand public ; en effet, Archambault vend non seulement des livres, mais aussi des cassettes, des disques compacts, des partitions et des revues internationales. Cela a pour effet d'attirer bon nombre de clients. Archambault possède en plus une grande force en publicité. Tout le monde a sûrement vu son feuillet publicitaire. L'entreprise a aussi une publicité à la télévision. Toutefois, dans ce genre de magasin, il est difficile d'avoir un service personnalisé aussi bon que dans les plus petits endroits.

LIBRAIRIE ÉCONOMIQUE DE TROIS-RIVIÈRES, RUE WILLIAMS

Cette librairie a été mise en place pour soutenir l'organisme Prévention suicide. Cette librairie se consacre entièrement aux livres d'occasion. L'endroit est ordonné et on y applique un système demi-prix sur les livres d'occasion (moitié moins cher que le même livre neuf). Il y a une grande quantité de livres ; toutefois, nombre d'entre eux sont très vieux. Cette entreprise sert une clientèle d'un quartier résidentiel à faibles revenus.

LIBRAIRIE CLÉMENT MORIN & FILS INC., BOULEVARD DES FORGES

Cette grande librairie située près du centre commercial Les Rivières rejoint un très grand public, c'est-à-dire tous les gens qui fréquentent le centre. Elle offre un vaste choix de produits, soit des livres, de la papeterie, des produits informatiques de même que du matériel pour enfants. Le prix des livres est comparable à celui des autres commerçants.

LIBRAIRIE POIRIER, RUE ROYALE

Cette grande librairie sert une partie des clients qui magasinent au centre-ville ; cependant, elle est située sur une rue transversale où le stationnement est limité et payant. On y trouve des livres neufs, de la papeterie et un peu de livres d'occasion. Les prix sont concurrentiels.

LIBRAIRIE MASSICOTTE, CÉGEP DE TROIS-RIVIÈRES

Cette librairie sert essentiellement la clientèle étudiante de l'établissement, et ce, le plus souvent pour les manuels scolaires.

LIBRAIRIE ÉDITIONS PAULINES, RUE DE LA CATHÉDRALE

Avec des succursales disséminées un peu partout au Québec, cette librairie jouit d'une grande réputation, surtout en ce qui concerne les livres de nature religieuse. C'est un secteur du marché très segmenté. Par contre, elle vend d'autres livres, et seulement des livres neufs.

Pour ce qui est des nouveaux concurrents possibles, notons que des succursales de la Biblairie GGC – il y a trois succursales à Sherbrooke – ou de Garneau pourraient avoir envie de s'établir dans la région de Trois-Rivières. Cependant, selon le Bulletin commercial de la Banque Royale, le nombre de résidants justifiant la présence d'une librairie est estimé à 16 758, ce qui fait de Trois-Rivières une région qui n'est sûrement pas retenue par ces concurrents, en raison du nombre de librairies déjà en place. En ce qui me concerne, je considère que mon concept est différent des autres étant donné ma spécialisation dans les livres d'occasion.

4.3 Le choix stratégique

La boutique **Viens bouquiner** sera un lieu paisible et agréable à visiter. Cette boutique offrira une gamme étendue de livres et le service sera personnalisé, courtois et efficace. Les gens voudront y revenir, car ils auront été charmés par l'ambiance et la paix qui régneront dans la boutique.

Ma stratégie de pénétration sera d'abord axée sur de la publicité, au moyen de divers médias écrits. Je compte sur cette publicité pour atteindre ma clientèle cible, mais aussi sur le bouche à oreille. Les clients satisfaits seront invités à parler de la boutique à leur entourage.

Ensuite, j'ai l'intention de créer une atmosphère que les gens vont aimer : musique classique, brûleurs aromatiques, éclairage facilitant la lecture, etc. En plus, il y aura un excellent service dont je prendrai la responsabilité. Pour l'ouverture, j'offrirai une promotion de style « deux pour un » : le client n'aura à payer que le plus cher des deux livres qu'il achètera.

Plan d'affaires *Viens Bouquiner*

De plus, dans la boutique **Viens bouquiner,** chaque livre aura sa place. Le système fonctionnera de la façon suivante : il y aura une première classification par catégories. Ensuite, dans chacune des catégories, les livres seront classés par ordre alphabétique selon l'auteur. Pour chaque nouvelle lettre, il y aura un onglet pour mieux repérer chacune des subdivisions. Cette stratégie vise la satisfaction que tirera le client d'un milieu ordonné.

Cependant, la riposte des concurrents peut être grande. Ils vont peut-être baisser leurs prix ou offrir, comme moi, le « deux pour un » ou tout simplement me relancer en vendant trois livres d'occasion pour le prix d'un seul.

4.4 L'évaluation du chiffre d'affaires

Pour ce qui est de la part de marché que je veux accaparer, j'estime que 2,70 % du marché total est suffisant pour le moment et ce chiffre est très réaliste. En deçà de ce pourcentage, il est ridicule d'ouvrir une boutique.

J'aimerais augmenter cette part à 4,07 % pour la deuxième année et à 5,43 % pour la troisième année. Comme cela a été mentionné précédemment, si chacune des personnes composant le marché cible achète 13 livres par année à 9 $ chacun, la demande globale pour l'agglomération de Trois-Rivières est de 387 855 livres ou 3 490 695 $ (nombre de livres x 9 $), alors :

2,70 % de cette demande totale représente un chiffre d'affaires de 94 800 $;

4,07 % de cette demande totale représente un chiffre d'affaires de 142 200 $;

5,43 % de cette demande totale représente un chiffre d'affaires de 189 600 $.

● LES APPLICATIONS PROPRES À VOTRE PROJET ●

ÉLÉMENTS DE CONTENU DU PLAN D'AFFAIRES	CET ÉLÉMENT S'APPLIQUE-T-IL À VOTRE PROJET?	DATE D'ÉCHÉANCE POUR CETTE ÉTAPE	SOURCES D'INFORMATION À UTILISER
Variables importantes de description du marché cible			
Description du marché cible			
Évaluation de la demande globale			
Demande globale pour le marché cible			
Facteurs déterminants de la demande			
Identification de la concurrence directe et indirecte			
Possibilité de nouvelle concurrence			
Stratégie générale de mise en marché			
Forces que l'entreprise exploitera			
Façons d'atteindre la clientèle et stratégie de pénétration de marché			

● LES APPLICATIONS PROPRES À VOTRE PROJET *(suite)* ●

ÉLÉMENTS DE CONTENU DU PLAN D'AFFAIRES	CET ÉLÉMENT S'APPLIQUE-T-IL À VOTRE PROJET?	DATE D'ÉCHÉANCE POUR CETTE ÉTAPE	SOURCES D'INFORMATION À UTILISER
Différentiation des produits ou services par rapport à la concurrence			
Ripostes possibles des concurrents			
Commandes fermes de la clientèle			
Contraintes technologiques			
Chiffres d'affaires pour les trois premières années			

5 > *La localisation*

Où vous installerez-vous ?

Lorsque vous aurez bien déterminé à qui s'adresse votre produit ou votre service et que vous aurez établi le chiffre d'affaires visé, vous pourrez commencer la rédaction des divers sous-plans du plan d'affaires. L'information que vous aurez recueillie dans votre étude de marché sera d'une importance capitale pour la rédaction du plan d'affaires.

Le présent chapitre porte sur la localisation et l'emplacement de votre entreprise. La localisation représente la région dans laquelle sera implantée l'entreprise, alors que l'emplacement représente l'endroit précis. L'objectif de cette section du plan d'affaires est donc de situer le lecteur par rapport à l'endroit d'où vous comptez exploiter votre entreprise et de vous convaincre, vous le promoteur, que l'endroit choisi est bien celui qu'il faut.

En ce moment, vous devez vous demander pourquoi nous avons présenté le plan de localisation comme un plan séparé plutôt que de l'inclure dans le plan de marketing ou dans le plan des opérations. En fait, comme vous le verrez plus loin dans ce chapitre, le plan de localisation peut aller dans l'un ou l'autre de ces deux sous-plans, selon le secteur d'activité de l'entreprise. Afin de vous simplifier la tâche, nous avons décidé d'en faire une présentation distincte. Dans la rédaction de votre propre plan d'affaires, vous pourrez choisir de présenter le plan de localisation à part, comme nous l'avons fait, ou encore de l'inclure dans le plan de marketing ou dans le plan des opérations.

5.1 Le choix de la localisation et de l'emplacement

Le choix de la localisation et de l'emplacement ne se fera pas de la même façon si l'entreprise est de nature industrielle ou commerciale. De plus, si vous gérez une entreprise à titre de travailleur autonome, vous pouvez aussi choisir d'établir votre entreprise à la maison. Si tel est votre choix, nous vous suggérons la lecture des volumes suivants :

✓ Dubuc, Y. et B. Van Coillie Tremblay. *En affaires à la maison : le patron, c'est vous*, Les Éditions Transcontinental et les Éditions de la Fondation de l'entrepreneurship, Montréal, 1994. (Collection Entreprendre)

✓ Laferté, S. et G. Saint-Pierre. *Profession : travailleur autonome*, 2e édition, Les Éditions Transcontinental et les Éditions de la Fondation de l'entrepreneurship, Montréal. (Collection Entreprendre) À paraître.

La première chose à faire avant de déterminer l'endroit où installer votre entreprise est de bien cerner les facteurs de localisation importants dans votre secteur d'activité et de les mettre en relation avec les exigences particulières reliées à votre occasion d'affaires. Par exemple, dans le commerce de détail, un facteur de localisation important est l'accessibilité. De plus, si vous vous adressez à une clientèle formée de jeunes ou de personnes âgées, votre commerce devra être accessible non seulement en automobile, mais aussi par le transport en commun.

Dans le cas des entreprises manufacturières, les principaux facteurs de localisation généralement considérés sont :

• la proximité des matières premières ou la proximité des marchés ;

• la disponibilité de la main-d'œuvre ;

- la disponibilité de services d'aide technique (ingénierie ou autres services-conseils) ;

- l'accès aux réseaux de transport (terre, air, mer) ;

- la présence d'infrastructures (parc industriel, énergie au gaz naturel et à l'électricité, etc.) ;

- les réglementations nationales et locales (favorisant ou défavorisant l'implantation d'entreprises comme la vôtre) ;

- le climat ;

- la qualité de vie (école, culture, environnement) ;

- autres facteurs importants pour votre projet d'entreprise.

Pour l'entreprise commerciale, le choix de l'emplacement se fera en fonction de facteurs sociodémographiques reliés au marché cible, aux revenus, à la circulation routière ou piétonnière ou autres, et selon la localisation des concurrents.

Pour ce qui est des services, et selon la clientèle à laquelle ils s'adressent, les facteurs de localisation peuvent être semblables à ceux du secteur manufacturier ou à ceux des entreprises commerciales. Mentionnons :

- les services connexes aux vôtres (architecte et designer d'intérieur, par exemple) ;

- la circulation routière ou piétonnière ;

- la proximité des marchés ou de la main-d'œuvre spécialisée ;

- etc.

Dans d'autres cas, par exemple lorsque c'est l'entreprise qui se rend chez les clients, la localisation a moins d'importance. Dans le cas des travailleurs autonomes et des micro-entreprises, le lieu d'affaires est souvent établi au domicile du propriétaire lors du démarrage de l'entreprise. Si cette option est possible, elle donne alors lieu à une économie importante. Il faut cependant vérifier auprès de la municipalité s'il est possible d'être en affaires à la maison.

Dans plusieurs secteurs d'activité, la localisation représente un élément stratégique important : le commerce au détail, la restauration et les services de proximité (dépanneur, station-service) en sont quelques exemples. Si tel est votre cas, prêtez une attention particulière à la localisation de votre entreprise. Ne choisissez pas un local ou un bâtiment uniquement en fonction du coût. Économiser sur les coûts de localisation n'est pas une erreur en soi, mais si vos clients potentiels ne vous trouvent pas ou s'ils jugent trop compliqué de se rendre à votre entreprise, cette économie n'aura servi à rien.

N'oubliez pas que le choix de la localisation et de l'emplacement doit se faire non seulement en fonction des besoins immédiats, mais aussi en fonction des besoins d'expansion engendrés par la croissance de l'entreprise.

Maintenant que vous avez pris connaissance des différents facteurs à considérer pour choisir la localisation et l'emplacement, effectuez les tâches suivantes.

À VOTRE TOUR !

 Déterminez les facteurs de localisation que vous avez utilisés pour faire le choix de la localisation et de l'emplacement de votre entreprise. N'oubliez pas de tenir compte des particularités de votre occasion d'affaires.

 Décrivez la localisation et l'emplacement choisis. Cette description peut devenir très technique et les plans ou devis faisant partie de cette description doivent apparaître en annexe.

Justifiez votre choix en fonction des critères énumérés précédemment.

À VOTRE TOUR !

Discutez des avantages et des inconvénients de l'emplacement retenu.

5.2 Le sommaire des coûts de localisation

Nous avons ajouté une section intitulée « Le sommaire des coûts » pour chacune des parties suivantes du plan d'affaires. Celle-ci doit vous permettre de faire le résumé des décisions à incidences financières que vous allez prendre tout au long de votre démarche de démarrage d'entreprise. Nous y présentons les grandes catégories de coûts portant sur chacune des sections du plan d'affaires. Certains de ces coûts pourraient ne pas s'appliquer à votre projet, alors que d'autres, particuliers à votre cas, ne s'y retrouveront pas. À vous d'en ajouter ou d'en retrancher selon votre propre projet d'entreprise. Ces sommaires vous serviront aussi dans le chapitre 12, lorsque vous aurez à réaliser les prévisions financières pour votre projet d'entreprise.

Nous présentons également ces coûts selon trois grandes catégories, soit les coûts de démarrage, les coûts fixes et les coûts variables. Les coûts de démarrage représentent les frais assumés avant d'ouvrir les portes de votre entreprise, comme le coût d'achat de l'équipement et de l'outillage nécessaires.

Les coûts fixes sont les dépenses que vous aurez à régler une fois votre entreprise en exploitation et qui ne varieront pas, quel que soit votre chiffre d'affaires ; par exemple : le loyer, les versements sur emprunt ou les assurances. Bien sûr, ces coûts fixes pourront varier si vos ventes augmentent à un rythme très rapide. Par exemple, vous pourriez avoir besoin d'agrandir votre espace commercial, augmentant ainsi le coût de votre loyer. En général, un coût réputé fixe le demeure un certain temps avant de changer à la hausse ou à la baisse.

Enfin, les coûts variables sont ceux qui dépendent directement des ventes et que vous n'aurez pas à payer si votre entreprise ne fonctionne pas. Par exemple, si vous avez des employés qui travaillent uniquement à la production et que votre entreprise ne vend pas, elle ne fabriquera pas. Vous pourrez donc, mais nous ne vous le souhaitons pas, mettre vos employés à pied temporairement, ce qui réduira vos dépenses en salaires.

Dans le plan de localisation, les frais de démarrage peuvent se retrouver essentiellement à deux niveaux. Premièrement, si vous devez acheter ou faire construire un bâtiment pour abriter votre entreprise, son coût d'achat ou de construction de même que tous les frais connexes (architecte, notaire et entrepreneur en construction, par exemple) sont des frais de démarrage.

Deuxièmement, si vous louez un local ou achetez un bâtiment, il est probable que vous aurez des rénovations ou des améliorations locatives à y faire afin qu'il réponde à vos besoins (rampes d'accès, ajout ou retrait de murs, etc.). Le coût de ces améliorations locatives de même que tous les frais connexes à leur réalisation sont également des frais de démarrage.

À VOTRE TOUR !

 Indiquez le coût (incluant les taxes de vente) de l'achat ou de la construction du bâtiment où sera installée votre entreprise. N'oubliez pas d'inclure tous les frais connexes.

En ce qui a trait aux frais fixes reliés à la localisation de l'entreprise, vous pouvez inclure les éléments suivants :

• assurances ;

• électricité et chauffage ;

• coût du loyer (si vous êtes locataire) ;

• entretien (intérieur et extérieur) du local ;

• taxes municipales (foncières, eau, d'affaires et autres) ;

• amortissement des locaux (si vous êtes propriétaire).

À VOTRE TOUR !

Dressez, sur une base annuelle, la liste des frais fixes reliés au plan de localisation.

La plupart du temps, il n'y a pas de frais variables associés à la localisation de l'entreprise. Il peut cependant y en avoir et, dans certains cas, ces frais peuvent être importants. À titre d'exemple, le bail dans un centre commercial pourrait comporter une clause prévoyant une augmentation du loyer selon un certain pourcentage des ventes réalisées par le commerce.

À VOTRE TOUR !

Le cas échéant, dressez la liste, sur la base du chiffre d'affaires potentiel, des frais variables reliés au plan de localisation.

Enfin, une fois cette section rédigée, mettez en annexe au plan d'affaires tous les documents pouvant attester vos dires et influencer favorablement le lecteur.

5 Le plan de localisation

5.1 Le choix de la localisation et de l'emplacement

La localisation choisie pour l'implantation de la boutique sera la ville de Trois-Rivières. C'est une ville que j'ai toujours aimée, pas trop grande mais juste assez pour comporter tous les services nécessaires.

Pour ce qui est de l'emplacement, il n'est pas choisi de façon précise. Toutefois, je sais que je veux installer ma boutique rue des Forges, une des artères principales du centre-ville. Cet endroit me permettra de bénéficier de la circulation des piétons. De plus, étant à proximité du fleuve, cette rue est empruntée par les nombreux touristes qui se rendent sur la promenade du port.

Par ailleurs, le centre-ville est très actif. L'été, les nombreuses terrasses et les petits bistros attirent les gens. C'est un centre-ville vivant comparativement à celui d'autres villes.

En ce qui concerne les avantages et les inconvénients, notons le stationnement payant, les parcomètres et le sens unique sur une partie de la rue des Forges, lesquels représentent, à mon avis, les inconvénients majeurs. En revanche, la grande circulation piétonnière, la vie active au centre-ville, la proximité d'attraits touristiques sont les avantages les plus importants.

Enfin, en ce qui a trait à la superficie requise pour le local, selon les statistiques sur les ventes dans le commerce de détail, on indique que les ventes moyennes annuelles au pied carré des librairies à grande surface sont de 252 $ et les ventes médianes, de 219 $. Comme je vise un chiffre d'affaires de 189 600 $ pour la troisième année, le local devra avoir une superficie minimale variant entre 752 pi^2 et 865 pi^2. Afin d'éviter de trop restreindre la superficie et de devoir déménager pour assurer une croissance des ventes, tout en tenant compte du fait que je vends des livres d'occasion et que je veux créer une ambiance agréable et aérée, je chercherai un local de 1 500 pi^2. Le tarif moyen, au centre-ville de Trois-Rivières, est de 10 $ le pied carré, incluant le chauffage et l'électricité.

5.2 Le sommaire des coûts de localisation

Au démarrage, je devrai investir 850 $ pour l'aménagement du local en plus du dépôt de sécurité. L'investissement sera réparti comme suit :

Peinture du local	500 $
Installation des lampes	100 $
Décoration et brûleurs d'encens	250 $
Dépôt de sécurité sur le loyer (un mois)	1 250 $
Total des coûts au démarrage	**2 100 $**

En ce qui a trait aux frais fixes, les dépenses annuelles suivantes sont prévues :

Loyer 1 500 pi^2 à 10 $ le pi^2 (chauffé et éclairé)	15 000 $
Assurance responsabilité et affaires	600 $
Entretien (produits et nettoyage)	300 $
Taxes foncières	75 $
Total des frais fixes annuels	**15 975 $**

Je ne prévois aucuns frais variables en ce qui concerne la localisation de l'entreprise.

● LES APPLICATIONS PROPRES À VOTRE PROJET ●

ÉLÉMENTS DE CONTENU DU PLAN D'AFFAIRES	CET ÉLÉMENT S'APPLIQUE-T-IL À VOTRE PROJET?	DATE D'ÉCHÉANCE POUR CETTE ÉTAPE	SOURCES D'INFORMATION À UTILISER
Facteurs de localisation			
Description de la localisation et de l'emplacement			
Raisons du choix			
Avantages et inconvénients de la localisation et de l'emplacement			
Sommaire des coûts de démarrage			
Sommaire des coûts fixes			
Sommaire des coûts variables			

6 〉 Le marketing

Comment allez-vous vendre votre produit ou service?

Le plan de marketing représente l'ensemble des moyens à mettre en œuvre pour atteindre les objectifs de vente déterminés lors de votre analyse du marché. Il existe un lien très étroit entre la stratégie globale de l'entreprise (que nous avons vue au chapitre 4 et qui porte sur l'analyse du marché) et la stratégie de marketing, la première étant le fil conducteur de la seconde. Il permet de déterminer quelles seront les stratégies de produits, de prix, de publicité et promotion et de distribution de votre produit ou de votre service. Pour rédiger cette section, vous vous servirez des résultats de votre étude de marché.

L'objectif de cette section est de décrire, le plus précisément possible, la façon dont vous allez joindre votre clientèle et la convaincre d'acheter et de revenir acheter votre produit ou votre service.

6.1 La description du produit ou du service

Dans le chapitre 2, vous avez décrit l'occasion d'affaires et vous avez fait ressortir les produits ou les services qui seront offerts par votre entreprise. Vous devez maintenant décrire les caractéristiques particulières de ces produits ou de ces services. Ces caractéristiques sont établies à partir des réponses que vous avez obtenues lors de votre étude de marché ainsi que de votre analyse des forces et faiblesses de la concurrence.

À VOTRE TOUR !

 Énumérez les produits ou les services offerts et donnez-en les caractéristiques physiques (taille, poids, emballage, couleur, formats, etc.). Si votre produit ou votre service n'est pas à une étape où il peut être exploité commercialement, indiquez son stade de développement.

Votre produit ou votre service n'a pas que des caractéristiques physiques. Les consommateurs se le procureront afin qu'il leur serve à quelque chose, comme améliorer leur qualité de vie, réduire leur temps d'attente, faciliter les tâches d'entretien ménager ou, dans le cas des services aux entreprises, diminuer le coût d'exploitation en sous-traitant certaines opérations. L'utilisation ou l'utilité de votre produit ou de votre service est un élément essentiel de votre stratégie de mise en marché. C'est souvent cette information qui servira de base à votre publicité et qui vous démarquera de votre concurrence.

À VOTRE TOUR !

 Décrivez l'utilisation de vos produits ou de vos services, ce à quoi ils servent. Utilisez des termes comme : améliorer, faciliter, réduire ou augmenter afin de décrire la raison sous-jacente à l'achat de votre produit ou service.

Offrir un produit différent ou meilleur que ceux de vos concurrents aura un impact certain sur les ventes de votre entreprise. Après avoir fait l'analyse de votre concurrence, vous pouvez décrire les avantages que votre produit ou service présente sur ceux des concurrents. Parmi ces avantages, il y a ceux que l'on peut qualifier d'immédiats : les caractéristiques du produit ou du service qui sera mis sur le marché de même que toutes les propriétés intellectuelles le protégeant de la contrefaçon. Il y a aussi tous les avantages que vous lui donnerez dans l'avenir afin qu'il demeure compétitif.

Tout produit ou tout service suit un cycle de vie qui commence par son introduction sur le marché, qui passe ensuite par une période de croissance puis de maturité, pour se terminer par un déclin ou une chute des ventes (voir la figure 2).

Dans la période d'introduction, les ventes démarrent lentement et l'entrepreneur est souvent aux prises avec des problèmes de mise en marché. Dans la période de croissance, alors que les ventes augmentent à un rythme très rapide, plusieurs concurrents tentent de pénétrer le marché et y réussissent souvent. Le défi est alors de demeurer compétitif face à l'arrivée de cette nouvelle concurrence. Dans la période de maturité, les ventes sont stables mais la concurrence est vive. Le principal défi est de penser à l'introduction d'un nouveau produit ou service ou à l'amélioration de celui qui existe déjà afin d'éviter la période de déclin.

Cette période de déclin arrive si l'entrepreneur n'améliore pas son produit ou son service ou si de nouveaux ou d'anciens concurrents le font avant lui.

FIGURE 2

LE CYCLE DE VIE D'UN PRODUIT OU D'UN SERVICE

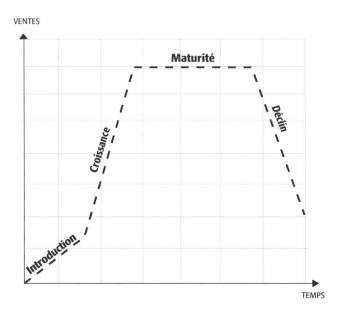

Ce cycle de vie est plus ou moins long selon le secteur d'activité. Par exemple, on sait qu'un modèle d'automobile dure de deux à cinq ans, bien qu'il y ait des exceptions, notamment dans les voitures de luxe comme la BMW ou la Jaguar, puisque leur design n'a à peu près pas changé et qu'il s'agit là d'une des raisons majeures de leur succès. À la fin de cette période, le fabricant introduit des changements dans le design, améliore les performances ou abandonne tout simplement le modèle en question.

Dans les secteurs d'activité reliés à la mode ou à la haute technologie, la durée de vie d'un produit peut être très courte, alors que dans les secteurs d'activité des biens durables, le cycle de vie d'un produit peut être assez long.

Enfin, le cycle de vie d'un produit dépassera rarement l'arrivée d'un produit ou d'un service nouveau ou amélioré.

Pour être compétitive, votre entreprise doit veiller à ce que le cycle de vie de son produit ou de son service ne soit pas à la merci des innovations provenant de la concurrence. Prévoyez donc une façon d'allonger ce cycle de vie.

À VOTRE TOUR !

 Désignez les avantages qui distinguent vos produits ou services de ceux des concurrents. Font-ils quelque chose que les autres ne font pas, le font-ils mieux ou font-ils plus ?

 Si vous détenez ou projetez de détenir des titres de propriété (brevets ou marques de commerce), précisez les termes et les avantages qu'ils vous confèrent.

 Votre produit ou votre service peut-il être sujet à des développements futurs qui permettraient de prolonger son cycle de vie ? Risque-t-il d'être remplacé par un produit substitut, plus évolué technologiquement ?

Nous avons mentionné, dans le chapitre 1, que vous devez formuler des objectifs pour chacune des fonctions de l'entreprise. À cette étape-ci, il vous faut formuler les objectifs pour chacun des produits ou services que vous comptez mettre sur le marché.

À VOTRE TOUR !

 Quels sont les objectifs que vous visez pour chacun des produits ou services ? Précisez à quel moment vous atteindrez la période de croissance, combien de temps durera la période d'introduction et quel volume de vente, en quantité ou en dollars, ces objectifs représentent pour votre entreprise.

 Pour atteindre ces objectifs, quelle stratégie d'entrée sur le marché, et de croissance par la suite, comptez-vous mettre en place ? Il sera question de la stratégie de croissance dans le chapitre 10, et la stratégie d'entrée sur le marché a été abordée dans le chapitre 4. Faites-en ici un résumé.

 Quelle force ou dimension du produit allez-vous exploiter pour chacune des clientèles ? Reprenez et résumez les renseignements que vous avez colligés dans la section 4.1 du chapitre 4.

6.2 Le prix de vente

Un élément important de votre plan de mise en marché est le prix que vous demanderez pour votre produit ou service. Ce prix de vente devra être cohérent avec la qualité offerte et tenir compte de ce qu'il vous en coûtera pour le fabriquer ou le vendre. Il vous faudra aussi prendre en considération tout escompte, toute remise ou réduction que vous comptez offrir occasionnellement à votre clientèle.

La détermination du prix doit tenir compte de tous ces facteurs. Comme vous avez déjà analysé la concurrence, vous connaissez les prix demandés par celle-ci. Votre étude de faisabilité vous aura servi à évaluer le coût de fabrication de votre produit, le coût d'achat des biens que vous revendrez ou encore le coût de prestation de votre service. Enfin, votre étude de marché vous aura aidé à établir le prix que le marché cible est prêt à payer pour obtenir votre produit ou votre service, compte tenu de ses différentes caractéristiques.

À VOTRE TOUR !

Expliquez votre politique de prix. Comporte-t-elle une politique d'escompte ou de remise et une politique de crédit ? Avez-vous un prix de pénétration du marché (par exemple : demander un prix plus bas que celui du marché pour attirer le plus grand nombre de clients possible, en offrir plus pour le même prix ou encore exiger un prix plus élevé en raison d'une qualité supérieure et afin de créer une rareté) ?

Sur quelle base avez-vous déterminé les prix de vos produits ou services ? Sur leur prix de revient ? Sur le prix de la concurrence ? Sur d'autres éléments ? Sur une combinaison de ces facteurs ?

Comment votre politique de prix se compare-t-elle à celles des concurrents ? Justifiez les écarts.

6.3 La publicité et la promotion

La publicité est l'ensemble des moyens que vous prendrez afin d'informer votre marché cible de votre arrivée sur le marché, de l'endroit où se situe votre entreprise, des produits ou des services que vous offrez et des avantages concurrentiels de votre entreprise. La promotion, quant à elle, est l'ensemble des moyens que vous prendrez pour inciter votre clientèle cible à venir et à revenir acheter votre produit ou votre service.

Une annonce, c'est de la publicité. Offrir des réductions ou un solde d'ouverture et commanditer un événement, c'est de la promotion. Pour en savoir plus sur le sujet, nous vous proposons le volume :

✓ Cossette, C. et N. Massey. *Comment faire sa publicité soi-même,* 3e édition mise à jour et augmentée, Les Éditions Transcontinental, Montréal, 2002.

Dans l'analyse de la concurrence, vous avez certainement étudié les façons dont celle-ci s'y prenait pour faire sa publicité et ses promotions. Dans votre étude de marché, vous avez aussi probablement indiqué les médias qui sont lus, vus ou entendus par votre marché cible. Ces renseignements vous permettront de préparer votre publicité et votre promotion.

Dans la publicité et la promotion, il n'y a aucun mal à imiter la concurrence en ce qui a trait au calendrier des activités, aux périodes de l'année où se font les plus grands efforts publicitaires. Vous remarquerez d'ailleurs que ce calendrier correspond aux périodes d'utilisation ou d'achat du produit ou du service en question. Voici quelques exemples classiques de périodes propices à de la publicité : les stations de ski, l'hiver ; des fleurs, juste avant la Saint-Valentin et la fête des Mères ; les voitures d'occasion, au printemps ; les maisons et les entreprises de déménagement, juste avant la date limite de renouvellement de bail ; les restaurants, juste avant la fin de semaine, etc.

Il n'y a aucun mal non plus à utiliser les mêmes médias que la concurrence (télévision, radio, dépliant, Internet, catalogue, etc.) ou à innover en inventant de nouveaux moyens. Soyez cependant prudent avec vos nouveaux moyens : rien ne vous prouve qu'ils seront efficaces.

Cela dit, vous devez songer à la préparation de votre première campagne publicitaire. Commencez par établir les objectifs de cette campagne. En publicité et promotion, les objectifs se traduisent souvent par le nombre de personnes jointes par dollar dépensé. Ils se traduisent aussi par le nombre de personnes qui viendront effectivement acheter votre produit ou service après avoir vu, lu ou entendu votre publicité.

À VOTRE TOUR !

 Présentez vos objectifs publicitaires.

 Ensuite, préparez le message à transmettre. Au démarrage, ce message est souvent très simple : « Je suis là ! Je suis nouveau, mais je suis là ! J'offre plus et mieux, et je suis là ! »

 Décrivez le contenu du message que vous voulez transmettre à votre marché cible. Exploitez vos avantages concurrentiels.

Tout en respectant votre budget, et selon vos objectifs et le contenu du message à transmettre, vous devez ensuite choisir le ou les médias qui atteindront le mieux votre clientèle. Comme nous l'avons déjà mentionné, il n'y a aucun mal à vous inspirer de ce que fait la concurrence en ce domaine. N'oubliez pas d'inclure toute publicité sur les lieux mêmes de votre entreprise : enseigne extérieure, décoration de vitrine, sacs ou emballages avec le nom de votre entreprise, etc.

Désignez le ou les médias que vous comptez utiliser pour atteindre le marché (radio, télévision, journaux, encarts publicitaires, revues spécialisées, Internet, enseignes...).

Vous pouvez également décider d'utiliser d'autres moyens pour rejoindre votre clientèle, par exemple des techniques comme le démarchage (porte-à-porte) ou le télémarketing (vente par téléphone), si votre produit ou votre service s'y prête.

À VOTRE TOUR !

 Indiquez si vous utiliserez des techniques comme le démarchage ou le télémarketing. Précisez qui fera le démarchage ou les appels. Ces personnes seront-elles formées ? Par qui ? Comment seront-elles rémunérées ?

Enfin, l'incontournable Internet peut être d'une grande utilité, non seulement pour la publicité et la promotion de votre produit ou service, mais aussi pour les transactions entre vous et vos clients.

À VOTRE TOUR !

 Comment comptez-vous utiliser les possibilités offertes par Internet et par le commerce électronique ?

Il est possible que vous puissiez bénéficier de publicité gratuite. Vous pouvez, par exemple, organiser une conférence de presse afin d'aviser la population qu'une nouvelle entreprise, créant x emplois, vient de démarrer dans la région. Vous pouvez aussi faire partie d'associations ou faire du bénévolat et voir cet engagement reconnu dans la région et par la population.

À VOTRE TOUR !

 Indiquez tout moyen de publicité gratuite dont vous pourriez profiter.

Une fois que les moyens et le message sont connus, planifiez le calendrier des activités. Il s'agit en fait d'un échéancier de réalisation des promotions (solde, rabais, etc.) ou de parution de vos publicités.

À VOTRE TOUR !

 Présentez votre calendrier des activités de publicité et de promotion.

La publicité et la promotion sont des activités qui conduiront des clients à votre entreprise. Il y a cependant un coût à payer. Dans votre recherche d'information, vous devez donc vous informer des coûts associés aux divers médias et moyens que vous utiliserez pour rejoindre votre clientèle.

À VOTRE TOUR !

 Présentez les coûts du programme.

Enfin, comme tout bon gestionnaire, vous devez évaluer le rendement de votre publicité et de votre promotion. Il s'agit ici de déterminer les moyens que vous comptez prendre afin de vous assurer que votre publicité et vos promotions atteignent les objectifs que vous aurez fixés. Par exemple, demandez à vos clients comment ils ont entendu parler de votre entreprise ou comparez votre chiffre d'affaires avant et après votre campagne publicitaire.

À VOTRE TOUR !

 Spécifiez quel mécanisme vous vous proposez de mettre en place afin de contrôler le rendement de votre campagne de publicité et de promotion.

6.4 La stratégie de distribution

Dans le cas des entreprises manufacturières, il s'agit de décrire la façon dont le produit se rendra au marché cible. Plusieurs options se présentent à vous, dont celles qu'utilise la concurrence. Parmi ces possibilités, vous pouvez vendre directement à votre marché cible, soit par l'intermédiaire d'un centre de vente directement à l'usine, soit en utilisant des catalogues. Vous pouvez aussi vendre à un ou plusieurs grossistes qui, eux, vendront vos produits à des détaillants. Vous pouvez vendre vous-même aux détaillants, directement ou à l'aide d'une équipe de vendeurs. Finalement, vous pouvez ouvrir vos propres succursales de vente.

Vous devez faire votre choix après avoir évalué les méthodes utilisées par la concurrence, étudié les règles du jeu dans le secteur d'activité et posé directement la question à votre marché cible lors de votre étude de marché. En fait, il s'agit de déterminer où le marché cible s'attend à retrouver votre produit.

Prenez cependant note que plus il y a d'intermédiaires entre vous et le client final, plus le prix de vente de votre produit sera élevé et plus votre marge bénéficiaire sera réduite. En effet, chaque intermédiaire sera rémunéré selon un pourcentage convenu à l'avance. Ce pourcentage dépendra non seulement de ce qui se fait normalement dans le secteur, mais aussi du succès potentiel de votre produit, d'où l'importance de votre étude de marché qui vous servira à convaincre les distributeurs, grossistes et détaillants d'offrir votre produit.

Si vous vous proposez d'avoir recours à un réseau de distribution, il vous faudra, dans le plan d'affaires, déterminer les intervenants possibles et préciser les critères de sélection qui vous permettront de choisir le ou les intervenants les mieux adaptés à votre situation. Ces critères sont reliés, entre autres, à l'expérience, à la crédibilité, à la couverture du marché, aux possibilités de service après-vente et aux délais de livraison.

Dans plusieurs secteurs d'activité, les tâches du service après-vente, de la réparation, de la garantie, de la livraison, du financement, etc., sont assumées non pas par le fabricant, mais par l'un ou l'autre des membres du réseau de distribution (le secteur de l'automobile, des appareils électroniques et électroménagers, par exemple). Dans le choix des membres du réseau de distribution, il faudra aussi évaluer leur capacité à assumer ces tâches.

Enfin, comme dans le cas de la publicité et de la promotion, vous devez vous donner des moyens d'évaluer si le réseau de distribution choisi atteint bien les objectifs que vous lui avez fixés : les produits se rendent-ils bien à destination ? La facturation est-elle adéquate ? Les produits sont-ils livrés en bon état ? Les responsabilités connexes (service après-vente, financement, etc.) sont-elles assumées adéquatement ?

À VOTRE TOUR !

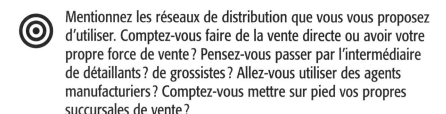 Mentionnez les réseaux de distribution que vous vous proposez d'utiliser. Comptez-vous faire de la vente directe ou avoir votre propre force de vente ? Pensez-vous passer par l'intermédiaire de détaillants ? de grossistes ? Allez-vous utiliser des agents manufacturiers ? Comptez-vous mettre sur pied vos propres succursales de vente ?

Si vous pensez utiliser votre propre force de vente, des agents manufacturiers ou autres, indiquez vos critères de sélection des candidats, le nombre nécessaire, la méthode de rétribution envisagée, etc.

Décrivez comment vous allez développer ce réseau et spécifiez les tâches et responsabilités qui seront assumées par chacun des membres du réseau.

Établissez les marges de profits consentis aux divers intervenants dans le réseau.

Décrivez comment vous allez évaluer l'efficacité de votre réseau de distribution.

6.5 La politique de service après-vente et de garantie

Quand un consommateur ou un membre du réseau de distribution achète un produit ou utilise un service, il s'attend à ce qu'une garantie et un service après-vente soient rattachés à son achat. Selon la nature du produit ou du service, la garantie et le service après-vente seront différents.

Échanger un produit défectueux avant la fin d'une période prédéfinie et remettre de l'argent ou un crédit applicable à un prochain achat sont des exemples de garantie. Installer un produit complexe, former les gens à l'utilisation d'un produit ou d'un service, en assurer la réparation en cas de bris, faire de l'entretien préventif sont autant d'exemples de service après-vente. L'important est d'offrir au moins autant que la concurrence et, pour se distinguer encore davantage, d'offrir plus.

À VOTRE TOUR !

 Décrivez votre politique de service après-vente et votre politique de garantie.

 Indiquez si ces politiques diffèrent de celles des concurrents et de quelle façon.

6.6 Le sommaire des coûts de marketing

Tout comme le plan de localisation, le plan de marketing implique des coûts pour l'entreprise : des coûts de démarrage mais aussi des coûts fixes et variables. Parmi les coûts de démarrage, mentionnons :

• l'enseigne extérieure et la préparation de la vitrine, le cas échéant ;

• l'impression de sacs ou d'emballages aux couleurs de l'entreprise ;

• les coûts de la campagne publicitaire d'ouverture de l'entreprise.

Les coûts fixes associés au plan de mise en marché peuvent être :

• les salaires de base, y compris les avantages sociaux des vendeurs ;

• les dépenses mensuelles ou annuelles prévues pour la publicité ;

• les salaires des techniciens ou des réparateurs nécessaires pour appuyer la politique de garantie et de service après-vente ;

• les frais de déplacement engagés pour rencontrer les clients potentiels ;

• etc.

Enfin, les coûts variables associés directement au plan de mise en marché sont généralement :

• les commissions sur ventes des vendeurs ou les marges consenties aux membres du réseau de distribution ;

• les remises consenties aux bons clients ;

• les réductions et les soldes ;

• les reprises de marchandises défectueuses, leur réparation ou leur échange ;

• les frais reliés à l'entreposage des produits finis ;

• les frais d'expédition, de distribution et de transport ;

• etc.

À VOTRE TOUR !

 Montrez le détail des coûts engagés pour réaliser le plan de marketing.

Une fois cette section rédigée, mettez en annexe au plan d'affaires tout document pouvant attester vos dires et influencer favorablement le lecteur.

6 Le plan de marketing

6.1 La description du produit ou du service

La stratégie de produit s'appuie sur les forces à exploiter pour les livres d'occasion, c'est-à-dire leur bon état, leur propreté et un choix attentif et professionnel des titres et genres littéraires. Dans la mesure du possible, mon objectif est de tenir en stock les livres les plus en demande, soit les romans, les biographies, les auto-biographies et les livres à succès.

Afin de m'assurer que les livres mis en vente seront en bon état, je procéderai à une inspection minutieuse avant l'achat et je ferai les réparations mineures néces-saires pour solidifier la reliure, s'il y a lieu.

Le livre, qu'il soit usagé ou neuf, répond à plusieurs besoins chez la clientèle. Pour certains, c'est un moyen de détente ou d'évasion; pour d'autres, c'est un instru-ment d'apprentissage, de référence ou de culture. Quoique le secteur du livre soit un secteur économique que l'on peut considérer comme étant à maturité, l'arrivée de nouveaux titres, de nouveaux auteurs permet de garder l'intérêt de la clientèle cible pour ce produit. Toutes ces considérations se retrouveront dans mes efforts de publicité et de promotion, de même que dans l'ambiance que je veux créer à l'intérieur de la boutique.

6.2 Le prix de vente

Les pratiques dans le secteur d'activité indiquent qu'il faut vendre les livres d'oc-casion au moins le double de ce qu'ils ont été payés afin d'obtenir une marge bénéficiaire brute d'environ 50 %. De plus, il faut les vendre à la moitié du prix d'un livre neuf, pour que l'achat d'un livre d'occasion soit jugé économique par la clientèle. Tous les achats se feront en argent comptant, dans un sens ou dans l'autre. Aucun crédit ne sera fait à la clientèle, mais des mises de côté seront possibles, avec un dépôt de 20 % du prix du livre. Cette politique de prix s'appli-quera pendant la première année, et je verrai par la suite à l'ajuster selon les réac-tions du marché.

Par exemple, si un livre se vend normalement 19,95 $, il se vendra 10,00 $ dans ma boutique. J'aurai payé ce même livre 5,00 $.

Cette façon de fixer les prix semble la norme dans le secteur du livre d'occasion même si, en comparaison, mes prix de vente sont légèrement plus élevés que ceux de la concurrence. Les concurrents établis depuis longtemps peuvent se permettre de fixer des prix plus bas. Toutefois, il est difficile pour la clientèle de « négocier » les prix des livres d'occasion, les stocks étant très différents d'une boutique à l'autre. Les bouquineurs cherchent les bonnes occasions, et un livre propre et en bon état obtenu à 50 % du prix de vente normal est une aubaine.

6.3 La publicité et la promotion

Ma stratégie de publicité et de promotion repose sur une couverture constante du marché, que ce soit par la voie des journaux, de dépliants distribués dans les boîtes aux lettres, de signets glissés dans les livres vendus et, naturellement, du bouche à oreille de la part des clients satisfaits.

Par un choix judicieux des médias utilisés, je compte joindre la majorité de ma clientèle cible durant la première année. La seule limite à l'atteinte de cet objectif est le coût associé à une couverture médiatique d'envergure.

6.3.1 Les promotions

Pendant le premier mois suivant l'ouverture de la boutique, j'ai l'intention d'offrir un « deux pour un » : les clients paient le plus cher des deux livres désirés. Le but de cette promotion est de faire connaître la boutique et d'y attirer la clientèle. Le coût de cette promotion diminuera la marge bénéficiaire brute du premier mois d'exploitation ; elle sera alors d'environ 25 % plutôt que de 50 %.

À chaque achat, j'insérerai dans l'un des livres achetés un signet à l'effigie de la boutique **Viens bouquiner**. Ce signet servira à rappeler aux clients l'endroit où ils se sont procuré le volume qu'ils ont eu tant de plaisir à lire... et les invitera à y revenir. Ils pourront aussi offrir le signet à un ami, élargissant ainsi le nombre de personnes mises au courant de l'ouverture de ma boutique.

L'impression de 10 000 signets en carton rigide et plastifié me coûtera 500 $ selon une soumission reçue de l'Imprimerie générale de Trois-Rivières.

Le signet de même que la majorité des messages publicitaires insisteront sur le fait que la boutique **Viens bouquiner** achète et vend des livres d'occasion en bon état.

6.3.2 La publicité

Comme il a été mentionné précédemment, l'ensemble de la campagne publicitaire insistera sur les deux points suivants :

• la venue d'une nouvelle boutique de livres d'occasion à Trois-Rivières ;

• la possibilité de vendre et d'acheter des livres d'occasion en bon état, dans une atmosphère agréable et classique.

Le premier point fera surtout l'objet des messages transmis pendant les premiers mois d'activité. Par la suite, le second point sera prioritaire dans toutes les communications publicitaires de l'entreprise.

Afin de joindre la clientèle et d'établir un budget, j'ai élaboré un calendrier des activités publicitaires qui tient compte de l'ouverture prévue de la boutique le 5 mai 2006 :

DATE DE DÉBUT	DATE DE FIN	ACTIVITÉ
06-04-29	06-05-05	10 000 dépliants distribués dans les boîtes aux lettres[1]
06-05-05	06-06-03	Publicité d'ouverture dans *Le Nouvelliste*[2]
Septembre	avril	Publicité dans les journaux scolaires[3]
Annuel		Publicité mensuelle dans *Le Nouvelliste*[2]

(1) L'impression du dépliant coûte 200 $, selon une soumission de CopiExpress. Avec 10 000 exemplaires, je compte atteindre 140 rues. La distribution sera assurée par mes cousins et cousines pour 500 $.

(2) La publicité dans *Le Nouvelliste*, pour un espace de 12 cm sur 6 cm, contenant environ 40 mots, coûte 200 $. Pour 3 parutions par semaine (mardi, mercredi et jeudi), le coût est de 550 $. La publicité d'ouverture s'étalera sur 4 semaines pour un coût total de 2 200 $. Par la suite, les parutions mensuelles pour 11 mois à 200 $ nécessiteront aussi un budget de 2 200 $.

(3) Je ferai paraître la publicité dans les journaux scolaires *L'En-Tête*, de l'UQTR, et *La Griffe*, du Cégep de Trois-Rivières. Dans *L'En-Tête*, j'annoncerai 2 fois par mois, de septembre à avril (8 mois), à raison d'une annonce de 12 cm sur 6 cm à un coût unitaire de 60 $. Le budget total pour *L'En-Tête* est de 960 $. Dans *La Griffe*, pour un même calendrier, le coût total est de 448 $.

Le coût total du programme de publicité est donc de 6 508 $. Si nous ajoutons le coût des signets (500 $), nous arrivons à un budget total pour la publicité et la promotion de 7 008 $, montant auquel nous devons ajouter l'effet de la diminution de la marge bénéficiaire brute lors de la promotion d'ouverture.

Afin de vérifier si la campagne publicitaire fonctionne bien, je demanderai à tous les acheteurs où ils ont entendu parler de la boutique **Viens bouquiner**. J'inscrirai les résultats dans un cahier à cet effet. Au bout de trois mois, je vérifierai si une forme ou une autre de publicité n'apporte pas les résultats escomptés. Je changerai alors de tactique.

6.4 La stratégie de distribution

La stratégie de distribution n'est pas très compliquée : il s'agit tout simplement de trouver un local approprié et d'y faire la vente directe auprès de la clientèle.

6.5 La politique de service après-vente et de garantie

Considérant la nature de l'entreprise, les livres seront achetés tels qu'ils seront vus et toute vente sera ferme.

6.6 Le sommaire des coûts de marketing

Les frais de démarrage associés au plan de marketing sont les suivants :

Enseigne extérieure	350 $
Impression des signets	500 $
Impression et distribution des dépliants	700 $
Publicité de départ dans *Le Nouvelliste*	2 200 $
Total des frais de démarrage	**3 750 $**

En ce qui concerne les frais fixes prévus pour la première année, il s'agit notamment du calendrier de publicité suivant :

Le Nouvelliste, 11 mois à 200 $	2 200 $	(annuel)
L'En-Tête, 8 mois à 120 $	960 $	(de septembre à avril)
La Griffe, 8 mois à 56 $	448 $	(de septembre à avril)
Total des frais fixes annuels	**3 608 $**	

Frais variables

Les frais variables sont notamment la perte sur la marge bénéficiaire brute causée par le « deux pour un » durant le premier mois d'activité. J'estime la valeur de cette perte à 4 000 $. Je prévois aussi 0,5 % de perte moyenne sur les ventes, perte causée par l'achat de livres trop abîmés pour être réparés ou par le vol. Pour la première année, j'estime à 474 $ le montant de cette perte sèche.

● LES APPLICATIONS PROPRES À VOTRE PROJET ●

ÉLÉMENTS DE CONTENU DU PLAN D'AFFAIRES	CET ÉLÉMENT S'APPLIQUE-T-IL À VOTRE PROJET?	DATE D'ÉCHÉANCE POUR CETTE ÉTAPE	SOURCES D'INFORMATION À UTILISER
Description détaillée du produit ou du service			
Stade de développement du produit ou du service			
Utilisation du produit ou du service			
Avantages concurrentiels du produit ou du service			
Description détaillée des propriétés intellectuelles			
Stade du cycle de vie du produit ou du service et développement futur			
Objectifs poursuivis pour chacun des produits ou services			
Stratégie d'entrée sur le marché et de croissance pour les produits ou les services			
Forces du produit ou du service à exploiter pour chacune des clientèles			
Politique de prix de vente			
Base de la détermination du prix de vente			
Comparaison du prix de vente avec celui de la concurrence et explication des écarts			
Objectifs publicitaires			
Contenu de la communication			

157

● LES APPLICATIONS PROPRES À VOTRE PROJET *(suite)* ●

ÉLÉMENTS DE CONTENU DU PLAN D'AFFAIRES	CET ÉLÉMENT S'APPLIQUE-T-IL À VOTRE PROJET?	DATE D'ÉCHÉANCE POUR CETTE ÉTAPE	SOURCES D'INFORMATION À UTILISER
Médias utilisés			
Autres techniques de vente			
Internet et commerce électronique			
Moyens de publicité gratuite			
Calendrier des activités publicité et de promotion			
Coût du programme de publicité			
Mécanisme de contrôle du rendement de la campagne de publicité			
Description du ou des réseaux de distribution			
Description de la force de vente et des intermédiaires de vente utilisés			
Développement du réseau de distribution			
Marges de profit consenties aux membres du réseau			
Mécanisme d'évaluation de l'efficacité du réseau			
Politique de service après-vente et de garantie (description et comparaison avec la concurrence)			
Sommaire des coûts de démarrage			
Sommaire des coûts fixes			
Sommaire des coûts variables			

7 > Les opérations

Comment fonctionnera votre entreprise ?

Comment allez-vous fabriquer votre produit, rendre votre service ou vendre les biens de consommation offerts dans votre commerce ? Il s'agit de prévoir les moyens matériels dont vous aurez besoin pour fonctionner et de convaincre le lecteur que tous ces biens ou équipements sont offerts à un coût raisonnable.

La structure du plan des opérations pourra varier selon que le projet d'entreprise envisagé œuvre dans le secteur manufacturier, dans le secteur commercial ou dans le secteur des services.

Par exemple, dans la plupart des entreprises de service, cette section du plan d'affaires sera assez brève. N'ayant généralement pas besoin de matières premières ou de biens à vendre, ces entreprises pourront donc aborder le présent chapitre à partir du point 7.3 ; elles auront alors la possibilité d'adapter les questions posées à leur propre situation et d'y décrire les modalités de prestation du service. Elles pourront également utiliser ce chapitre pour dresser la liste des fournisseurs de divers biens ou services dont elles auront besoin en sous-traitance ou encore pour soutenir la prestation de leur service (papeterie, traduction, livraison, etc.).

Dans le cas d'un projet industriel (transformation ou fabrication), le plan des opérations représente une dimension importante du plan d'affaires.

En fait, l'objectif principal du plan des opérations est de déterminer les matières premières nécessaires à la réalisation de la mission de l'entreprise et de décrire les installations, les aménagements et les équipements requis. Encore une fois, les résultats de votre étude de faisabilité seront très utiles à la rédaction de cette portion de votre plan d'affaires.

7.1 Les besoins en matériaux et en fournitures et leur disponibilité

S'il s'agit d'une entreprise manufacturière, vous présentez dans cette section les matières premières, les produits semi-finis ou les fournitures nécessaires à la fabrication de votre propre produit. Vous devez aussi donner la liste des fournisseurs potentiels en indiquant les conditions de paiement et de livraison qu'ils vous offrent. Vous devez évaluer le nombre de produits requis pour démarrer l'entreprise de même que les stocks moyens que devra conserver l'entreprise afin de répondre à la demande.

À VOTRE TOUR !

 Déterminez les matières premières, les produits semi-finis et les fournitures requis pour démarrer l'entreprise. Évaluez pour chacun les quantités nécessaires et le coût total au démarrage. Discutez de leur disponibilité, tant en quantité qu'en qualité, de même que de leur coût.

 Discutez des programmes d'approvisionnement (achat), des délais de livraison, des stocks requis au démarrage et pour les opérations de l'entreprise. Discutez aussi de la possibilité d'économies d'échelle à l'achat de grandes quantités.

Désignez les principaux fournisseurs et discutez des règles du jeu dans le secteur. Existe-t-il plusieurs fournisseurs pour les matériaux envisagés ou, au contraire, dépendrez-vous d'un fournisseur unique ? Y a-t-il possibilité de substituer un matériau par un autre ? Pouvez-vous vous engager à long terme ou avez-vous la possibilité de commander seulement lorsque vous en avez besoin ?

7.2 Les besoins en biens à revendre et leur disponibilité

S'il s'agit d'une entreprise commerciale, vous devez présenter les biens nécessaires à la revente. Vous devez aussi donner la liste des fournisseurs potentiels, en indiquant les conditions de paiement et de livraison qu'ils vous offrent. Vous devez évaluer le nombre de produits requis pour démarrer l'entreprise de même que les stocks moyens que devra conserver l'entreprise afin de répondre à la demande.

À VOTRE TOUR !

 Déterminez les biens à revendre de même que les quantités nécessaires pour répondre à la demande lors de l'ouverture de votre entreprise et des premiers mois d'activité de celle-ci. Évaluez aussi le coût total de la constitution de ces stocks de départ. Discutez de leur disponibilité, tant en quantité qu'en qualité, de même que de leur coût.

 Discutez des programmes d'approvisionnement, des délais de livraison, des stocks moyens requis, de la possibilité d'économies d'échelle à l'achat de grandes quantités.

Désignez les principaux fournisseurs et discutez des règles du jeu dans le secteur. Existe-t-il plusieurs fournisseurs pour les biens requis ou, au contraire, reposez-vous sur un fournisseur unique ? Y a-t-il possibilité de substituer un bien par un autre ? Pouvez-vous vous engager à long terme avec vos fournisseurs ou pouvez-vous acheter selon vos besoins ?

7.3 La description de la technologie utilisée et du processus de fabrication ou d'exploitation

La technologie utilisée, qu'elle soit pour une fabrication de masse, une fabrication sur commande, une fabrication de processus ou la prestation d'un service complexe, influe grandement sur la nature des aménagements, de l'équipement et de la main-d'œuvre. Nous discuterons de ce dernier point dans le chapitre portant sur le plan des ressources humaines.

À VOTRE TOUR !

Décrivez la technologie utilisée. Êtes-vous propriétaire de votre technologie ou fabriquez-vous sous licence d'une autre organisation ? Incluez en annexe toute entente écrite avec l'organisation qui vous offre cette licence.

Dans le cas où vous désirez acheter une franchise ou encore signer un contrat de distribution exclusive, vous devez décrire ici les principales clauses du contrat de franchisage ou de distribution. Joignez une copie de toute entente en annexe.

Par processus de fabrication ou d'exploitation, nous entendons les étapes requises pour fabriquer votre produit ou rendre votre service. Dans le cas des entreprises manufacturières, il décrit toutes les étapes et les transformations nécessaires afin d'obtenir le produit fini, de l'achat des matières premières à la livraison, en passant par l'entreposage. Pour ce qui est des services, ce processus comprend toutes les étapes de prestation ; par exemple : de la prise de rendez-vous à la facturation, en passant par la prestation comme telle. Enfin, dans le cas des commerces de détail, on y décrit les manipulations des produits à revendre comme l'étiquetage et la mise en étalage.

À VOTRE TOUR !

 Décrivez le processus de fabrication ou d'exploitation.

7.4 L'aménagement du local et l'équipement requis

Pour répondre à la demande et appliquer le processus de fabrication ou d'exploitation, vous aurez besoin d'un local bien aménagé de même que d'équipement et d'outillage. Il s'agit ici de décrire le plus précisément possible tout ce dont vous aurez besoin pour atteindre vos objectifs.

Dressez la liste de l'équipement et de l'outillage requis ; par exemple : machine X, système informatique Y, étagères, mobilier de bureau, camion de livraison, outillage pneumatique, caisse enregistreuse, etc. N'oubliez pas d'inclure les taxes de vente au coût d'achat et de bien mentionner vos fournisseurs (noms et coordonnées).

À VOTRE TOUR !

 Faites la liste et une description de l'équipement et de l'outillage requis. Indiquez les sources d'approvisionnement, les quantités nécessaires, les délais de livraison. Indiquez si l'équipement et l'outillage sont neufs ou usagés et notez-en le coût.

Prenez le temps de planifier la façon dont sera aménagé votre local. S'il s'agit d'une entreprise commerciale, vous devez présenter un plan d'aménagement indiquant les endroits où seront mis en montre vos produits, où sera située la caisse enregistreuse, comment se fera la circulation, où seront les salles d'essayage, l'entrepôt, etc. Pour les entreprises de service, ce plan d'aménagement indiquera aussi où seront situés la salle d'attente et les bureaux de consultation et comment se fera la circulation. Si vous mettez sur pied une entreprise manufacturière, vous y indiquerez l'emplacement des diverses pièces d'équipement, la façon dont circuleront les produits et les matières premières à l'intérieur de votre « usine », où seront entreposés les produits finis et les matières premières.

Dans le corps du plan d'affaires, faites une description sommaire de ce plan et, en annexe, présentez les devis et les plans reliés à votre aménagement.

À VOTRE TOUR !

 Décrivez votre plan d'aménagement.

7.5 La gestion des opérations

Dans cette section de votre plan d'affaires, vous devez décrire votre système de gestion des opérations et nous ne pouvons discuter de ce sujet sans parler de qualité totale. En effet, aujourd'hui, aucune entreprise ne peut laisser ce concept de côté puisque la satisfaction du client passe par la qualité du produit ou du service qu'il se procurera.

La qualité totale représente l'ensemble des actions, des techniques et des moyens utilisés par les différents acteurs d'une entreprise, des employés aux dirigeants, pour obtenir une production qui réponde aux exigences de qualité de la clientèle, et ce, au moindre coût possible. Parmi ces techniques et moyens, les plus connus et les plus utilisés sont les normes de qualité de l'Organisation internationale de normalisation (ISO) (www.iso.org) et le juste-à-temps. Voyons de quoi il en retourne.

La norme de qualité ISO, comme la série ISO 9000, est composée de principes, de concepts et de programmes visant à accroître la qualité des opérations d'une entreprise, qu'elle soit déjà en exploitation ou en démarrage. Il s'agit d'un guide de procédures, de façons de faire, qui donne une assurance de qualité à l'entreprise qui s'y conforme. Les normes d'assurance de qualité établies par ISO sont adoptées par environ 90 pays. Une accréditation ISO constitue un avantage compétitif pour les entreprises qui cherchent à obtenir des contrats de sous-traitance.

Notez cependant qu'une accréditation ISO peut facilement coûter plus de 50 000 $. Cet investissement peut être nécessaire si vous désirez faire des affaires avec des entreprises comme Cascades, Bombardier, Vidéotron, Hydro-Québec et Bell Canada, puisque celles-ci exigent que leurs fournisseurs se conforment à des normes d'assurance de qualité.

L'organisme québécois qui a le pouvoir de certifier qu'une entreprise respecte les normes internationales ISO est le Bureau de normalisation du Québec (BNQ) (www.bnq.qc.ca).

Quant au juste-à-temps, il se résume comme suit : acheter ou produire ce dont on a besoin, au moment où l'on en a besoin. Cette façon de procéder permet de garder les stocks au minimum, de réduire ainsi les coûts, notamment d'entreposage et de manipulation, de limiter le gaspillage, le tout dans l'objectif d'augmenter la compétitivité de l'entreprise. Encore une fois, l'application du principe juste-à-temps devient un avantage compétitif important pour toute entreprise désirant obtenir des contrats de sous-traitance.

Outre votre programme d'assurance de qualité, qui s'applique dans tous les secteurs d'activité, le système de planification et de contrôle de la production comprend la façon dont vous allez traiter les commandes de vos clients, de la réception jusqu'au moment où le client recevra son produit ou son service. Dans le cas des entreprises commerciales, il s'agit de décrire le traitement qui sera réservé à la marchandise à revendre, à compter du moment où elle entrera dans l'entrepôt jusqu'au moment où le client repartira avec son achat. Pour ce qui est des services, il faudra décrire la façon dont seront traitées les demandes de la clientèle, à compter du moment où le client « achète » jusqu'au moment où la prestation du service sera terminée.

Il vous faudra spécifier et décrire les documents qui accompagneront vos produits ou vos services (bons de commande, bons de production, factures, contrats ou autres) et expliquer qui en aura la responsabilité.

Vous devrez aussi expliquer la façon dont vous vous y prendrez pour connaître les quantités de biens disponibles à la revente, de matières premières disponibles à la transformation et de produits finis disponibles dans vos entrepôts, de même que la façon (quand et comment) dont vous vous organiserez pour acheter de nouveaux stocks.

À VOTRE TOUR !

 Décrivez votre système de planification et de contrôle de production, votre système de gestion des approvisionnements et de gestion des stocks, de même que votre système de contrôle ou d'assurance de qualité. Si vous utilisez un système informatique pour la gestion de la production, mentionnez-en le fournisseur et les délais de développement et d'implantation.

7.6 Le sommaire des coûts du plan des opérations

Vous pouvez maintenant faire le sommaire des coûts associés au plan des opérations. En ce qui concerne les frais de démarrage, vous pouvez y inclure des éléments comme :

- le coût à l'achat de l'équipement et de l'outillage requis ;

- le coût des rénovations ou de l'aménagement ;

- le coût des stocks, des matières premières ou des fournitures nécessaires au démarrage ;

- le coût d'acquisition de la technologie ou d'un droit de franchise ;

- le coût de l'implantation du système d'assurance de qualité et du système de gestion de la production ;

- etc.

Les frais fixes associés au plan des opérations peuvent être :

- le programme d'entretien préventif de l'équipement et de l'outillage ;

- l'entretien des bâtiments ;

- l'amortissement de l'équipement et de l'outillage ;

- les coûts de chauffage ;

- les frais de téléphone et d'interurbains ;

- les salaires de supervision et autres salaires indirects (non reliés à la production) ;

- les assurances sur les biens, l'équipement et les stocks ;

- etc.

Enfin, les coûts variables associés au plan des opérations sont généralement :

- le programme d'achat de biens à revendre, de matières premières ou de fournitures ;

- les coûts en énergie pour la production ;

- les coûts non couverts par le programme d'entretien préventif en cas de bris de l'équipement ou de l'outillage ;

- les salaires versés aux employés de la production (nous y reviendrons au chapitre 9) ;

- etc.

À VOTRE TOUR !

 Faites le sommaire des coûts reliés à votre plan des opérations.

Une fois cette section rédigée, mettez en annexe au plan d'affaires tous les documents pouvant attester vos dires et influencer favorablement le lecteur.

7 Le plan des opérations

7.1 Les besoins en biens à revendre et leur disponibilité

Pour débuter, j'aurai besoin de stocks de livres d'occasion à revendre. Je commencerai par mettre en vente une partie de mes livres personnels (300). Je parcourrai ensuite les marchés aux puces et j'organiserai une collecte de livres auprès de mes amis et de ma famille afin de recueillir le plus de livres possible. Enfin, dès le début de la campagne publicitaire, j'inviterai les gens à venir me vendre leurs livres. Si, au cours de ces opérations, je constate que l'approvisionnement venant de la clientèle n'est pas suffisant pour maintenir les stocks, je continuerai à visiter les marchés aux puces pour m'approvisionner.

Je crois qu'il y a une grande disponibilité de livres d'occasion; souvent, les gens achètent des livres et, une fois qu'ils les ont lus, ils désirent s'en débarrasser, tant pour des raisons d'espace de rangement que pour des raisons économiques.

Mon objectif est d'avoir 10 000 livres d'occasion en stock. Si l'on considère un coût moyen de 2,25 $ par livre usagé acheté, le coût du stock de départ s'élèverait à 22 500 $.

J'ai obtenu ce coût moyen en posant comme hypothèse que le coût moyen d'achat d'un livre est de 9,00 $. Si je veux le vendre à 50 % de son prix de vente lorsqu'il est neuf, je dois donc le vendre 4,50 $. Pour obtenir une marge bénéficiaire brute de 50 %, je dois donc le payer 2,25 $.

7.2 La description de la technologie utilisée et du processus d'exploitation

Le seul élément technologique de mon entreprise est un micro-ordinateur qui me servira de caisse enregistreuse et de système de contrôle des stocks. Je ferai aussi ma comptabilité et le contrôle de la trésorerie (entrées et sorties de fonds). Si je ne trouve pas de logiciel approprié, je devrai faire programmer mon ordinateur en conséquence, notamment pour le contrôle des stocks. J'estime à 5 000 $ le coût d'achat de l'ordinateur, d'une imprimante et des logiciels.

COMMENT RÉDIGER MON PLAN D'AFFAIRES

Plan d'affaires *V*iens *B*ouquiner

7.3 L'aménagement du local et l'équipement requis

Pour débuter, j'ai besoin d'étagères et d'un comptoir qui servira aussi de surface de travail pour la mise en condition des livres et pour les tâches de gestion. J'aurai aussi besoin d'étagères afin de couvrir trois murs de la boutique de même qu'une bonne partie de la surface de plancher.

Le local mesurant 1 500 pi², j'estime à 350 pieds linéaires les tablettes murales. En ce qui a trait aux étagères de surface, j'estime mes besoins à environ 500 pi², laissant ainsi quelque 300 pi² pour l'espace de circulation et le comptoir-caisse. Notez que les étagères seront construites, gracieusement, par mes frères.

Les coûts associés à l'aménagement du local, y compris les coûts déjà prévus, sont les suivants :

Bois et clous pour le comptoir	500 $
Bois et clous pour les étagères	1 500 $
Lampes halogènes (11)	275 $
Tabouret	25 $
Peinture et teinture	700 $
Total des coûts d'aménagement	**3 000 $**

Les matériaux de construction et les lampes seront achetés dans l'une ou l'autre des entreprises spécialisées de la région. Pour le tabouret, comme pour la majorité des articles de bureau, j'irai magasiner dans l'une ou l'autre des papeteries qui offrent ces produits.

7.4 La gestion des opérations

La gestion des opérations relève surtout de la gestion des stocks. Chaque livre acheté sera entré dans le système informatique à l'aide du numéro ISBN (Numéro international normalisé du livre) qui se retrouve sur tous les livres imprimés à plus de 100 exemplaires. Lors de la vente, j'indiquerai ce numéro et le logiciel le déduira automatiquement des stocks. Comme un tel système n'est pas parfait (oublis ou vols), je devrai, sur une base mensuelle, faire un inventaire manuel des livres.

7.5 Le sommaire des coûts du plan des opérations

J'estime les frais de démarrage à :

Stocks de départ	22 500 $
Ordinateur, imprimante et logiciels	5 000 $

Aménagement du local

Bois et clous pour le comptoir	500 $
Bois et clous pour les étagères	1 500 $
Lampes halogènes (11)	275 $
Tabouret	25 $
Peinture et teinture	700 $
Total des frais d'aménagement	**3 000 $**

Équipement de bureau	1 000 $
Fournitures de réparation de livres abîmés	500 $
Fournitures de bureau	500 $
Dépôt pour le téléphone	200 $
Total des frais de démarrage	**32 700 $**

Dans le plan des opérations, les frais fixes se reportent notamment aux amortissements sur les biens durables. Les assurances et la provision pour le vol à l'étalage ont déjà été prévues dans d'autres sections du plan d'affaires. Les amortissements, incluant l'enseigne extérieure, ont été calculés sur une base de 20 % par année, la première année étant admissible à seulement la moitié de la dépense.

BIENS	COÛT	TAUX	DÉPENSES		
			AN 1	AN 2	AN 3
Ordinateur	5 000 $	20 %	500 $	900 $	720 $
Aménagement	3 000 $	20 %	300 $	540 $	432 $
Équipement de bureau	1 000 $	20 %	100 $	180 $	144 $
Enseigne extérieure	350 $	20 %	35 $	63 $	52 $
Total annuel			935 $	683 $	1 348 $
Amortissement accumulé			935 $	2 618 $	3 964 $

Les assurances couvrant l'équipement ont été incluses dans le plan de marketing, puisque les soumissions reçues des assureurs couvraient l'ensemble des opérations de l'entreprise. En ce qui a trait aux frais de téléphone, ils ont été estimés à 600 $ par année. J'ai évalué que les frais de poste et de messagerie s'élèveront à 120 $.

En ce qui concerne les frais variables, comme il faut conserver en moyenne 10 000 livres (ou 22 500 $), les achats seront effectués, dans la mesure du possible, à raison de 50 % des ventes mensuelles.

● LES APPLICATIONS PROPRES À VOTRE PROJET ●

ÉLÉMENTS DE CONTENU DU PLAN D'AFFAIRES	CET ÉLÉMENT S'APPLIQUE-T-IL À VOTRE PROJET?	DATE D'ÉCHÉANCE POUR CETTE ÉTAPE	SOURCES D'INFORMATION À UTILISER
Nature et quantité des matières premières, produits semi-finis, fournitures ou biens à revendre requis au démarrage			
Disponibilité et coût de ces biens			
Programme d'approvisionnement			
Noms des fournisseurs			
Technologie utilisée			
Contrat de franchise ou de distribution			
Processus de fabrication ou d'exploitation			
Description de l'équipement et de l'outillage requis			
Fournisseurs et coût de l'équipement et de l'outillage			
Plan d'aménagement			
Système de planification et de contrôle des opérations			
Système de gestion des approvisionnements			

● LES APPLICATIONS PROPRES À VOTRE PROJET *(suite)* ●

ÉLÉMENTS DE CONTENU DU PLAN D'AFFAIRES	CET ÉLÉMENT S'APPLIQUE-T-IL À VOTRE PROJET?	DATE D'ÉCHÉANCE POUR CETTE ÉTAPE	SOURCES D'INFORMATION À UTILISER
Système de gestion des stocks			
Programme d'assurance de qualité			
Sommaire des coûts de démarrage			
Sommaire des coûts fixes			
Sommaire des coûts variables			

8 〉 Le volet écologique

Votre projet présente-t-il des risques pour l'environnement ?

La prise de conscience par la société de l'importance de l'environnement écologique amène de plus en plus les entreprises à être conscientes de leurs responsabilités sociales à cet égard. Nous suggérons que tout plan d'affaires fasse état des répercussions que l'exploitation de l'entreprise aura sur l'environnement, et des moyens utilisés pour en contrer les effets négatifs. Les institutions financières exigent maintenant que cette dimension soit couverte par le plan d'affaires. En effet, la loi indique que l'établissement financier prêteur pourrait être tenu conjointement responsable de tout dommage écologique causé par l'entreprise qu'il aurait financée.

Afin de vérifier les lois ou les règlements sur l'environnement qui pourraient s'appliquer à votre projet d'entreprise, communiquez avec le bureau régional du ministère de l'Environnement. Vous trouverez les coordonnées de ce ministère dans les pages bleues de l'annuaire téléphonique ou en consultant le portail du gouvernement du Québec (www.gouv.qc.ca). Ce chapitre vous permettra de faire le tour des risques que pourrait représenter votre entreprise pour l'environnement et des moyens que vous devez prendre pour diminuer ces risques.

8.1 Les risques écologiques et environnementaux

Lors de l'élaboration du plan écologique, vous devez commencer par décrire les risques potentiels que représente votre entreprise pour l'environnement. Vous aurez fait le point sur ces risques dans l'analyse du secteur d'activité. Il vous faudra ensuite faire valoir vos plans afin de diminuer ces risques.

À VOTRE TOUR !

 Discutez des répercussions que l'exploitation de l'entreprise aura en matière de pollution de l'air, de l'eau, par le bruit ou par les déchets. Discutez de ces impacts tant à l'intérieur des murs de l'entreprise (approvisionnement, processus de fabrication) qu'à l'extérieur (utilisation et mise au rebut de votre produit, par exemple).

 Discutez des plans mis en œuvre pour en éliminer ou en diminuer les effets négatifs, tant à court terme qu'à long terme.

8.2 Les organismes réglementaires

Dans la province de Québec, comme au Canada, ce sont les ministères de l'Environnement (au Québec : www.mddep.gouv.qc.ca ; au Canada : www.ec.gc.ca) qui sont les organismes réglementaires et qui font appliquer la loi en ce qui a trait aux entreprises dites polluantes. Dans certaines municipalités, il existe aussi des règlements qu'il vous faudra respecter. Nous vous engageons à vérifier le plus tôt possible auprès du ministère et de la municipalité où vous comptez installer votre entreprise s'il y a des règlements ou des lois s'appliquant particulièrement à votre type de projet.

À VOTRE TOUR !

 En matière d'environnement, existe-t-il des lois ou des règlements s'appliquant à votre projet? Si oui, quels sont-ils? Quel sera l'impact de leur respect sur votre projet d'entreprise?

 Le cas échéant, expliquez comment votre projet s'inscrit dans une vision de développement durable, soit l'intégration des dimensions sociales, économiques et environnementales dans votre projet. (Pour plus d'information sur le développement durable, visitez le site du ministère Développement durable, Environnement et Parcs du Québec : www.mddep.gouv.qc.ca/.)

8.3 Le sommaire des coûts du plan écologique

Parmi les coûts de démarrage associés au plan écologique, mentionnons l'obtention de permis spéciaux dans certains cas (récupération de pneus, utilisation de produits toxiques, déversement dans les cours d'eau, et ainsi de suite) et les frais d'adaptation de votre production afin de vous défaire des déchets, tant ordinaires que toxiques, de façon sécuritaire pour l'environnement. Le traitement de vos déchets ou rebuts peut aussi faire l'objet de frais variables ou de frais fixes, par exemple la location d'un conteneur ou le transport des déchets dangereux vers un lieu approuvé de disposition ou de destruction. Faites bien le tour de la question, car il peut s'y cacher des coûts importants.

À VOTRE TOUR !

 Faites le sommaire des coûts reliés au plan écologique.

Une fois cette section rédigée, mettez en annexe au plan d'affaires tous les documents pouvant attester vos dires et influencer favorablement le lecteur.

8 Le plan écologique

8.1 Les risques écologiques et environnementaux

En ce qui concerne l'impact écologique d'une boutique de livres d'occasion, notons que positivement, elle est à la base une entreprise de réutilisation. Les effets négatifs se résument surtout dans l'utilisation de papier (factures, rapports, petites notes). J'installerai donc une corbeille à récupération pour tous mes rebuts de papier. De plus, je privilégierai la réutilisation des sacs : les clients seront invités à apporter leur sac pour y déposer leurs nouveaux achats.

8.2 Les lois et règlements environnementaux s'appliquant au projet

Aucune loi ni aucun règlement à teneur environnementale ne s'appliquent au projet.

8.3 Le sommaire des coûts du plan écologique

Aucun coût n'est relié au plan écologique.

● LES APPLICATIONS PROPRES À VOTRE PROJET ●

ÉLÉMENTS DE CONTENU DU PLAN D'AFFAIRES	CET ÉLÉMENT S'APPLIQUE-T-IL À VOTRE PROJET?	DATE D'ÉCHÉANCE POUR CETTE ÉTAPE	SOURCES D'INFORMATION À UTILISER
Impacts écologiques du projet			
Identification des organismes réglementaires dans votre secteur d'activité et dans votre région			
Développement durable			
Sommaire des coûts de démarrage			
Sommaire des coûts fixes			
Sommaire des coûts variables			

9 > Les ressources humaines

Qui devrez-vous recruter ?

Nous avons été amenés, dans le chapitre 3, à présenter l'équipe entre-preneuriale. Vous devez maintenant présenter les autres postes de direction, de même que leurs titulaires, en plus de tous les autres inter-venants qui, sans être actifs à temps plein pour l'organisation, lui pro-curent, sur une base ponctuelle, l'expertise recherchée. Il convient aussi de mentionner les postes opérationnels, techniques et adminis-tratifs requis pour l'exploitation de l'entreprise. Ces besoins en ressources humaines ont été établis lorsque vous avez fait votre étude de faisabilité.

9.1 Les besoins en main-d'œuvre

Avant même de partir à la recherche de la main-d'œuvre et des employés nécessaires à vos opérations et de recruter les gens qui occuperont les postes clés dans votre organisation, il faut bien définir vos besoins. Il s'agit de déterminer non seulement le nombre de personnes requis, mais aussi les qualifications ou compétences nécessaires afin de combler les postes.

Prenez note que si vous mettez sur pied un projet à titre de travailleur autonome, vous pouvez d'ores et déjà vous rendre au point 9.3 du présent chapitre. Vous y reviendrez au moment où vous aurez besoin d'embaucher un ou des employés.

9.1.1 La main-d'œuvre

Après avoir fait votre étude de marché afin de connaître la demande, avoir réalisé votre étude de faisabilité afin de déterminer l'équipement et l'outillage requis et planifié les autres sections de votre plan d'affaires, vous devez être en mesure de formuler et de décrire l'ensemble des tâches à accomplir afin d'atteindre vos objectifs. Ces tâches peuvent relever de la mise en marché, des opérations, de la gestion des ressources humaines et de la gestion des ressources financières. Vous pourrez avoir besoin de vendeurs, d'opérateurs de machinerie, d'informaticiens ou d'autres types de ressources humaines.

À VOTRE TOUR !

 Relevez l'ensemble des tâches opérationnelles, techniques et administratives à exécuter.

Il faut aussi déterminer les compétences requises pour accomplir ces tâches, tant au chapitre de la formation que de l'expérience pratique. Il faut vérifier si la région où vous vous installerez vous fournira la main-d'œuvre dont vous aurez besoin et à quel coût. Le cas échéant, vous devrez former cette main-d'œuvre en fonction des opérations propres à votre entreprise ; cette formation implique des coûts pour votre entreprise tant sur le plan des salaires à payer durant cette formation que sur celui des honoraires à régler au formateur. Ressources humaines et développement social Canada (www.rhdcc.gc.ca) et Emploi et solidarité sociale Québec (www.mess.gouv.qc.ca ou www.emploiquebec.net) peuvent vous aider à recueillir l'information nécessaire à la rédaction de cette partie de votre plan d'affaires.

Dans l'étude de faisabilité du projet, vous avez calculé le coût de la main-d'œuvre pour fabriquer votre produit ou rendre votre service. C'est dans cette section-ci que vous devez rapporter cette information.

À VOTRE TOUR !

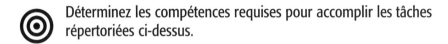

◎ Déterminez les compétences requises pour accomplir les tâches répertoriées ci-dessus.

◎ Discutez de la disponibilité de la main-d'œuvre dans le bassin local.

◎ Discutez de tout programme de formation à implanter.

◎ Établissez le niveau des salaires payés et les avantages sociaux (assurances, régimes de retraite, etc.) que vous offrirez à vos employés. Nommez ici les avantages sociaux offerts en surplus des programmes gouvernementaux obligatoires.

◎ Déterminez le coût global et unitaire, le cas échéant, de la main-d'œuvre requise pour produire le bien ou le service.

9.1.2 Les postes clés et la structure de l'entreprise

Cette section du plan d'affaires sert, tout comme la présentation de l'équipe entrepreneuriale, à rassurer le lecteur quant aux compétences des personnes en poste pour atteindre les objectifs qui ont été fixés pour l'entreprise. Pour ce faire, déterminez la structure de gestion de votre entreprise et nommez les personnes qui occuperont les postes clés dans l'organisation.

Commencez par présenter l'organigramme de l'entreprise. Il s'agit d'expliquer la façon dont l'information circulera entre les diverses personnes ou les divers services de l'entreprise et d'expliquer les relations d'autorité. Pour chacun des postes clés, par exemple le directeur de la production, le gérant des ventes, le vérificateur ou le responsable du marketing, vous devez décrire les fonctions, les champs d'autorité et de responsabilité.

Ensuite, si les personnes qui détiendront les postes clés sont déjà connues, présentez-les sommairement et ajoutez leur curriculum vitæ en annexe. Indiquez également les salaires et toute autre forme de prestation visant à assurer la fidélité des employés.

À VOTRE TOUR !

Présentez l'organigramme de l'entreprise et décrivez les postes clés.

Présentez les personnes qui occuperont les postes clés en faisant ressortir leurs connaissances, leur expérience professionnelle et la complémentarité de leurs compétences. Incluez leur curriculum vitæ en annexe.

Déclarez les salaires et les avantages sociaux payés à ces personnes, de même que tout plan de partage de propriété de l'entreprise et plan de partage des bénéfices.

9.1.3 La philosophie de gestion

Dans toutes les entreprises, il existe, officiellement ou non, une philosophie de gestion, une façon d'entretenir les relations entre les différentes personnes y œuvrant. Chez Cascades, on dit avec fierté : « L'humain avant tout ! » Cette philosophie préside aux décisions qui sont prises dans l'entreprise et qui pourraient avoir des répercussions sur les ressources humaines œuvrant chez elle.

À VOTRE TOUR !

 Expliquez votre philosophie de gestion. Privilégierez-vous la participation de vos partenaires dans la prise de décision ?

 Laisserez-vous vos employés participer à la gestion ? Qu'en sera-t-il du travail d'équipe ?

9.2 Les organismes réglementaires

Dans certains secteurs d'activité, la construction par exemple, il existe des syndicats et comités paritaires auxquels vos employés devront obligatoirement être inscrits. Informez-vous sur ce sujet et rapportez vos conclusions dans cette section du plan d'affaires.

À VOTRE TOUR !

 Selon les normes dans votre secteur d'activité, les employés seront-ils syndiqués ou non ?

La gestion des ressources humaines est souvent complexe, et plusieurs organismes gouvernementaux régissent cette fonction importante de l'entreprise. Si vous comptez embaucher des employés, vous devez vous inscrire comme employeur aux ministères du Revenu des gouvernements fédéral (www.cra-arc.gc.ca) et provincial (www.revenu.gouv.qc.ca), et auprès de la Commission de la santé et de la sécurité du travail (CSST) (www.csst.qc.ca) et de la Commission des normes du travail (CNT) (www.cnt.gouv.qc.ca).

Ces organismes vous feront part des normes minimales à respecter de même que des diverses cotisations d'employeurs que vous devrez verser pour vos employés. Ces cotisations, différentes des retenues à la source, sont versées annuellement dans le cas de la CNT et de la CSST et mensuellement dans le cas du régime de rentes (www.rrq.gouv.qc.ca), d'assurance-maladie (www.ramq.gouv.qc.ca), d'assurance parentale (www.rqap.gouv.qc.ca) et d'assurance-emploi (www.hrsdc.gc.ca).

À VOTRE TOUR !

 Dans certains cas, la CSST oblige les entreprises à avoir un programme de santé et sécurité au travail, de former des employés à l'administration des premiers soins, etc.
Si tel est le cas dans votre secteur d'activité, faites-en état.

Enfin, vous devez vérifier auprès d'Emploi-Québec (www.emploique-bec.net) si votre entreprise est assujettie à la Loi favorisant le développement de la formation de la main-d'œuvre (Loi 90), laquelle oblige les entreprises à investir 1 % de leur masse salariale en formation. Depuis le 1er janvier 1998, seules les entreprises ayant une masse salariale supérieure à 250 000 $ sont obligées de se conformer à cette loi.

À VOTRE TOUR !

 Le cas échéant, discutez du programme de santé et sécurité au travail et du programme de formation.

9.3 Les investisseurs non actifs et le parrainage

Afin de financer votre projet, vous aurez besoin d'investisseurs. Certains seront actifs dans l'entreprise, par exemple, vos associés ou une société de capital de risque qui vous offrira de participer à la gestion. Il est possible que vous ayez trouvé des investisseurs prêts à financer une partie de votre entreprise sans participer à sa gestion. Si tel est votre cas, désignez ces personnes et indiquez le montant de leur participation.

À VOTRE TOUR !

 Nommez tout investisseur qui ne participera pas à la gestion courante de l'organisation.

 Indiquez la nature et l'importance de la participation de chacun.

Nous vous suggérons aussi fortement de vous adjoindre un parrain d'affaires, c'est-à-dire une personne d'expérience avec laquelle vous pourrez partager vos problèmes et succès d'affaires. Si vous avez trouvé cette perle rare, présentez-la aux lecteurs de votre plan d'affaires. La présence d'un parrain ou d'une marraine d'affaires pour vous aider dans la gestion de votre entreprise augmentera la crédibilité de votre projet. Dans plusieurs régions du Québec, un programme de parrainage est en place par l'intermédiaire des centres locaux de développement (www.acldq.qc.ca) et des sociétés d'aide au développement des collectivités (www.reseau-sadc.qc.ca). Informez-vous !

À VOTRE TOUR !

 Présentez tout parrain ou mentor et décrivez l'importance de sa contribution au succès de l'entreprise.

9.4 Le conseil d'administration ou le comité de gestion

Si vous avez choisi l'incorporation comme forme juridique, vous devez vous doter d'un conseil d'administration. Ce conseil d'administration sera formé des membres de l'équipe entrepreneuriale et d'autres personnes que vous recruterez pour leur expertise complémentaire à la vôtre. Ces personnes pourront être actionnaires ou non de votre entreprise et, dans la majorité des cas, vous devrez les rémunérer pour qu'elles participent aux rencontres régulières du conseil d'administration.

Les membres de votre conseil d'administration peuvent être engagés par les décisions qu'ils prennent dans le cadre de leur fonction d'administrateurs d'une corporation. Dans ce cas, il vous faudra prévoir une assurance-responsabilité les protégeant à cet égard, notamment pour les membres du conseil d'administration qui ne sont pas actionnaires. Informez-vous auprès de votre courtier d'assurance.

Si votre entreprise n'est pas incorporée et que vous voulez quand même bénéficier des conseils d'une équipe complémentaire, vous pouvez former un comité de gestion. Les personnes en faisant partie peuvent être les membres de l'équipe entrepreneuriale, mais surtout des spécialistes des questions pour lesquelles il vous manque de l'expérience ou des connaissances. Comme pour le conseil d'administration, les membres du comité de gestion voudront être rémunérés pour le temps qu'ils consacreront à votre entreprise. Vous pouvez aussi prévoir une assurance-responsabilité à leur égard.

À VOTRE TOUR !

 Présentez les membres qui composent ou composeront votre conseil d'administration ou votre comité de gestion.

 Faites ressortir comment chacun d'eux peut contribuer au succès de l'entreprise.

9.5 Les conseillers externes

Enfin, vous aurez certainement besoin de conseillers externes, tels des avocats, des comptables, des fiscalistes, une agence de publicité, une firme d'ingénieurs-conseils ou autres, pour vous aider dans la planification du démarrage de votre entreprise ou pour ses opérations courantes. Ces personnes devront être choisies avec soin et souvent leur crédibilité pourra déteindre sur la vôtre, positivement ou négativement. Entourez-vous de gens compétents et crédibles (écoutez-les aussi) et vous augmenterez les chances de succès de votre entreprise.

À VOTRE TOUR !

 Faites mention des personnes retenues ou que vous retiendrez à titre de conseillers externes.

9.6 Le sommaire des coûts du plan des ressources humaines

Les principaux frais de démarrage reliés au plan des ressources humaines sont :

• les frais de sélection et de recrutement ;

• les frais de formation de la main-d'œuvre ;

• les honoraires des conseillers externes ;

• etc.

Quant aux frais fixes, ils regroupent généralement les salaires, les avantages sociaux et les cotisations diverses, de même que les honoraires professionnels des conseillers ou la rémunération des membres du conseil d'administration ou du comité de gestion.

Enfin, comme nous l'avons déjà mentionné, les frais variables sont ceux associés aux salaires de production, au coût de la main-d'œuvre pour fabriquer votre produit ou rendre votre service et aux avantages sociaux qui y sont reliés.

À VOTRE TOUR !

 Faites le sommaire des coûts reliés au plan des ressources humaines.

Une fois cette section rédigée, mettez en annexe tous les documents pouvant attester vos dires et influencer favorablement le lecteur.

9 Le plan des ressources humaines

9.1 Les besoins en main-d'œuvre

Au démarrage, je n'engagerai aucun employé. Cependant, si les ventes vont bien, je pourrai embaucher une personne, une vingtaine d'heures par semaine, afin de m'aider à assurer une présence durant toutes les heures d'ouverture de la boutique.

Cette personne devra être en mesure de servir les clients, de les aider dans leurs recherches et de s'occuper de la caisse. Cette personne, relativement facile à trouver dans le milieu étudiant, sera rémunérée au salaire minimum en vigueur au moment de son embauche.

9.2 Les investisseurs non actifs et le parrainage

Afin de combler les besoins financiers requis pour le démarrage de mon entreprise, les membres de ma famille vont investir de différentes façons. Mes deux frères vont investir du temps afin de m'aider dans l'aménagement du local, une valeur approximative de 600 $. Mon père et ma mère vont investir 15 000 $, sans intérêts, montant remboursable dans 5 ans.

Je ne me suis pas adjoint de parrain ni de marraine d'affaires. Cependant, les membres de mon équipe entrepreneuriale vont me conseiller et me soutenir lorsque j'aurai à prendre des décisions relevant de leurs compétences.

9.3 Le conseil d'administration ou le comité de gestion

Je peux considérer les membres de mon équipe entrepreneuriale comme un comité de gestion. Nous nous réunirons régulièrement afin de discuter de l'entreprise et de ses résultats, et chacun m'aidera selon ses compétences.

9.4 Les conseillers externes

Outre Jacinthe, Louise et Jean, je ne crois pas avoir besoin d'autres conseillers externes. Si le besoin s'en fait sentir, je demanderai des références profession-nelles à des gens qui feront partie de mon réseau d'affaires.

9.5 Le sommaire des coûts du plan des ressources humaines

Je ne prévois aucun coût particulier pour le plan des ressources humaines, du moins tel qu'il a été prévu au démarrage.

Plan d'affaires *Viens Bouquiner*

● LES APPLICATIONS PROPRES À VOTRE PROJET ●

ÉLÉMENTS DE CONTENU DU PLAN D'AFFAIRES	CET ÉLÉMENT S'APPLIQUE-T-IL À VOTRE PROJET?	DATE D'ÉCHÉANCE POUR CETTE ÉTAPE	SOURCES D'INFORMATION À UTILISER
Description des tâches opérationnelles, techniques et administratives			
Compétences requises pour accomplir ces tâches			
Disponibilité de la main-d'œuvre			
Programme de formation			
Salaires et avantages sociaux			
Coût de la main-d'œuvre pour produire le bien ou rendre le service			
Organigramme de l'entreprise			
Description des postes clés			
Compétences des personnes occupant les postes clés			
Salaires et avantages sociaux des personnes occupant les postes clés ou partageant la propriété			
Philosophie de gestion			
Présence d'un syndicat			

● LES APPLICATIONS PROPRES À VOTRE PROJET *(suite)* ●

ÉLÉMENTS DE CONTENU DU PLAN D'AFFAIRES	CET ÉLÉMENT S'APPLIQUE-T-IL À VOTRE PROJET?	DATE D'ÉCHÉANCE POUR CETTE ÉTAPE	SOURCES D'INFORMATION À UTILISER
Identification des organismes réglementaires			
Investisseurs non actifs			
Parrain ou marraine d'affaires			
Membres du conseil d'administration ou du comité de gestion			
Conseillers externes			
Sommaire des coûts de démarrage			
Sommaire des coûts fixes			
Sommaire des coûts variables			

193

10 〉 *Le développement de l'entreprise*

Comment faire pour que tout continue d'aller bien ?

Lié de près au plan de marketing, le plan de développement de l'entreprise a pour objet de déterminer le stade de développement du produit ou du service et de préciser les plans futurs de recherche et de développement. Vous devez donc dès maintenant prévoir vos plans pour l'avenir de votre entreprise et planifier la façon dont vous vous y prendrez pour vous assurer que votre produit ou votre service réponde toujours bien aux besoins de votre marché cible. Cette planification de développement de l'entreprise est importante pour vous, mais aussi pour les investisseurs qui voudront tout connaître sur le potentiel commercial à long terme de votre projet.

10.1 Les objectifs à long terme et la croissance de l'entreprise

Dans la première partie du plan d'affaires (chapitre 2), vous avez fait mention des objectifs de l'entreprise, notamment pour les premières années d'exploitation. Maintenant, il est temps de penser à l'avenir. Vous devez préciser les objectifs à atteindre pour les 5 ou 10 prochaines années : vos objectifs de croissance. Ces objectifs seront nécessairement moins précis que des objectifs à court terme. Ils devront cependant respecter les mêmes critères, soit être mesurables et le plus précis possible.

Les objectifs de croissance à long terme d'une jeune entreprise sont généralement fondés sur l'une des trois options de croissance suivantes :

- un nouveau marché avec un produit existant ;
- un marché existant avec un nouveau produit ;
- un nouveau marché avec un nouveau produit.

Les deux premières options présentent l'avantage d'avoir au moins une dimension « connue » dans l'équation, soit le produit ou le marché. Moins risquées, ces options permettent à l'entreprise de profiter de sa connaissance de son produit ou de son marché afin de se développer. Pour que fonctionne la troisième option, la plus risquée, il faut souvent avoir recours à la diversification ou à l'acquisition d'entreprises dans des secteurs d'activité différents.

Il y a aussi d'autres façons d'assurer la croissance de l'entreprise ; par exemple, l'intégration verticale (acheter des fournisseurs, des intermédiaires ou des détaillants), ce qui permet de regrouper les profits de chacun dans une même organisation ; ou l'intégration horizontale (fusion ou acquisition d'un concurrent).

À VOTRE TOUR !

 Quels sont vos objectifs de croissance ? Indiquez l'option de croissance choisie ainsi que le moment où vous comptez la mettre en application et la façon dont vous vous y prendrez pour y parvenir. Il est possible, et très légitime, que vous ne désiriez pas, actuellement, que votre entreprise connaisse une trop grande croissance. Dans ce cas, indiquez plutôt le niveau de croissance qui vous satisfera ; par exemple, lorsque l'entreprise aura atteint tel chiffre d'affaires ou telle rentabilité.

10.2 Le développement futur du produit ou du service

Votre plan d'affaires pourrait vous servir à chercher du financement en vue de terminer l'étape de recherche, de développement et de commercialisation de votre produit ou de votre service. Dans ce cas, vous devrez préciser vos besoins afin de le rendre commercialisable. Si votre produit ou votre service est prêt pour la commercialisation, décrivez la façon dont vous vous y prendrez pour rallonger son cycle de vie. Vous devrez aussi décrire la façon dont vous vous y prendrez pour demeurer compétitif : soit en améliorant constamment votre produit ou votre service, soit en introduisant des nouveautés. Ce plan de développement doit naturellement être relié de près à vos objectifs de croissance.

À VOTRE TOUR !

 Décrivez le stade de développement de votre produit ou de votre service. Peut-il être commercialisé tel quel ou n'en est-il qu'au stade de la table à dessin, à l'état de prototype ou à toute autre étape intermédiaire ?

 Précisez les étapes qu'il reste à franchir avant de mettre le produit sur le marché.

 Notez les difficultés et les risques que vous prévoyez devoir surmonter en cours de développement du produit ou du service.

 Indiquez les plans futurs de recherche et de développement de nouveaux produits ou services, ou de nouvelles utilisations des produits ou services existants.

Pour augmenter la crédibilité de vos plans de recherche et développement, présentez votre équipe de recherche ou vos spécialistes techniques, en faisant ressortir le rôle de chacun, leurs compétences, leurs atouts, surtout si vous ne les avez pas déjà présentés dans le plan des ressources humaines.

Ajoutez toute entente de partenariat que vous pourriez avoir avec des organismes de recherche, des universités ou d'autres institutions, au sujet de la recherche et du développement de votre produit ou de votre service.

Discutez des possibilités d'obtenir des brevets ou d'enregistrer des marques de commerce pour ces nouveaux produits ou services.

Faites un état des coûts de recherche et développement que vous prévoyez. Il s'agit ici souvent des salaires de l'équipe de recherche, des dépenses associées à la fabrication du prototype et des coûts d'utilisation de l'équipement nécessaire à la recherche.

10.3 L'évaluation continuelle du marché

Pour maintenir leur compétitivité et assurer leur croissance, les entreprises doivent demeurer à l'affût des besoins de leur clientèle afin d'adapter leur produit ou leur service en conséquence. C'est ce que nous nommons l'évaluation continuelle du marché ou «veille commerciale». En fait, l'entrepreneur doit toujours être préoccupé par l'étude de son marché et par la découverte de nouvelles occasions d'affaires. Il peut actualiser cette préoccupation en effectuant une nouvelle étude de marché à intervalles réguliers ou encore en instaurant un système permanent de collecte de données sur le marché.

Nous ne reviendrons pas sur l'étude de marché, mais insisterons plutôt sur le concept du système permanent de collecte de données.

Comme dans tout processus de recherche d'information, commencez par évaluer vos besoins, lesquels aideront à trouver les sources de données les plus pertinentes à utiliser. Selon vos objectifs de croissance, il s'agit de déterminer ce qu'il vous faudra savoir pour prendre des décisions. Par exemple, si vous voulez développer de nouveaux produits, vous aurez besoin d'information sur la concurrence, sur les foires commerciales ou industrielles, sur les développements technologiques, etc. Si vous voulez développer de nouveaux marchés, il vous faudra de l'information sur la concurrence, mais aussi sur la population, sur le marché visé et sur les projets qui s'y développent.

Pour recueillir l'information nécessaire, vous avez plusieurs moyens à votre disposition. Vous pouvez tout simplement vous abonner à des revues ou à des journaux spécialisés dans votre secteur d'activité (et les lire !). Par ailleurs, vous devrez visiter régulièrement les foires commerciales et industrielles pertinentes. Il est aussi recommandé de discuter avec d'autres entrepreneurs, concurrents ou non, avec vos fournisseurs et surtout avec vos clients. Enfin, vous pouvez embaucher une firme spécialisée dans la recherche d'information, qui fera pour vous, sur une base continue ou irrégulière, des recherches dans les banques de données et dans toutes les autres publications pertinentes à votre secteur d'activité.

Pour vous tenir bien au courant de l'état de la technologie dans votre secteur d'activité, vous pouvez aussi instaurer un système de veille technologique. Ce système répond aux mêmes conditions que la veille commerciale ; seules quelques-unes des sources d'information diffèrent.

À VOTRE TOUR !

 De quelle façon vous y prendrez-vous pour procéder à l'évaluation continuelle de votre marché (la clientèle et la concurrence) ?

 De quelle façon vous y prendrez-vous pour procéder à l'évaluation continuelle de la technologie ?

10.4 Le sommaire des coûts de recherche et développement

Les coûts de recherche et développement au démarrage de votre entreprise sont généralement ceux que vous avez assumés afin de développer votre produit ou votre service et de le rendre commercialisable (prototype, propriétés intellectuelles, frais de recherche divers).

Les frais fixes et les frais variables dépendront de vos décisions et de vos objectifs de croissance. On peut cependant dire qu'ils comprennent habituellement les éléments suivants :

- salaires et avantages sociaux de l'équipe de recherche ;

- coûts de développement de nouveaux produits ;

- coûts associés aux brevets ou aux dessins industriels ;

- frais de recherche d'information ;

- frais de déplacement et d'inscription dans des colloques, foires ou expositions ;

- abonnement à des revues ou à des banques de données ;

- dépenses reliées à l'utilisation d'équipement spécialisé ou honoraires des professionnels de la recherche ;

- etc.

À VOTRE TOUR !

 Faites le sommaire des coûts reliés à votre plan de recherche et développement.

Une fois cette section rédigée, mettez en annexe du plan d'affaires tout document pouvant attester vos dires et influencer favorablement le lecteur.

10 Le plan de développement de l'entreprise

10.1 Les objectifs à long terme et la croissance de l'entreprise

À long terme, j'aimerais pouvoir ouvrir d'autres succursales de **Viens bouquiner.** Les villes visées pour de telles succursales sont Sherbrooke et Saguenay. Je connais bien Sherbrooke et j'aimerais pouvoir offrir la chance à Jacinthe ou à Louise d'y ouvrir une boutique à partir de mon expérience. Par ailleurs, je crois qu'il y a un marché à Saguenay, mais il s'agit là d'une perception toute personnelle. Si je mettais ces projets de l'avant, je devrais effectuer une analyse de marché avant de prendre une décision finale.

Pour assurer la croissance de mon entreprise, il me faudra être à l'affût des besoins de la clientèle afin de lui offrir des produits y répondant le mieux possible. Malgré tout, les deux seules façons d'augmenter les ventes dans mon secteur d'activité se résument à accroître la superficie afin d'offrir plus de choix ou à augmenter le roulement des stocks en incitant les gens à lire, donc à acheter plus. Le cas échéant, dans cinq ou six ans, je reverrai ces deux dimensions avec mon équipe.

10.2 Le développement futur du produit ou du service

Le livre d'occasion n'est pas un produit qui se développe comme tel. Par ailleurs, je pourrais en venir à introduire le cédérom d'occasion dans mon offre de produits. De plus, je pourrais offrir un service de réparation de reliures abîmées. Encore ici, le cas échéant, je reverrai ces concepts avec mon équipe.

10.3 L'évaluation continuelle du marché

Afin de me tenir au courant des besoins de ma clientèle, je procéderai régulièrement à des petits sondages maison. Un questionnaire simple et direct sera remis aux clients, et une réduction de 10 % sera offerte sur un prochain achat, lors du retour du questionnaire. J'utiliserai cette pratique dès la deuxième année d'activité de mon entreprise.

10.4 Le sommaire des coûts de développement

Aucun coût spécifique n'est relié au plan de développement.

● LES APPLICATIONS PROPRES À VOTRE PROJET ●

ÉLÉMENTS DE CONTENU DU PLAN D'AFFAIRES	CET ÉLÉMENT S'APPLIQUE-T-IL À VOTRE PROJET?	DATE D'ÉCHÉANCE POUR CETTE ÉTAPE	SOURCES D'INFORMATION À UTILISER
Objectifs de croissance			
Stade de développement du produit ou du service			
Étapes à franchir pour commercialiser le produit ou le service			
Difficultés ou risques prévus en cours de développement			
Plans futurs de recherche et développement			
Présentation de l'équipe de recherche et développement			
Entente de partenariat pour la recherche et développement			
Propriétés intellectuelles possibles pour les nouveaux produits ou les nouveaux services			
Évaluation des coûts prévus de recherche et développement			

● LES APPLICATIONS PROPRES À VOTRE PROJET *(suite)* ●

ÉLÉMENTS DE CONTENU DU PLAN D'AFFAIRES	CET ÉLÉMENT S'APPLIQUE-T-IL À VOTRE PROJET?	DATE D'ÉCHÉANCE POUR CETTE ÉTAPE	SOURCES D'INFORMATION À UTILISER
Système d'évaluation continuelle du marché			
Système d'évaluation continuelle de la technologie			
Sommaire des coûts de démarrage			
Sommaire des coûts fixes			
Sommaire des coûts variables			

11 〉 L'échéancier et la gestion des risques

Pour contrer la loi de Murphy...

Comme tout projet, un projet d'affaires peut être sujet à des retards ou à de petits problèmes lors du démarrage. Cette section du plan d'affaires vous permettra de déterminer les principaux risques et problèmes qui pourraient survenir lors de l'implantation du projet et du démarrage de l'entreprise. Cette réflexion vous permettra de prévoir les solutions de rechange qui vous aideront à réaliser votre projet dans les meilleures conditions possible, quoi qu'il arrive. La première étape de cette planification est la préparation du calendrier de réalisation du projet.

11.1 Le calendrier de réalisation

L'établissement d'un échéancier fait partie de tout processus de planification. Le sérieux des promoteurs se reflète entre autres dans la présentation d'un calendrier réaliste de mise en œuvre du projet d'entreprise et de mise en marché du produit ou du service, ce qui représente les actions à accomplir et les étapes à franchir afin de démarrer l'entreprise selon un calendrier prédéterminé. Les chapitres précédents renferment plusieurs renseignements qui vous seront utiles pour réaliser cette section de votre plan d'affaires.

À VOTRE TOUR !

 Dressez la liste des étapes importantes qui vous permettront de mener votre projet à terme.

 Établissez des échéanciers réalistes pour chacune des étapes à franchir. Présentez cet échéancier sous la forme d'un tableau en indiquant les tâches à réaliser, la date à laquelle elles devront être terminées ainsi que le nom de la ou des personnes responsables de sa réalisation, par exemple :

TÂCHE À RÉALISER	ÉCHÉANCE	PERSONNE RESPONSABLE
Immatriculation de la raison sociale de l'entreprise	4 avril 20X1	Jean-Paul
Aménagement des locaux	30 avril 20X1	Marie
Ouverture de l'entreprise	1er août 20X1	Tous

Il est possible que surviennent quelques problèmes à la phase de prédémarrage de l'entreprise. Ces problèmes arrivent généralement avant l'ouverture des portes de l'entreprise et peuvent retarder le démarrage de celle-ci. Ces problèmes peuvent être reliés aux différentes fonctions de l'entreprise, soit la mise en marché, la finance, les opérations, les ressources humaines ou, encore, la gestion en général.

La mise en marché de votre projet pourrait être retardée si vous n'avez pas pris la peine de bien définir le marché et d'effectuer une étude de marché. Cette lacune peut entraîner des conséquences négatives sur votre projet, puisque vous aurez mal défini votre clientèle, mal choisi votre localisation ou les médias à utiliser pour rejoindre votre clientèle, ou, tout simplement, mal évalué vos ventes.

En ce qui concerne le financement, le problème classique est le délai nécessaire à son obtention ou l'impossibilité de l'obtenir. Les opérations peuvent également causer des problèmes au prédémarrage si le développement de votre produit prend du retard, ou s'il est impossible d'utiliser une nouvelle technologie ne vous appartenant pas ou si vous avez de la difficulté à obtenir la technologie même. Il se peut que des délais dans l'obtention d'une protection intellectuelle, un brevet par exemple, retardent le démarrage de votre entreprise. Enfin, vous pourriez avoir de la difficulté à attirer des employés compétents.

En ce qui a trait à la gestion, la paperasserie administrative et les délais qui s'y rattachent, notamment dans l'obtention des permis nécessaires à l'exploitation de votre entreprise, pourraient aussi retarder le démarrage de l'entreprise.

Il importe de bien cerner les retards possibles. Dans plusieurs secteurs d'activité, le moment du démarrage de l'entreprise est primordial à son succès ; par exemple, un centre de ski se doit de démarrer juste avant l'hiver… pas au printemps ; l'ouverture d'un commerce au détail doit préférablement se faire à l'automne pour profiter de la rentrée scolaire, de l'Halloween et de la période des fêtes ; la mise en fabrication d'un produit estival se fera à l'automne ou à l'hiver pour répondre aux commandes passées plusieurs mois à l'avance ; etc.

Démarrer l'entreprise trop tôt ou trop tard peut avoir un impact considérable sur le moment où elle atteindra le seuil de rentabilité, et il faut alors parfois engager des sommes d'argent importantes pour en assurer la survie entre le démarrage et la rentabilisation.

À VOTRE TOUR !

 Relevez les étapes qui pourraient s'avérer problématiques et discutez de leur impact sur la réalisation du projet.

11.2 L'obtention des permis et le respect des lois et règlements

Dans votre échéancier de réalisation de projet, vous devez inclure une étape qui sera consacrée à l'obtention des permis nécessaires au démarrage et aux opérations. On doit aussi y retrouver l'échéancier des démarches à entreprendre afin de respecter les lois et les règlements s'appliquant à l'entreprise. Dans les chapitres précédents, nous avons discuté de certains de ces éléments. Il importe de refaire le tour de la question et d'évaluer les coûts associés à tous ces permis.

Il y a une question dont nous n'avons pas encore discuté, soit les taxes de vente fédérale et provinciale (la TPS et la TVQ). Sachez qu'une entreprise, quelle que soit sa forme juridique, n'est pas tenue de s'inscrire à la TPS ni à la TVQ tant et aussi longtemps qu'elle n'atteint pas un chiffre d'affaires de 30 000 $ sur une période de 12 mois consécutifs. Une fois ce montant atteint, il est obligatoire de s'inscrire aux deux formes de taxes et d'y demeurer inscrit jusqu'à la cessation des activités de l'entreprise (www.revenu.gouv.qc.ca et cliquez sur l'onglet « entreprise »). Toutefois, il peut être préférable de vous y inscrire pour des raisons de crédibilité face à votre clientèle : lorsque vous y êtes inscrit, vous donnez à vos clients l'impression que vous avez un chiffre d'affaires d'au moins 30 000 $ par année !

Si vous choisissez de ne pas vous inscrire à la TPS et à la TVQ lors du démarrage de votre entreprise, les montants que vous paierez en taxes sur vos achats seront inclus dans les dépenses de l'entreprise. Mais vous ne devez pas facturer ces taxes à vos clients. Si, au contraire, vous choisissez de vous inscrire, vous devez facturer ces taxes à vos clients et déduire de vos dépenses les montants que vous aurez vous-même payés. Chaque trimestre ou chaque mois, selon les montants en cause, vous devez retourner au gouvernement l'excédent entre les taxes que vous aurez perçues et celles que vous aurez payées. Le gouvernement vous remboursera si vous avez payé plus de taxes que vous n'en avez perçu.

En matière de lois et de règlements, les principaux éléments à respecter sont les suivants :

- permis d'affaires municipal ;

- inscription en tant qu'employeur aux diverses instances telles que la Commission des normes du travail, la Commission de la santé et de la sécurité du travail, etc. (voir chapitre 9) ;

- inscription de l'entreprise dans les registres gouvernementaux (voir le choix de la forme juridique dans le chapitre 2) ;

- respect des normes environnementales (voir chapitre 8) ;

- inscription à la TPS et à la TVQ ;

- lois et règlements particuliers au secteur d'activité (voir chapitre 2) ;

- etc.

À VOTRE TOUR !

 Incluez l'obtention des permis et les inscriptions diverses à votre échéancier de réalisation.

11.3 Le plan de gestion des risques et les solutions de rechange

La préparation d'un plan d'affaires repose sur un ensemble d'hypothèses formulées par le promoteur. La formulation de ces hypothèses n'est pas exempte de risques. Par ailleurs, le risque est une notion que les financiers n'aiment pas beaucoup. Il est important que votre plan d'affaires soit sans surprise, mais il serait naïf de croire qu'il ne comporte aucun risque. Mieux vaut prévoir les risques potentiels afin d'envisager des plans d'action pour les éviter ou des plans de rechange s'ils se présentent.

Une fois votre entreprise en exploitation, plusieurs problèmes peuvent survenir. Ces problèmes peuvent être reliés aux différentes fonctions de l'entreprise et à la gestion en général.

Comme nous l'avons mentionné un peu plus haut, les problèmes les plus courants relatifs à la mise en marché sont la difficulté de trouver de nouveaux clients et d'atteindre les objectifs de part de marché. L'atteinte des objectifs de vente ou d'un niveau de vente suffisant pour assurer la rentabilité de l'entreprise ainsi qu'un emplacement mal choisi sont d'autres problèmes potentiels. Ces problèmes peuvent être causés par une mauvaise planification de votre part ou encore par une réaction vive de la part des concurrents.

Par ailleurs, il est possible que le financement de départ ait été mal évalué ou que vous manquiez de fonds pour faire face à vos obligations. Il se peut également que votre système de gestion financière (comptabilité) soit inadéquat pour votre entreprise. Dans le domaine des opérations, vous pourriez avoir de la difficulté à en arriver à une qualité adéquate, vous pourriez manquer de stocks ou en avoir trop, ou avoir de la difficulté à contrôler le stock requis, soit les entrées et les sorties de biens, de matières premières ou de fournitures.

Enfin, il est aussi possible que vos objectifs soient irréalistes, que vous ne puissiez atteindre le niveau de profit ou de rendement escompté ; que vous n'arriviez pas à produire ce que vous aviez prévu, à vendre autant que vous ne l'aviez espéré, au prix que vous aviez déterminé.

Toutefois, soyez sans crainte : il serait très surprenant que vous éprouviez tous ces problèmes en même temps. De plus, si ces problèmes étaient insurmontables, il n'y aurait plus d'entreprises nulle part dans le monde. Nous avons dit en introduction que l'un des objectifs du plan d'affaires était de vous permettre de réfléchir à tout ce qui pourrait aller mal et de prévoir une ou des façons de vous en sortir. Généralement, si vous prévoyez plusieurs scénarios (de très optimistes et de très pessimistes), vous serez en mesure de surmonter ces problèmes de démarrage rapidement, puisque vous aurez réfléchi à l'avance aux solutions possibles.

À VOTRE TOUR !

 Relevez les risques potentiels (retard sur les échéanciers, difficultés de trouver du financement, excédents des coûts, difficultés de pénétration du marché, hausse des taux d'intérêt, inflation plus grande que prévu, prix trop élevés, etc.).

 Énumérez les moyens pour les éviter et, s'ils ne peuvent l'être, élaborez les plans de rechange.

11.4 Le sommaire des coûts liés au respect des lois et des règlements, et à la gestion des risques

Au démarrage, il faut avoir payé tous les permis nécessaires à l'exploitation de votre entreprise. Vous devez aussi avoir réglé les honoraires professionnels des experts-conseils qui vous auront guidé dans les questions juridiques. En ce qui a trait à la gestion des risques, vous devez évaluer quels pourraient être les coûts d'implantation des options envisagées.

La majorité des permis doivent être renouvelés annuellement et, selon la forme juridique choisie pour votre entreprise, vous aurez à remettre des rapports aux diverses instances gouvernementales. Ces rapports sont généralement assujettis à des frais de traitement des données. Tout cela constitue des frais fixes. Quant aux frais variables, ils sont à peu près inexistants en ce qui concerne les questions juridiques et la gestion des risques.

À VOTRE TOUR !

 Faites le sommaire des coûts reliés au plan de gestion des risques et à la mise en œuvre de l'échéancier de réalisation.

Enfin, une fois cette section rédigée, mettez en annexe du plan d'affaires tous les documents pouvant attester vos dires et influencer favorablement le lecteur.

11 Le calendrier de réalisation, le plan de gestion des risques et les solutions de rechange

11.1 Le calendrier de réalisation

Afin de démarrer mon entreprise comme prévu le 5 mai 2006, je me suis donné un échéancier que je considère réaliste. En voici les grandes étapes :

DATE	ÉTAPE
De janvier à mars 2006	Acquisition des livres
Janvier 2006	Achat de l'ordinateur et programmation du système de gestion des stocks
Mars 2006	Familiarisation avec le logiciel
Mars 2006	Recherche d'un local
Avril 2006	Aménagement physique du local
Avril 2006	Mise en place de la campagne publicitaire
Avril 2006	Entrée des données dans le système de gestion des stocks
Avril 2006	Derniers aménagements et disposition des stocks

Deux éléments pourraient s'avérer problématiques dans la réalisation de cet échéancier selon les délais impartis. Je ne devrais pas avoir de problème à trouver un local approprié dans le secteur voulu, plusieurs locaux étant libres au centre-ville de Trois-Rivières. Le premier problème serait plutôt le coût au pied carré. Nous sommes dans un centre-ville, ne l'oublions pas.

Le second problème possible est lié à la recherche et à l'achat de livres d'occasion afin d'atteindre l'objectif de 10 000 livres en stock au démarrage, et ce, au coût d'achat prévu. Si je ne peux recueillir suffisamment de livres en respectant mon budget de 22 500 $, le concept devra être modifié ou tout simplement abandonné.

213

Plan d'affaires *V*iens *B*ouquiner

11.2 L'obtention des permis et le respect des lois et règlements

Afin de démarrer mon entreprise, je devrai immatriculer sa raison sociale (35 $) et obtenir un permis d'affaires de la Ville de Trois-Rivières (75 $). Enfin, comme je pense avoir un chiffre d'affaires supérieur à 30 000 $ et que je désire recevoir un retour de taxes sur mes dépenses admissibles au démarrage, je vais inscrire la boutique **Viens bouquiner** à la TPS et à la TVQ. Je m'inscrirai comme employeur seulement au moment où j'engagerai du personnel.

Janvier 2006	Immatriculation de la raison sociale de l'entreprise
Mars 2006	Obtention d'un permis d'affaires
Avril 2006	Inscription à la TPS et à la TVQ

11.3 Le plan de gestion des risques et les solutions de rechange

Un projet de création d'entreprise comporte toujours des risques. Voici une liste des risques potentiels que j'entrevois pour mon projet :

• difficulté à trouver du financement ;

• retard dans les échéanciers ;

• difficulté à trouver un local ;

• difficulté à trouver des livres d'occasion à acheter ;

• coûts supplémentaires inattendus ;

• difficulté à atteindre les clientèles et ainsi à pénétrer le marché.

Les moyens mis en œuvre pour éviter ces risques sont nombreux. Tout d'abord, il convient de bien se préparer et d'avoir un plan d'affaires complet. Ensuite, pour respecter l'échéancier, je me suis accordé de bons délais pour chaque étape. Pour contrer les coûts supplémentaires inattendus, j'ai ajouté 1 % des ventes aux dépenses pour les imprévus.

Pour ce qui est des plans de rechange, notons que, si les établissements financiers traditionnels ne veulent pas me prêter les capitaux nécessaires, mon père se portera garant de l'emprunt. De plus, j'irai rencontrer différents organismes pour trouver d'autres formes de capitaux. Si un retard persiste dans le calendrier de réalisation, dans l'obtention de livres à revendre ou dans le choix d'un local approprié, on peut repousser l'ouverture jusqu'au mois de septembre. Par ailleurs, si j'ai de la difficulté à pénétrer le marché, j'envisagerai une campagne publicitaire plus importante ou des prix plus bas.

11.4 Le sommaire des coûts liés au respect des lois et des règlements, et à la gestion des risques

En matière de lois et de règlements à respecter, les coûts se résument à l'obtention d'un permis d'affaires (75 $) et à l'immatriculation de la raison sociale de l'entreprise (35 $), laquelle est renouvelable toutes les années à ce même coût. Ajoutons à ceci un pourcentage de 1 % des ventes afin de parer aux imprévus.

● LES APPLICATIONS PROPRES À VOTRE PROJET ●

ÉLÉMENTS DE CONTENU DU PLAN D'AFFAIRES	CET ÉLÉMENT S'APPLIQUE-T-IL À VOTRE PROJET?	DATE D'ÉCHÉANCE POUR CETTE ÉTAPE	SOURCES D'INFORMATION À UTILISER
Étapes à franchir pour démarrer l'entreprise			
Échéancier de chacune des étapes à franchir			
Identification des étapes problématiques			
Inscription à la TPS et à la TVQ			
Obtention des permis nécessaires			
Identification des risques potentiels			
Plans de rechange			
Sommaires des coûts de démarrage			
Sommaire des coûts fixes			
Sommaire des coûts variables			

12 ⟩ Les ressources financières

Ferez-vous de l'argent avec cette entreprise-là ?

Le plan des ressources financières a pour objet de démontrer, à la lumière des éléments contenus dans les divers plans, la viabilité financière du projet d'entreprise et de déterminer les besoins de fonds dans le temps. Les plans financiers doivent être préparés pour trois scénarios, soit les scénarios optimiste, réaliste et pessimiste. Dans le premier, vous imaginez que l'entreprise ira aussi bien que possible, même mieux. Dans le deuxième, vous répondez aux résultats de votre étude de marché. Dans le troisième, tout ce qui peut aller mal va aller mal.

Le plan financier doit vous convaincre, vous le promoteur, que votre projet est rentable. Ensuite, il doit persuader les créanciers éventuels que votre entreprise est à même de rembourser ses dettes et de remplir ses promesses de rentabilité. Il permet aussi aux investisseurs de voir, chiffres à l'appui, tout le potentiel commercial de votre projet. Enfin, il présente de façon formelle vos demandes financières aux investisseurs, de même que les garanties que votre projet ou vous-même pouvez leur offrir.

Dans le corps du texte de votre plan d'affaires, vous devez présenter les principales hypothèses soutenant vos prévisions financières et les conclusions que vous en tirerez quant à la rentabilité de votre projet. Trois scénarios complets de prévisions financières sont présentés en annexe.

Pour vous aider dans la préparation de vos prévisions financières, nous vous suggérons les volumes suivants :

✓ Laroche, D.-C., et collaborateurs. *Le gestionnaire et les états financiers*, 4e édition, Les Éditions du Renouveau Pédagogique Inc. (ERPI), Saint-Laurent, 2004.

✓ Fortin, R. *Comment gérer son fonds de roulement*, Les Éditions Transcontinental et les Éditions de la Fondation de l'entrepreneurship, Montréal, 1995. (Collection Entreprendre)

À la fin de ce volume, nous avons ajouté un petit lexique des termes financiers qui sont utilisés dans ce chapitre.

12.1 Le bilan et les besoins financiers personnels

La présentation de votre bilan personnel vous permettra, ainsi qu'aux lecteurs éventuels de votre plan d'affaires, de déterminer la mise de fonds que vous êtes en mesure d'investir dans votre projet. Ce bilan personnel présente la liste des biens que vous possédez, à leur valeur marchande (prix que vous obtiendriez si vous vendiez le bien), et les sommes d'argent dont vous disposez. Il fait aussi état du solde de toutes dettes que vous pourriez avoir en regard de ces biens (hypothèques, emprunt automobile, cartes de crédit, etc.).

La différence entre la somme de vos dettes et la valeur de vos biens et de votre argent représente votre valeur nette, ce que vous pourrez investir dans le projet. (Le bilan et les besoins financiers personnels de l'exemple de la boutique **Viens bouquiner** ont été présentés au chapitre 3.)

Évaluer vos besoins financiers personnels vous permettra de calculer le « salaire » que devra vous rapporter l'entreprise afin de faire face à vos obligations financières telles que le loyer, vos versements sur emprunt, la garderie, l'alimentation, etc. Vous pouvez faire cette évaluation sur une base mensuelle ou annuelle. Il vous faut cependant tenir compte du fait que le démarrage de votre entreprise peut être difficile et vous imposer des sacrifices au cours des premières années.

À VOTRE TOUR !

 Préparez le bilan et les besoins financiers personnels de chacun des membres de l'équipe entrepreneuriale, du ou des propriétaires de l'entreprise ; ajoutez-les, en annexe, à la suite des curriculum vitæ de chacun.

12.2 La préparation des états financiers prévisionnels

Les états financiers prévisionnels comprennent le bilan d'ouverture (coût et financement du projet), l'état des résultats (revenus et dépenses), les mouvements de trésorerie (budget de caisse) et les bilans de fin d'année.

La préparation des états financiers prévisionnels peut être assez complexe et nous vous suggérons fortement de vous faire conseiller. Vous pouvez avoir recours à un comptable qui les fera pour vous avec les renseignements que vous lui fournirez. L'important est de fournir à votre comptable toute l'information dont il aura besoin et, surtout, de lui fournir les bons chiffres, sinon vous obtiendrez des prévisions financières qui ne reposeront sur rien de réel.

Vous pourrez aussi consulter un représentant d'un organisme de développement économique qui pourra vous soutenir et vous guider dans la préparation de vos prévisions financières, et vous faire connaître les programmes gouvernementaux d'aide technique et financière pouvant s'appliquer à votre projet. Ce dernier pourra vous diriger non seulement vers les sources de financement les mieux adaptées à votre projet, mais aussi vers d'autres organismes pouvant vous soutenir dans la réalisation des étapes techniques de votre projet, par exemple le développement d'un prototype, la recherche et l'obtention d'une propriété intellectuelle ou une recherche ciblée d'information dans une banque de données.

La personne responsable du crédit commercial de votre établissement financier pourra aussi vous fournir de bons conseils financiers, de même que votre parrain ou votre marraine d'affaires pourra vous ouvrir des portes auprès de bailleurs de fonds faisant partie de son réseau d'affaires.

À partir de maintenant, vous aurez à vous promener à travers vos notes et à travers ce volume afin d'y retrouver les renseignements nécessaires. Vous devrez aussi revenir sur vos pas à plusieurs reprises. En effet, s'il y a une constante dans l'élaboration de prévisions financières, c'est que lorsque l'on change un chiffre quelque part... plusieurs autres chiffres changent aussi.

Notez que la plupart des institutions financières (banques à chartre et caisses populaires) offrent, sur leur site Internet, des formulaires à remplir (soit en ligne ou sur papier) afin de préparer vos prévisions financières. Nous vous conseillons d'utiliser les formulaires fournis par votre institution financière... le responsable du crédit commercial sera plus à l'aise avec ses propres documents ! Cependant, avant, nous vous recommandons d'effectuer vos calculs à l'aide d'un chiffrier électronique ou de la bonne vieille méthode papier, crayon... et efface. Vous pourrez ainsi « jouer » avec les chiffres, préparer divers scénario et prendre des décisions éclairées sur les possibilités financières de votre projet.

12.2.1 Les hypothèses de base

Avant de pouvoir produire les prévisions financières de votre entreprise, vous devez préparer un sommaire de toutes les hypothèses à incidences financières envisagées dans les plans précédents. Vous avez déjà en main plusieurs de ces hypothèses. La première étant naturellement la très importante hypothèse portant sur le chiffre d'affaires potentiel. Référez-vous aux sections « sommaire des coûts » dans les chapitres précédents et séparez ces coûts selon leur nature : coûts de démarrage, coûts fixes ou coûts variables.

À VOTRE TOUR !

 Faites la liste des hypothèses à incidences financières.

Certains éléments de vos hypothèses ne vous sont pas encore connus, par exemple le montant d'argent que vous allez emprunter, les intérêts et le montant du versement sur cet emprunt. Ces renseignements viendront s'ajouter au fur et à mesure que vous avancerez dans vos prévisions financières.

12.2.2 Le bilan d'ouverture ou les coûts et le financement du projet

Le bilan d'ouverture (coûts et financement du projet) présente, d'une part, tous les biens, les stocks et l'argent dont vous avez besoin pour démarrer votre entreprise, par exemple une bâtisse, un système informatique, les matières premières ou les biens à revendre, etc. Il comprend aussi toutes les sommes que vous avez à dépenser avant d'ouvrir les portes de l'entreprise, par exemple les frais juridiques, les honoraires professionnels, les frais de recherche et développement, la publicité prédémarrage, etc.

D'autre part, le bilan d'ouverture décrit la façon dont vous comptez financer ces biens, ces stocks et cet argent. Outre votre mise de fonds, soit l'argent que vos associés et vous investirez, vous devez y indiquer les montants à emprunter ou le capital supplémentaire requis.

Lorsqu'on parle de capital supplémentaire, il s'agit d'une offre de votre part à des personnes qui désirent acheter des actions ou des parts dans votre projet d'entreprise. La principale différence entre un investissement en capital et un emprunt est que vous devez rembourser ce dernier sous forme de versements réguliers. Les investisseurs en capital sont, quant à eux, souvent prêts à attendre plusieurs années, jusqu'à ce que l'entreprise fasse des profits intéressants, avant de se faire rembourser leur investissement. En attendant ce jour, vous leur versez des dividendes si, et seulement si, l'entreprise fait des profits. Il est à remarquer qu'ils sont propriétaires de l'entreprise au même titre que vous.

En ce qui concerne les formes de financement disponibles pour les entrepreneurs, il y a essentiellement le financement conventionnel offert par les banques à charte et les caisses populaires (prêt à terme, hypothèque et marge de crédit), le financement de risque offert par les sociétés spécialisées en ce domaine (capital ou prêt), les garanties de prêts et les services techniques offerts par les divers ordres de gouvernement et, dans certains cas, les subventions. Voyons brièvement ces différentes formes de financement.

12.2.2.1 Le financement conventionnel

Les banques à charte et les caisses populaires offrent aux entrepreneurs la possibilité de financer leur projet avec des prêts adaptés aux différents biens à financer. Ainsi, elles peuvent financer une bâtisse moyennant une hypothèque, de l'équipement ou de l'outillage moyennant un prêt à terme et des stocks moyennant une marge de crédit. Il faut cependant se souvenir que le terme du prêt (le nombre d'années sur lesquelles sera remboursé le prêt) doit être égal ou inférieur à la durée de vie du bien. Ainsi, une bâtisse peut se financer sur 25 ans, mais pas un coffre d'outils ; il est naturellement peu sensé de payer un bien qui n'est plus utilisable.

Les établissements financiers prendront en garantie le bien qu'ils financent afin de diminuer le risque de perdre leur argent ; vous comprendrez alors qu'il est plus facile de financer un bien durable que des stocks.

Par ailleurs, il est fort peu probable que votre établissement financier vous accorde une marge de crédit afin de financer l'achat des stocks nécessaires pour le démarrage de votre entreprise, les stocks ne constituant pas une garantie solide pour un établissement financier. L'achat des stocks est alors une partie essentielle de la mise de fonds que les promoteurs doivent investir dans leur projet. Selon vos talents de négociateur et le réalisme de votre plan d'affaires, il est cependant possible que certains fournisseurs acceptent de vous faire crédit... Voilà une autre bonne raison de faire votre plan d'affaires.

Pour l'achat de biens durables (équipement, outillage, matériel informatique), n'hésitez pas à considérer la location avec ou sans option d'achat. Cette option vous permet d'étaler, dans le temps, l'achat de ces biens mais d'en disposer dès la mise sur pied de l'entreprise. Si vous choisissez cette option, les versements de location deviennent des frais fixes pour l'entreprise. Plusieurs fournisseurs d'équipement industriel et de matériel spécialisé offrent cette option à leur clientèle. Des firmes privées de financement sous la forme de « location achat » offrent aussi cette option.

Enfin, au démarrage de votre entreprise, vous devez avoir accès à suffisamment d'argent liquide pour faire face aux obligations financières de votre entreprise durant ses premiers mois d'activité, soit jusqu'au moment où votre entreprise fera assez de ventes pour payer ses frais et ses dettes. On donne à cette somme d'argent le nom de « liquidités », et celles-ci ne sont généralement pas financées par les établissements financiers. Les liquidités nécessaires sont aussi une partie essentielle de la mise de fonds des promoteurs.

Si vous n'avez pas suffisamment d'argent pour démarrer votre entreprise après avoir épuisé votre mise de fonds personnelle, celle de vos associés de même que toutes les possibilités de financement conventionnel, vous pouvez tenter d'obtenir du financement de risque ou du financement gouvernemental.

12.2.2.2 Le financement de risque

Vous pouvez avoir recours à du financement de risque (prêts ou capital), notamment auprès de sociétés spécialisées comme les sociétés d'aide au développement des collectivités et les centres d'aide aux entreprises qui y sont souvent associés, de même qu'auprès de sociétés privées ou publiques de capital de risque. Il existe aussi plusieurs fonds locaux ou initiatives locales s'appliquant particulièrement à votre région.

Pour en savoir plus sur ces possibilités de financement de risque, nous vous conseillons de recourir aux services du Centre local de développement de votre région. Ces sociétés ou fonds de capital de risque pourront investir dans votre entreprise de deux façons : soit en devenant propriétaires de votre projet avec vous grâce à l'achat d'un certain pourcentage d'actions de votre entreprise, soit en vous prêtant, à terme, les sommes nécessaires. Notez que ces sociétés investissent généralement dans des entreprises très innovatrices, qui veulent développer ou commercialiser de nouvelles technologies issues de la recherche scientifique.

12.2.2.3 *Le financement gouvernemental*

Les divers ordres de gouvernement offrent plusieurs possibilités de financement. Il existe tellement de programmes d'aide financière et technique qu'en faire la nomenclature est quasi impossible. Comme nous l'avons mentionné au chapitre 1, ces programmes sont décrits sur les sites Internet des gouvernements, dans des volumes ou des cédéroms que vous pouvez trouver dans les bibliothèques des établissements d'enseignement supérieur.

Pour vous faciliter la tâche, nous ne pouvons que vous conseiller, encore une fois, de recourir aux services de la corporation de développement économique de votre région et de consulter le portail « entreprise » des gouvernements québécois et canadien. Cependant, comme nous l'avons déjà mentionné, ces programmes gouvernementaux interviennent généralement après que vous avez investi dans votre projet, en complément de votre mise de fonds et du financement conventionnel.

À VOTRE TOUR !

 Présentez le bilan d'ouverture de l'entreprise.

Vous devez vous demander quoi faire avec les taxes de vente et les impôts dans vos prévisions financières. Si vous n'êtes pas inscrit à la TPS ni à la TVQ, indiquez simplement le coût d'achat et le montant des dépenses, en y incluant le total des taxes. Si vous y êtes inscrit, vous devez alors prévoir, dans les prochains états financiers prévisionnels, que les taxes que vous percevrez de vos clients (moins celles que vous débourserez dans vos dépenses) devront être remises au gouvernement à intervalles réguliers. Cet argent ne vous appartient pas et ne comptez pas sur lui pour arrondir vos fins de mois.

En ce qui a trait aux impôts ou charges fiscales, votre comptable pourra vous indiquer à quel pourcentage de vos profits vous pouvez estimer le montant d'impôt à remettre aux deux ordres de gouvernement, à la fin de l'année ou tous les trois mois selon le montant en cause (ce que l'on nomme les acomptes provisionnels). N'oubliez pas les impôts fonciers (taxes municipales) ni toutes les autres taxes dans vos prévisions financières.

12.2.3 L'état des résultats prévisionnels

L'état des résultats prévisionnels (ou état des revenus et dépenses) présente, sur une base annuelle ou mensuelle, les revenus (chiffre d'affaires) que fera votre entreprise, de même que les dépenses qu'elle aura engagées durant cette même période. Le principe en est très simple : les revenus moins les dépenses égalent le profit (ou la perte).

Pour préparer l'état des résultats prévisionnels, vous devez revenir à l'information contenue dans votre étude de marché afin d'évaluer, de la façon la plus réaliste possible, les ventes potentielles de votre entreprise. Vous devez aussi vous attendre à ce que les bailleurs de fonds jugent avec sévérité vos prévisions de revenus et de dépenses : c'est là une des raisons pour lesquelles vous devez préparer trois scénarios pour vos prévisions.

En effet, les bailleurs de fonds auront tendance à augmenter les dépenses et à diminuer les revenus que vous aurez prévus dans votre projet. Cela fait partie de leur travail d'évaluation. Ils savent bien que la majorité des entrepreneurs oublient bien des dépenses et surévaluent les revenus soit par manque d'expérience dans le secteur d'activité et en affaires, soit par manque d'expérience en finance.

À VOTRE TOUR !

 Dans le corps du texte du plan d'affaires, indiquez au lecteur le chiffre d'affaires pour chaque année de la période couverte, de même que le moment où l'entreprise atteindra la rentabilité (fera des profits).

 Présentez, en annexe, l'état des résultats prévisionnels, pour une période allant de trois à cinq ans, selon la nature et la rentabilité du projet. Cet état est monté par mois pour la première année, par trimestre pour la seconde et par année par la suite. Si la profitabilité est longue à atteindre, il peut être important de présenter l'état des résultats prévisionnels par mois, jusqu'à la période où l'on atteint la profitabilité.

12.2.4 Le budget de caisse

Le budget de caisse, ou mouvements de trésorerie, diffère de l'état des résultats prévisionnels du fait qu'il rend compte des entrées et des sorties de fonds plutôt que des revenus et des dépenses. Par exemple, si vous faites une vente au comptant, il s'agit d'un revenu et d'une entrée de fonds ; par ailleurs, si vous faites une vente à crédit, il s'agit d'un revenu seulement, et l'entrée de fonds aura lieu au moment où votre client vous paiera. Il en va de même pour les dépenses payées comptant et celles pour lesquelles on vous fera crédit.

L'état financier prévisionnel est important, puisqu'il vous permet d'évaluer la somme d'argent dont vous avez besoin au démarrage de l'entreprise afin de faire face à vos obligations financières, et ce, jusqu'au moment où votre entreprise fera suffisamment de ventes pour soutenir ces dites obligations. Il vous aide aussi à déterminer le moment où vous pourrez vous permettre de retirer un « salaire » de votre entreprise.

Le calcul des mouvements de trésorerie vous permet de savoir combien d'argent il restera dans votre compte d'entreprise, et ce, mensuellement. Il sert aussi à déterminer, à l'avance, le ou les moments de l'année où vous pourriez avoir besoin de fonds supplémentaires. Avec cette information, vous pouvez alors négocier immédiatement une marge de crédit ou un prêt à terme pour faire face à ces diminutions de fonds prévues, lesquelles doivent faire partie de votre plan de démarrage ou de développement. Il vous permet aussi de préparer vos bilans prévisionnels de fin d'année.

À VOTRE TOUR !

Décrivez brièvement dans le corps du texte du plan d'affaires les variations prévues de trésorerie. Présentez, en annexe, les mouvements de trésorerie pour la même période que l'état des résultats prévisionnels, et ce, par mois, jusqu'à ce que vous ayez une encaisse positive.

12.2.5 Les bilans prévisionnels

Un bilan, c'est un état de la situation financière d'une entreprise à un moment donné. À la fin de chaque exercice financier (année financière), vous devez dresser un tel portrait. Il vous indique combien d'argent il vous reste, la valeur de votre équipement, ce qu'il vous reste en stock et combien vous doivent vos clients. Il vous indique aussi combien d'argent vous devez sur vos emprunts ou à vos fournisseurs, de même que la valeur de votre entreprise (votre investissement de départ plus les profits ou moins les pertes).

À VOTRE TOUR !

Dans le corps du texte, décrivez brièvement vos bilans. Présentez, en annexe, les bilans prévisionnels, par année, pour la même période que les autres états prévisionnels (de trois à cinq ans).

12.3 L'analyse financière

Cette section du plan d'affaires vous permet de prévoir le moment précis où votre entreprise ne fera ni profit ni perte (le point mort ou seuil de rentabilité). Elle sert aussi à comparer les performances financières prévisionnelles de votre entreprise, comme le ratio de retour sur votre investissement, avec celles des entreprises du même secteur d'activité.

Vous pouvez trouver ces ratios dans divers documents, notamment dans les statistiques financières publiées par Statistique Canada (Profils des petites entreprises auxquels nous avons déjà fait référence), par l'Institut de la statistique du Québec, par les institutions financières ou par des firmes privées tel Dunn & Bradstreet (www.dnb.com). Vous trouverez ces documents dans les bibliothèques des établissements d'enseignement supérieur, à votre succursale bancaire ou dans Internet.

12.3.1 Le seuil de rentabilité (ou point mort)

Le seuil de rentabilité indique le moment où votre entreprise ne fera ni profit ni perte. Il se calcule habituellement pour la première année d'exploitation ou jusqu'à ce que l'entreprise devienne rentable. Dans le cas de la majorité des services, prenez note que la marge bénéficiaire est généralement de 100 %, puisqu'aucun coût direct n'est associé à sa prestation. Le seuil de rentabilité est alors égal au total des frais fixes.

Tout comme les mouvements de trésorerie, le seuil de rentabilité peut vous aider à déterminer le montant d'argent qu'il vous faut au démarrage afin de faire face aux obligations financières de votre entreprise. Il vous permet aussi de jouer avec des hypothèses de rentabilité. Par exemple : que se passerait-il si j'augmentais ma marge bénéficiaire brute de 1 % ? que se passerait-il si je diminuais mes frais fixes de 1 000 $?

Pour établir le seuil de rentabilité de votre entreprise, vous divisez simplement le total de vos frais fixes par votre marge bénéficiaire brute en pourcentage. Par exemple : 20 000 $ (frais fixes) divisés par 33 et multipliés par 100 (ou par 0,33) = 60 606 $ (si la marge bénéficiaire brute est de 33 %). Si vous pouviez payer moins cher vos matières premières ou vos biens à revendre et augmenter votre marge bénéficiaire brute à 35 %, votre seuil de rentabilité s'établirait alors à : 20 000 $ divisés par 35 % = 57 142 $, soit moins de ventes pour faire ni profit ni perte et des profits faits plus rapidement une fois dépassé ce montant de 57 142 $.

Pour calculer le seuil de rentabilité de votre entreprise, vous avez donc besoin de deux renseignements importants : votre marge bénéficiaire brute et le total des frais fixes de votre entreprise. Nous avons déjà discuté de ces éléments au point 1.4 du chapitre 1.

À VOTRE TOUR !

 Calculez et présentez le (seuil de rentabilité) point mort.

12.3.2 Les ratios financiers

Le calcul des ratios financiers vous permet d'évaluer la santé financière de votre entreprise. Les bailleurs de fonds calculeront ces ratios si vous ne les leur fournissez pas. Ils examineront surtout les ratios reliés à la liquidité de l'entreprise, à son équilibre financier, à ses opérations et à sa rentabilité. Si les données sont disponibles, ils examineront ces ratios par rapport à ceux des entreprises du même secteur d'activité afin de voir si vous vous comparez avantageusement avec celles-ci.

Pour calculer les principaux ratios financiers, vous devez avoir terminé vos prévisions financières, puisque les renseignements contenus dans les bilans de fin d'année et les états des résultats serviront de base pour obtenir les données nécessaires. Les principaux ratios à présenter sont les suivants :

$$\text{Ratio de liquidité} = \frac{\text{actif à court terme}}{\text{passif à court terme}}$$

Le ratio de liquidité indique si l'entreprise a suffisamment de fonds (liquidités) pour payer ses dettes à court terme. Ainsi, un ratio de 1 indique que l'entreprise a une valeur de 1 $ d'éléments d'actif à court terme (encaisse, stocks et comptes clients) pour chaque dollar de dettes à court terme (marge de crédit, comptes fournisseurs, portion de la dette à long terme due dans les 12 prochains mois).

Ratio de liquidité immédiate = $\dfrac{\text{actif à court terme - stocks}}{\text{passif à court terme}}$

Pour calculer le ratio de liquidité immédiate, on enlève les stocks du total de l'actif à court terme afin de simuler la situation où l'entreprise devrait payer toutes ses dettes à court terme sans avoir l'occasion de vendre ses stocks. Encore ici, un ratio de 1 indique que l'entreprise a 1 $ en argent ou en comptes clients pour payer chaque dollar de dettes à court terme.

Ratio d'endettement = $\dfrac{\text{passif à court terme + passif à long terme}}{\text{total de l'actif}}$

Ce ratio permet de déterminer la portion de l'entreprise financée par la dette ; bref, il s'agit de la partie qui appartient aux créanciers par les garanties. Il faut être prudent avec ce ratio, puisque les toutes jeunes entreprises sont souvent plus endettées que les plus vieilles.

Marge bénéficiaire brute = $\dfrac{\text{bénéfice brut}}{\text{ventes}}$

La marge bénéficiaire brute indique le montant d'argent ou le pourcentage des ventes dont l'entreprise dispose pour payer ses dépenses autres que le coût des marchandises vendues.

Marge bénéficiaire nette = $\dfrac{\text{bénéfice net}}{\text{ventes}}$

La marge bénéficiaire nette indique le montant d'argent ou le pourcentage des ventes qui représente le profit avant impôt de l'entreprise.

Ratio de rotation des stocks = $\dfrac{\text{coût des marchandises vendues}}{\text{stocks de la fin}}$

Le ratio de rotation des stocks indique le nombre de fois, par année, où les stocks ont été renouvelés. Selon le secteur d'activité, ce ratio peut varier énormément. Par exemple, dans la restauration, il est probablement autour de 50, alors que chez les concessionnaires d'automobiles, il peut être aussi bas que 3 ou 4.

$$\text{Rendement du capital investi} = \frac{\text{bénéfice net}}{\text{actif total}}$$

Ce ratio indique le pourcentage de rendement de l'actif total. Il permet de déterminer si les biens possédés par l'entreprise, les stocks et les liquidités sont utilisés à leur maximum et rapportent suffisamment pour satisfaire le ou les propriétaires.

$$\text{Retour sur investissement} = \frac{\text{bénéfice net}}{\text{avoir du propriétaire}}$$

Ce ratio indique le rendement des sommes qui ont été investies dans l'entreprise par les promoteurs. On compare quelquefois ce ratio avec les taux d'intérêt offerts par les institutions financières pour des placements à terme. Par exemple, si votre argent, à la banque ou à la caisse, vous rapportait 5 % et que votre entreprise pouvait vous en rapporter 10 %, vous feriez une bonne affaire.

À VOTRE TOUR !

Présentez les ratios financiers et comparez-les avec ceux de votre secteur d'activité, s'il y a lieu.

12.4 La recherche de financement

L'entreprise qui recherche du financement doit s'attendre à consentir une contrepartie. Si l'on a besoin de financement pour la dette, il faudra déterminer ce que l'on est prêt à consentir en garantie. Si le financement provient d'un investisseur qui désire acquérir des actions dans l'entreprise, il faudra déterminer le pourcentage de propriété que l'on veut offrir pour la somme recherchée, tout en étant conscient que ce pourcentage servira de base de négociation de la part de l'investisseur. Il est donc important de prévoir une marge de manœuvre.

D'abord, vous devez déterminer les sources de financement et les programmes d'aide auxquels vous pourriez avoir recours et vérifier votre admissibilité de même que celle de votre projet à ces programmes d'aide. Ensuite, vous devez réserver les montants d'argent requis et définir les utilisations et les biens auxquels ces montants vont s'appliquer.

Cette étape de recherche de financement peut vous amener à changer vos prévisions financières. Par exemple, si vous recevez des fonds d'un programme auquel vous ne vous attendiez pas (ce que nous vous souhaitons) ou encore si un établissement financier vous demande de diminuer vos exigences (ce qui est fort probable). Enfin, chaque fois qu'une source de financement est confirmée et que vous connaissez les conditions et les taux d'intérêt qui s'y appliqueront, vous devez remodeler vos prévisions financières en conséquence.

À VOTRE TOUR !

 Dressez la liste des sources de financement et des programmes d'aide ou de soutien technique auxquels vous pourriez avoir recours dans votre milieu.

 Déterminez le montant et la nature du financement recherché, soit le capital ou les emprunts, en indiquant l'utilisation que vous vous proposez d'en faire.

 Décrivez les contreparties offertes : garanties ou pourcentage de la propriété.

Une fois cette section rédigée, mettez en annexe au plan d'affaires tous les documents pouvant attester vos dires et influencer favorablement le lecteur.

12 Le plan des ressources financières

12.1 Les ressources financières personnelles

Comme vous pourrez le constater à la lecture de mon bilan personnel, malgré une valeur nette de 17 250 $, je suis disposée à investir une somme de 14 575 $ dans mon projet. Mes besoins financiers personnels s'élèvent à 2 000 $ par mois, après impôt. Comme je l'ai mentionné précédemment, je m'attends à retirer minimalement 35 000 $ par année afin de satisfaire ces besoins financiers personnels, et ce, à compter de la deuxième année d'activité. Pour la première année, je me contenterai de 24 000 $. Cette somme me servira aussi à payer les impôts sur les bénéfices de mon entreprise, ceux-ci étant considérés comme mes propres revenus selon la Loi sur le revenu s'appliquant à la forme juridique de l'entreprise individuelle.

12.2 La préparation des états financiers prévisionnels

Dans la préparation des états financiers prévisionnels, trois scénarios ont été inclus. Ces prévisions vous sont présentées en annexe. Dans les pages qui vont suivre, je vous rapporterai les principales conclusions, notamment celles issues des prévisions réalistes basées sur le chiffre d'affaires évalué dans l'étude du marché.

Le scénario pessimiste a été établi à partir de l'hypothèse suivante : l'entreprise ne dépasserait pas le seuil de rentabilité ; dans ce scénario, je restreins mes prélèvements (salaires) afin de maintenir la santé financière de l'entreprise.

Dans le cas du scénario optimiste, j'ai augmenté les ventes au chiffre rond le plus près ; par exemple, le montant de 94 800 $ de vente a été arrondi à 100 000 $. Dans ce scénario, j'effectue les mêmes prélèvements que dans le scénario réaliste.

En ce qui a trait au traitement des taxes provinciales et fédérales de vente, tous les montants indiqués dans les prévisions incluent ces taxes. Afin de simplifier la préparation des états financiers, je n'ai pas tenu compte des entrées et des sorties de fonds reliées aux taxes. De plus, les impôts à payer ont été inclus dans les prélèvements (salaires) que j'effectuerai.

12.2.1 Les hypothèses de base

Dans les prévisions financières, même si je sais que l'année financière des entreprises individuelles se termine le 31 décembre de chaque année, j'ai considéré 3 périodes de 12 mois, la première débutant en mai 2006. J'ai ensuite établi le coût total du projet, excluant les liquidités nécessaires au démarrage, de la façon suivante :

Frais de démarrage

Peinture du local	500 $
Installation des lampes	100 $
Décoration et brûleurs d'encens	250 $
Impression des signets	500 $
Impression et distribution des dépliants	700 $
Publicité de départ dans *Le Nouvelliste*	2 200 $
Fournitures de réparation de livres abîmés	500 $
Fournitures de bureau	500 $
Immatriculation de la raison sociale	30 $
Obtention du permis d'affaires	75 $
Taxes foncières pour les premiers mois	75 $
Premier versement d'assurances	50 $
Produits de nettoyage et d'entretien	30 $
Total des frais de démarrage	**5 510 $**
Dépôt de sécurité pour le loyer (1 250 $) et pour le téléphone (200 $)	1 450 $

Immobilisations

Enseigne extérieure	350 $
Équipements de bureau divers	1 000 $
Ordinateurs, imprimante et logiciels	5 000 $
Aménagement du local	3 000 $
Total des immobilisations	**9 350 $**
Stocks de départ	**22 500 $**
Coût total du projet	**38 810 $**

J'ai ensuite fait le sommaire des principales hypothèses qui ont servi à l'élaboration des prévisions financières :

HYPOTHÈSES	ANNÉE 1 DU 1ER MAI 2006 AU 30 AVRIL 2007	ANNÉE 2 DU 1ER MAI 2007 AU 30 AVRIL 2008	ANNÉE 3 DU 1ER MAI 2008 AU 30 AVRIL 2009
Chiffre d'affaires	94 800 $	142 200 $	189 600 $
Frais variables			
Achats (50 % des ventes)	47 400 $	71 100 $	94 800 $
Pertes (0,5 % des ventes)	474 $	711 $	948 $
Imprévus (1 % des ventes)	948 $	1 422 $	1 896 $
Pertes du premier mois (2 pour 1)	4 000 $	—	—
Dépenses fixes, excluant les frais de démarrage			
Publicité *Le Nouvelliste*	2 200 $	2 400 $	2 400 $
Publicité *L'En-tête*	960 $	960 $	960 $
Publicité *La Griffe*	448 $	448 $	448 $
Loyer (1500 pi^2 à 10 $)	15 000 $	15 000 $	15 000 $
Assurances	550 $	600 $	600 $
Entretien (produits et nettoyage)	270 $	300 $	300 $
Taxes foncières	75 $	75 $	—
Amortissement	935 $	1 683 $	1 347 $
Téléphone	600 $	600 $	600 $
Fournitures de bureau	250 $	750 $	750 $
Poste et messagerie	120 $	120 $	120 $
Fournitures pour les livres abîmés	250 $	750 $	750 $
Immatriculation	30 $	30 $	—
Frais financiers			
Frais de services bancaires	240 $	240 $	240 $
Intérêts sur emprunt	2 040 $	1 682 $	1 276 $

Plan d'affaires *Viens Bouquiner*

J'ai aussi posé comme hypothèse que j'obtiendrais un prêt de 18 235 $, sur un terme de 5 ans, à un taux d'intérêt de 12 %. Cet emprunt serait amorti de la façon suivante :

Versement mensuel : 406 $

	ANNÉE 1	ANNÉE 2	ANNÉE 3
Dépenses en intérêts	2 040 $	1 682 $	1 276 $
SOLDE À PAYER	**APRÈS 1 AN**	**APRÈS 2 ANS**	**APRÈS 3 ANS**
Solde total	15 403 $	12 213 $	8 617 $
Portion à court terme	3 190 $	3 596 $	4 052 $
Portion à long terme	12 213 $	8 617 $	4 565 $

Ensuite, afin de déterminer le fonds de roulement (liquidités) nécessaire au démarrage, j'ai estimé qu'une somme pour couvrir les frais fixes des trois premiers mois serait suffisante. Ce montant est de 9 000 $. Le prêt de 15 000 $ fait par mes parents est remboursable dans 5 ans.

12.2.2 Le bilan d'ouverture

Au stade où en sont mes démarches, le bilan d'ouverture prévu pour la boutique **Viens bouquiner** au 1er mai 2006 est le suivant :

Coût du projet		**Financement du projet**	
Liquidités nécessaires	9 000 $	Mise de fonds	14 575 $
Stocks	22 500 $	Prêt de mes parents	15 000 $
Frais de démarrage	6 960 $	Financement recherché	18 235 $
Immobilisations	9 350 $		
Coût total du projet	**47 810 $**	**Financement total**	**47 810 $**

12.2.3 L'état des résultats prévisionnels

Selon les prévisions réalistes, la boutique **Viens bouquiner** atteindra la rentabilité dès le deuxième trimestre d'activité de la première année. Les bénéfices nets d'exploitation seront, pour les trois premières années, respectivement de 12 605 $, 43 329 $ et 67 061 $.

12.2.4 *Les mouvements de trésorerie*

Pour ce qui est des mouvements de trésorerie, quoique l'encaisse passe de 9 000 $ au début à 1 218 $ à la fin de la première année, je ne prévois en aucun temps manquer de liquidités, toujours selon un scénario réaliste. La diminution de l'encaisse s'explique notamment par mes prélèvements. Le cas échéant, je restreindrai mon salaire afin de conserver une encaisse positive.

12.2.5 *Les bilans prévisionnels*

Les bilans prévisionnels accusent une diminution de l'avoir pour les deux premières années d'exploitation. Cette diminution s'explique aussi par mes prélèvements. Vous remarquerez aussi que, dès la troisième année, l'avoir a presque triplé.

12.3 L'analyse financière

12.3.1 *Le seuil de rentabilité*

Les frais fixes de l'entreprise se chiffrent à 30 321 $ pour la première année d'activité (voir en annexe l'état des résultats prévisionnels pour la première année).

Afin d'établir le seuil de rentabilité, j'ai soustrait 5 % à la marge brute estimée de 50 % afin de parer aux imprévus. Ainsi, le seuil de rentabilité de la boutique **Viens bouquiner,** pour la première année d'activité, est de 67 380 $, selon cette équation :

>Frais fixes : 30 321 $
>
>divisés par 45 % =
>
>Seuil de rentabilité : 67 380 $

Toutes choses étant égales par ailleurs, le seuil de rentabilité, calculé de la même façon, serait respectivement, pour les deuxième et troisième années d'activité, de 60 133 $ et de 59 536 $.

La diminution du seuil de rentabilité s'explique par la diminution de certains frais fixes, notamment les intérêts sur emprunt et les amortissements.

12.3.2 *L'analyse des ratios financiers*

Afin d'évaluer la santé financière présumée de l'entreprise, j'ai calculé les principaux ratios financiers.

RATIOS	AN 1	AN 2	AN 3
RATIO DE LIQUIDITÉ			
An 1 : 25 168 $ / 3 190 $	7,9 fois		
An 2 : 31 990 $ / 3 596 $		8,9 fois	
An 3 : 61 801 $ / 4 052 $			15,25 fois
RATIO DE LIQUIDITÉ IMMÉDIATE			
An 1 : 2 668 $ / 3 190 $	0,8 fois		
An 2 : 9 490 $ / 3 596 $		2,6 fois	
An 3 : 39 301 $ / 4 052 $			9,7 fois
RATIO D'ENDETTEMENT			
An 1 : 30 403 $ / 33 583 $	90,5 %		
An 2 : 27 213 $ / 38 722 $		70,3 %	
An 3 : 23 617 $ / 67 187 $			35,2 %
MARGE BÉNÉFICIAIRE BRUTE			
An 1 : 42 926 $ / 94 800 $	45,2 %		
An 2 : 70 389 $ / 142 200 $		49,5 %	
An 3 : 93 852 $ / 189 600 $			49,5 %
MARGE BÉNÉFICIAIRE NETTE			
An 1 : 12 605 $ / 94 800 $	13,3 %		
An 2 : 43 329 $ / 142 200 $		30,4 %	
An 3 : 67 061 $ / 189 600 $			35,4 %
ROTATION DES STOCKS			
An 1 : 51 874 $ / 22 500 $	2,3 fois		
An 2 : 71 811 $ / 22 500 $		3,2 fois	
An 3 : 94 800 $ / 22 500 $			4,2 fois
RENDEMENT DU CAPITAL INVESTI			
An 1 : 12 605 $ / 33 583 $	37,5 %		
An 2 : 43 329 $ / 38 722 $		111,9 %	
An 3 : 67 061 $ / 67 187 $			99,8 %
RETOUR SUR INVESTISSEMENT			
An 1 : 12 605 $ / 3 180 $	396,4 %		
An 2 : 43 329 $ / 11 509 $		376,5 %	
An 3 : 67 061 $ / 43 570 $			153,9 %

Aucun ratio publié n'existe sur les boutiques de livres d'occasion ; je n'ai donc pas pu comparer mes propres ratios avec ceux du secteur. J'ai cependant étudié mes résultats avec beaucoup d'attention et je peux en tirer les conclusions suivantes :

- Le ratio de liquidité indique que j'ai la possibilité de payer mes dettes à court terme sans difficulté. Cependant, si j'examine le ratio de liquidité immédiate, qui exclut les stocks de l'actif à court terme, la première année semble plus problématique en cas d'imprévus. Par la suite, je n'entrevois aucune difficulté.

- Le ratio d'endettement indique que ma position s'améliore d'année en année, même si 90 % des actifs appartiennent encore aux créanciers après un an d'exploitation.

Il faut cependant dire que le prêt de mes parents, qui ne diminue pas durant les premières années, donne un portrait légèrement distordu de la réalité.

- Comme il a été mentionné précédemment, la marge bénéficiaire brute calculée selon les ratios comprend la provision pour perte de 0,5 %, ce qui explique qu'elle soit de 49,5 % au lieu de 50 % pour les deuxième et troisième années d'exploitation. En ce qui a trait à la première année d'exploitation, elle inclut aussi la perte due à la promotion d'ouverture.

- La marge bénéficiaire nette augmente d'année en année. Il faut cependant dire que les impôts ne figurent pas dans cette donnée, puisque ceux-ci s'appliqueront à ce profit et que j'aurai moi-même à les payer.

- Le ratio de rotation des stocks indique que je renouvellerai complètement mes stocks deux fois la première année, trois fois la deuxième année et quatre fois la troisième année. Cela indique une nette amélioration dans les ventes.

- Le ratio de rendement du capital investi indique que les actifs de l'entreprise, avant impôt, sont bien utilisés et rapportent beaucoup plus que leur valeur.

- Le ratio de retour sur investissement indique que, si mon entreprise atteint ses objectifs, mon investissement, en argent et en temps, sera rentable ; il exclut cependant encore une fois les impôts.

Plan d'affaires *Viens Bouquiner*

12.4 La recherche de financement

Comme il a été mentionné précédemment, je suis à la recherche d'un financement à terme de 18 235 $. En garantie, je peux offrir l'équipement et le mobilier, une valeur de 9 350 $. La différence pourrait être assurée par une garantie personnelle ou, le cas échéant, par une garantie de mon père.

Entre-temps, j'irai vérifier mon admissibilité et celle du projet au programme Jeune Promoteur qui est géré par le Centre local de développement. Si cela s'avère possible, ce programme me permettra d'obtenir une subvention maximale de 6 000 $.

Enfin, je pense que ce projet pourrait être admissible à la garantie d'emprunt du gouvernement fédéral, qui garantit à l'établissement financier 90 % d'un prêt accordé à une petite entreprise pour financer l'achat de biens d'équipement.

a) Prévisions financières selon un scénario réaliste

BILAN D'OUVERTURE ET BILANS PRÉVISIONNELS

ÉLÉMENTS D'ACTIF	OUVERTURE	AN 1	AN 2	AN 3
Actif à court terme				
Encaisse	9 000 $	1 218 $	8 040 $	37 851 $
Dépôts de sécurité	1 450 $	1 450 $	1 450 $	1 450 $
Inventaire	22 500 $	22 500 $	22 500 $	22 500 $
Frais de démarrage	5 510 $	–	–	–
Total de l'actif à court terme	**38 460 $**	**25 168 $**	**31 990 $**	**61 801 $**
Actif à long terme				
Équipement et mobilier	9 350 $	9 350 $	9 350 $	9 350 $
Amortissement accumulé (1)	–	935 $	2 618 $	3 964 $
Total de l'actif à long terme net	**9 350 $**	**8 415 $**	**6 732 $**	**5 386 $**
Total des éléments d'actif	**47 810 $**	**33 583 $**	**38 722 $**	**67 187 $**
ÉLÉMENTS DE PASSIF ET DE L'AVOIR				
Passif à court terme				
Portion à court terme de la dette à long terme (2)	2 832 $	3 190 $	3 596 $	4 052 $
Total du passif à court terme	**2 832 $**	**3 190 $**	**3 596 $**	**4 052 $**
Passif à long terme				
Portion à long terme de la dette	15 403 $	12 213 $	8 617 $	4 565 $
Prêt de mes parents	15 000 $	15 000 $	15 000 $	15 000 $
Total du passif à long terme	**30 403 $**	**27 213 $**	**23 617 $**	**19 565 $**
Total des éléments de passif	**33 235 $**	**30 403 $**	**27 213 $**	**23 617 $**
Avoir de la propriétaire				
Avoir au début	0 $	14 575 $	3 180 $	11 509 $
Mise de fonds	14 575 $	–	–	–
Retraits	–	24 000 $	35 000 $	35 000 $
Solde de l'avoir	14 575 $	(9 425 $)	(31 820 $)	(23 491 $)
Bénéfice ou perte de la période	–	12 605 $	43 329 $	67 061 $
Total de l'avoir de la propriétaire	**14 575 $**	**3 180 $**	**11 509 $**	**43 570 $**
Total des éléments de passif et de l'avoir	**47 810 $**	**33 583 $**	**38 722 $**	**67 187 $**

(1) Amortissement des immobilisations, 20 % du solde dégressif.
(2) Versement mensuel de 406 $ sur un prêt initial de 18 235 $, sur 5 ans à 12 %.

a) Prévisions financières selon un scénario réaliste (suite)

ÉTATS DES RÉSULTATS PRÉVISIONNELS

	AN 1	AN 2	AN 3
Ventes	94 800 $	142 200 $	189 600 $
COÛT DES VENTES			
Inventaire au début	22 500 $	22 500 $	22 500 $
Achats de la période	47 400 $	71 100 $	94 800 $
Inventaire de la fin	22 500 $	22 500 $	22 500 $
Coût des ventes	**47 400 $**	**71 100 $**	**94 800 $**
Autres frais de vente			
Perte pour rabais d'ouverture	4 000 $	–	–
Perte pour vol et achat de livres abîmés (0,5 %)	474 $	711 $	948 $
Coût des marchandises vendues	51 874 $	71 811 $	95 748 $
Marge bénéficiaire brute	**42 926 $**	**70 389 $**	**93 852 $**
DÉPENSES			
Loyer	15 000 $	15 000 $	15 000 $
Assurance	600 $	600 $	600 $
Téléphone	600 $	600 $	600 $
Entretien, réparation et décoration	1 150 $	300 $	300 $
Papeterie et fournitures de bureau	750 $	750 $	750 $
Fournitures de réparation	750 $	750 $	750 $
Taxes, permis et immatriculation	180 $	105 $	105 $
Poste et messagerie	120 $	120 $	120 $
Publicité	7 008 $	3 808 $	3 808 $
Imprévus et divers (1 % des ventes)	948 $	1 422 $	1 896 $
Frais de banque	240 $	240 $	240 $
Intérêts sur emprunt	2 040 $	1 682 $	1 276 $
Amortissement	935 $	1 683 $	1 346 $
Total des dépenses	**30 321 $**	**27 060 $**	**26 791 $**
Bénéfice net d'exploitation	**12 605 $**	**43 329 $**	**67 061 $**

a) Prévisions financières selon un scénario réaliste (suite)

ÉTATS DES RÉSULTATS PRÉVISIONNELS TRIMESTRIELS
PREMIÈRE ANNÉE D'EXPLOITATION

	TRIMESTRE 1	TRIMESTRE 2	TRIMESTRE 3	TRIMESTRE 4
Ventes	21 900 $	24 700 $	23 700 $	24 500 $
COÛT DES VENTES				
Inventaire au début	22 500 $	22 500 $	22 500 $	22 500 $
Achats de la période	10 950 $	12 350 $	11 850 $	12 250 $
Inventaire de la fin	22 500 $	22 500 $	22 500 $	22 500 $
Coût des ventes	**10 950 $**	**12 350 $**	**11 850 $**	**12 250 $**
Autres frais de vente	–	–	–	–
Perte pour rabais d'ouverture	4 000 $	–	–	–
Perte pour vol et achat de livres abîmés (0,5 %)	110 $	124 $	119 $	123 $
Coût des marchandises vendues	15 060 $	12 474 $	11 969 $	12 373 $
Marge bénéficiaire brute	**6 841 $**	**12 227 $**	**11 732 $**	**12 128 $**
DÉPENSES				
Loyer	3 750 $	3 750 $	3 750 $	3 750 $
Assurance	150 $	150 $	150 $	150 $
Téléphone	150 $	150 $	150 $	150 $
Entretien, réparation et décoration	925 $	75 $	75 $	75 $
Papeterie et fournitures de bureau	500 $	–	250 $	–
Fournitures de réparation	500 $	–	250 $	–
Taxes, permis et immatriculation	180 $	–	–	–
Poste et messagerie	30 $	30 $	30 $	30 $
Publicité	3 252 $	1 104 $	1 326 $	1 326 $
Imprévus et divers (1 % des ventes)	219 $	247 $	237 $	245 $
Frais de banque	60 $	60 $	60 $	60 $
Intérêts sur emprunt	540 $	520 $	495 $	485 $
Amortissement	233 $	233 $	234 $	235 $
Total des dépenses	**10 489 $**	**6 319 $**	**7 007 $**	**6 506 $**
Bénéfice net d'exploitation	**(3 649 $)**	**5 908 $**	**4 725 $**	**5 622 $**

Plan d'affaires **Viens Bouquiner**

a) Prévisions financières selon un scénario réaliste (suite)
MOUVEMENTS DE TRÉSORERIE GLOBAUX

	AN 1	AN 2	AN 3
Encaisse début	9 000 $	1 218 $	8 040 $
Entrées de fonds (ventes au comptant)	94 800 $	142 200 $	189 600 $
SORTIES DE FONDS			
Achats	47 400 $	71 100 $	94 800 $
Perte de promotion et d'achats	4 474 $	711 $	948 $
Loyer	15 000 $	15 000 $	15 000 $
Assurance	550 $	600 $	600 $
Téléphone	600 $	600 $	600 $
Entretien, réparation et décoration	270 $	300 $	300 $
Papeterie et fournitures de bureau	250 $	750 $	750 $
Fournitures de réparation	250 $	750 $	750 $
Taxes, permis et immatriculation	–	105 $	105 $
Poste et messagerie	120 $	120 $	120 $
Publicité	3 608 $	3 808 $	3 808 $
Imprévus et divers (1 % des ventes)	948 $	1 422 $	1 896 $
Frais de banque	240 $	240 $	240 $
Versement sur emprunt	4 872 $	4 872 $	4 872 $
Retrait de la propriétaire	24 000 $	35 000 $	35 000 $
Total des sorties de fonds	**102 582 $**	**135 378 $**	**159 789 $**
Encaisse fin	**1 218 $**	**8 040 $**	**37 851 $**

a) Prévisions financières selon un scénario réaliste (suite)

MOUVEMENTS DE TRÉSORERIE MENSUELS
PREMIÈRE ANNÉE D'EXPLOITATION

	MOIS 1	MOIS 2	MOIS 3	MOIS 4	MOIS 5	MOIS 6
Encaisse début	9 000 $	5 096 $	4 505 $	3 887 $	3 511 $	3 930 $
Entrées de fonds	7 900 $	7 000 $	7 000 $	7 500 $	9 500 $	7 700 $
SORTIES DE FONDS						
Achats	3 950 $	3 500 $	3 500 $	3 750 $	4 750 $	3 850 $
Pertes	4 040 $	35 $	35 $	38 $	48 $	39 $
Loyer	1 250 $	1 250 $	1 250 $	1 250 $	1 250 $	1 250 $
Assurance	–	50 $	50 $	50 $	50 $	50 $
Téléphone	50 $	50 $	50 $	50 $	50 $	50 $
Entretien...	–	–	27 $	27 $	27 $	27 $
Papeterie...	–	–	–	–	–	–
Réparation	–	–	–	–	–	–
Taxes, permis	–	–	–	–	–	–
Poste et mess.	10 $	10 $	10 $	10 $	10 $	10 $
Publicité	–	200 $	200 $	200 $	376 $	376 $
Imprévus	79 $	70 $	70 $	75 $	95 $	77 $
Frais de banque	20 $	20 $	20 $	20 $	20 $	20 $
Versement	406 $	406 $	406 $	406 $	406 $	406 $
Retrait	2 000 $	2 000 $	2 000 $	2 000 $	2 000 $	2 000 $
Total des sorties	**11 805 $**	**7 591 $**	**7 618 $**	**7 876 $**	**9 082 $**	**8 155 $**
Encaisse fin	**5 096 $**	**4 505 $**	**3 887 $**	**3 511 $**	**3 930 $**	**3 475 $**

Plan d'affaires *Viens Bouquiner*

a) Prévisions financières selon un scénario réaliste (suite)

	MOIS 7	MOIS 8	MOIS 9	MOIS 10	MOIS 11	MOIS 12
Encaisse début	3 475 $	3 021 $	2 163 $	1 903 $	1 594 $	1 285 $
Entrées de fonds	7 700 $	7 900 $	8 100 $	8 000 $	8 000 $	8 500 $
SORTIES DE FONDS						
Achats	3 850 $	3 950 $	4 050 $	4 000 $	4 000 $	4 250 $
Pertes	39 $	40 $	41 $	40 $	40 $	43 $
Loyer	1 250 $	1 250 $	1 250 $	1 250 $	1 250 $	1 250 $
Assurance	50 $	50 $	50 $	50 $	50 $	50 $
Téléphone	50 $	50 $	50 $	50 $	50 $	50 $
Entretien...	27 $	27 $	27 $	27 $	27 $	27 $
Papeterie...	–	250 $	–	–	–	–
Réparation	–	250 $	–	–	–	–
Taxes, permis	–	–	–	–	–	–
Poste et mess.	10 $	10 $	10 $	10 $	10 $	10 $
Publicité	376 $	376 $	376 $	376 $	376 $	376 $
Imprévus	77 $	79 $	81 $	80 $	80 $	85 $
Frais de banque	20 $	20 $	20 $	20 $	20 $	20 $
Versement	406 $	406 $	406 $	406 $	406 $	406 $
Retrait	2 000 $	2 000 $	2 000 $	2 000 $	2 000 $	2 000 $
Total des sorties	**8 155 $**	**8 758 $**	**8 361 $**	**8 309 $**	**8 309 $**	**8 567 $**
Encaisse fin	**3 021 $**	**2 163 $**	**1 903 $**	**1 594 $**	**1 285 $**	**1 218 $**

a) Prévisions financières selon un scénario réaliste (suite)

MOUVEMENTS DE TRÉSORERIE TRIMESTRIELS
DEUXIÈME ANNÉE D'EXPLOITATION

	TRIMESTRE 1	TRIMESTRE 2	TRIMESTRE 3	TRIMESTRE 4
Encaisse début	1 218 $	555 $	1 844 $	3 543 $
Entrées de fonds	30 000 $	35 000 $	36 000 $	41 200 $
SORTIES DE FONDS				
Achats	15 000 $	17 500 $	18 000 $	20 600 $
Pertes	150 $	175 $	180 $	206 $
Loyer	3 750 $	3 750 $	3 750 $	3 750 $
Assurance	150 $	150 $	150 $	150 $
Téléphone	150 $	150 $	150 $	150 $
Entretien...	75 $	75 $	75 $	75 $
Papeterie...	200 $	250 $	150 $	150 $
Réparation	200 $	250 $	150 $	150 $
Taxes, permis	30 $	–	75 $	–
Poste et mess.	30 $	30 $	30 $	30 $
Publicité	600 $	1 003 $	1 203 $	1 002 $
Imprévus	300 $	350 $	360 $	412 $
Frais de banque	60 $	60 $	60 $	60 $
Versement	1 218 $	1 218 $	1 218 $	1 218 $
Retrait	8 750 $	8 750 $	8 750 $	8 750 $
Total des sorties	**30 663 $**	**33 711 $**	**34 301 $**	**36 703 $**
Encaisse fin	**555 $**	**1 844 $**	**3 543 $**	**8 040 $**

a) Prévisions financières selon un scénario réaliste (suite)

MOUVEMENTS DE TRÉSORERIE TRIMESTRIELS
TROISIÈME ANNÉE D'EXPLOITATION

	TRIMESTRE 1	TRIMESTRE 2	TRIMESTRE 3	TRIMESTRE 4
Encaisse début	8 040 $	14 652 $	21 761 $	29 280 $
Entrées de fonds	45 000 $	47 000 $	48 000 $	49 600 $
SORTIES DE FONDS				
Achats	22 500 $	23 500 $	24 000 $	24 800 $
Pertes	225 $	235 $	240 $	248 $
Loyer	3 750 $	3 750 $	3 750 $	3 750 $
Assurance	150 $	150 $	150 $	150 $
Téléphone	150 $	150 $	150 $	150 $
Entretien...	75 $	75 $	75 $	75 $
Papeterie...	200 $	250 $	150 $	150 $
Réparation	200 $	250 $	150 $	150 $
Taxes, permis	30 $	–	75 $	–
Poste et mess.	30 $	30 $	30 $	30 $
Publicité	600 $	1 003 $	1 203 $	1 002 $
Imprévus	450 $	470 $	480 $	496 $
Frais de banque	60 $	60 $	60 $	60 $
Versement	1 218 $	1 218 $	1 218 $	1 218 $
Retrait	8 750 $	8 750 $	8 750 $	8 750 $
Total des sorties	**38 388 $**	**39 891 $**	**40 481 $**	**41 029 $**
Encaisse fin	**14 652 $**	**21 761 $**	**29 280 $**	**37 851 $**

b) Prévisions financières selon un scénario pessimiste

BILAN D'OUVERTURE ET BILANS PRÉVISIONNELS

	OUVERTURE	AN 1	AN 2	AN 3
ÉLÉMENTS D'ACTIF				
Actif à court terme				
Encaisse	9 000 $	6 919 $	3 939 $	669 $
Dépôts de sécurité	1 450 $	1 450 $	1 450 $	1 450 $
Inventaire	22 500 $	22 500 $	22 500 $	22 500 $
Frais de démarrage	5 510 $	–	–	–
Total de l'actif à court terme	**38 460 $**	**30 869 $**	**27 889 $**	**24 619 $**
Actif à long terme				
Équipement et mobilier	9 350 $	9 350 $	9 350 $	9 350 $
Amortissement accumulé (1)	–	935 $	2 618 $	3 964 $
Total de l'actif à long terme net	**9 350 $**	**8 415 $**	**6 732 $**	**5 386 $**
Total des éléments d'actif	**47 810 $**	**39 284 $**	**34 621 $**	**30 005 $**
ÉLÉMENTS DE PASSIF ET DE L'AVOIR				
Passif à court terme				
Portion à court terme de la dette à long terme (2)	2 832 $	3 190 $	3 596 $	4 052 $
Total du passif à court terme	**2 832 $**	**3 190 $**	**3 596 $**	**4 052 $**
Passif à long terme				
Portion à long terme de la dette	15 403 $	12 213 $	8 617 $	4 565 $
Prêt de mes parents	15 000 $	15 000 $	15 000 $	15 000 $
Total du passif à long terme	**30 403 $**	**27 213 $**	**23 617 $**	**19 565 $**
Total des éléments de passif	**33 235 $**	**30 403 $**	**27 213 $**	**23 617 $**
Avoir de la propriétaire				
Avoir au début	0 $	14 575 $	8 881 $	7 408 $
Mise de fonds	14 575 $	–	–	–
Retraits	–	5 000 $	5 000 $	5 000 $
Solde de l'avoir	14 575 $	9 575 $	3 881 $	2 408 $
Bénéfice ou perte de la période	–	(694 $)	3 527 $	3 980 $
Avoir à la fin	14 575 $	8 881 $	7 408 $	6 388 $
Total des éléments de passif et de l'avoir	**47 810 $**	**39 284 $**	**34 621 $**	**30 005 $**

(1) Amortissement des immobilisations, 20 % du solde dégressif.
(2) Versement mensuel de 406 $ sur un prêt initial de 18 235 $, sur 5 ans à 12 %.

b) Prévisions financières selon un scénario pessimiste (suite)
ÉTATS DES RÉSULTATS PRÉVISIONNELS

	AN 1	AN 2	AN 3
Ventes	67 380 $	60 134 $	59 536 $
COÛT DES VENTES			
Inventaire au début	22 500 $	22 500 $	22 500 $
Achats de la période	33 690 $	30 067 $	29 768 $
Inventaire de la fin	22 500 $	22 500 $	22 500 $
Coût des ventes	**33 690 $**	**30 067 $**	**29 768 $**
Autres frais de vente			
Perte pour rabais d'ouverture	4 000 $	–	–
Perte pour vol et achat de livres abîmés (0,5 %)	337 $	301 $	298 $
Coût des marchandises vendues	**38 027 $**	**30 368 $**	**30 066 $**
Marge bénéficiaire brute	**29 353 $**	**29 766 $**	**29 470 $**
DÉPENSES			
Loyer	15 000 $	15 000 $	15 000 $
Assurance	600 $	600 $	600 $
Téléphone	600 $	600 $	600 $
Entretien, réparation et décoration	1 150 $	300 $	300 $
Papeterie et fournitures de bureau	750 $	750 $	750 $
Fournitures de réparation	750 $	750 $	750 $
Taxes, permis et immatriculation	180 $	105 $	105 $
Poste et messagerie	120 $	120 $	120 $
Publicité	7 008 $	3 808 $	3 808 $
Imprévus et divers (1 % des ventes)	674 $	601 $	595 $
Frais de banque	240 $	240 $	240 $
Intérêts sur emprunt	2 040 $	1 682 $	1 276 $
Amortissement	935 $	1 683 $	1 346 $
Total des dépenses	**30 047 $**	**26 239 $**	**25 490 $**
Bénéfice net d'exploitation	**(694 $)**	**3 527 $**	**3 980 $**

b) Prévisions financières selon un scénario pessimiste (suite)

ÉTATS DES RÉSULTATS PRÉVISIONNELS TRIMESTRIELS
PREMIÈRE ANNÉE D'EXPLOITATION

	TRIMESTRE 1	TRIMESTRE 2	TRIMESTRE 3	TRIMESTRE 4
Ventes	16 845 $	16 845 $	16 845 $	16 845 $
COÛT DES VENTES				
Inventaire au début	22 500 $	22 500 $	22 500 $	22 500 $
Achats de la période	8 423 $	8 423 $	8 423 $	8 423 $
Inventaire de la fin	22 500 $	22 500 $	22 500 $	22 500 $
Coût des ventes	8 423 $	8 423 $	8 423 $	8 423 $
Autres frais de vente	–	–	–	–
Perte pour rabais d'ouverture	4 000 $	–	–	–
Perte pour vol et achat de livres abîmés (0,5 %)	84 $	84 $	84 $	84 $
Coût des marchandises vendues	**12 507 $**	**8 507 $**	**8 507 $**	**8 507 $**
Marge bénéficiaire brute	**4 338 $**	**8 338 $**	**8 338 $**	**8 338 $**
DÉPENSES				
Loyer	3 750 $	3 750 $	3 750 $	3 750 $
Assurance	150 $	150 $	150 $	150 $
Téléphone	150 $	150 $	150 $	150 $
Entretien, réparation et décoration	925 $	75 $	75 $	75 $
Papeterie et fournitures de bureau	500 $	–	250 $	–
Fournitures de réparation	500 $	–	250 $	–
Taxes, permis et immatriculation	180 $	–	–	–
Poste et messagerie	30 $	30 $	30 $	30 $
Publicité	3 252 $	1 104 $	1 326 $	1 326 $
Imprévus et divers (1 % des ventes)	168 $	168 $	168 $	168 $
Frais de banque	60 $	60 $	60 $	60 $
Intérêts sur emprunt	540 $	520 $	495 $	485 $
Amortissement	233 $	233 $	234 $	235 $
Total des dépenses	**10 438 $**	**6 240 $**	**6 938 $**	**6 429 $**
Bénéfice net d'exploitation	**(6 100 $)**	**2 098 $**	**1 400 $**	**1 909 $**

Plan d'affaires *Viens Bouquiner*

Plan d'affaires *Viens Bouquiner*

b) Prévisions financières selon un scénario pessimiste (suite)
MOUVEMENTS DE TRÉSORERIE GLOBAUX

	AN 1	AN 2	AN 3
Encaisse début	9 000 $	6 919 $	3 939 $
Entrées de fonds (ventes au comptant)	67 380 $	60 134 $	59 536 $
SORTIES DE FONDS			
Achats	33 690 $	30 067 $	29 768 $
Perte de promotion et d'achats	4 337 $	301 $	298 $
Loyer	15 000 $	15 000 $	15 000 $
Assurance	550 $	600 $	600 $
Téléphone	600 $	600 $	600 $
Entretien, réparation et décoration	270 $	300 $	300 $
Papeterie et fournitures de bureau	250 $	750 $	750 $
Fournitures de réparation	250 $	750 $	750 $
Taxes, permis et immatriculation	–	105 $	105 $
Poste et messagerie	120 $	120 $	120 $
Publicité	3 608 $	3 808 $	3 808 $
Imprévus et divers (1 % des ventes)	674 $	601 $	595 $
Frais de banque	240 $	240 $	240 $
Versement sur emprunt	4 872 $	4 872 $	4 872 $
Retrait de la propriétaire	5 000 $	5 000 $	5 000 $
Total des sorties de fonds	**69 461 $**	**63 114 $**	**62 806 $**
Encaisse fin	**6 919 $**	**3 939 $**	**669 $**

b) Prévisions financières selon un scénario pessimiste (suite)

MOUVEMENTS DE TRÉSORERIE MENSUELS
PREMIÈRE ANNÉE D'EXPLOITATION

	MOIS 1	MOIS 2	MOIS 3	MOIS 4	MOIS 5	MOIS 6
Encaisse début	9 000 $	5 987 $	6 725 $	7 435 $	8 145 $	8 679 $
Entrées de fonds	5 615 $	5 615 $	5 615 $	5 615 $	5 615 $	5 615 $
SORTIES DE FONDS						
Achats	2 808 $	2 808 $	2 808 $	2 808 $	2 808 $	2 808 $
Pertes	4 028 $	28 $	28 $	28 $	28 $	28 $
Loyer	1 250 $	1 250 $	1 250 $	1 250 $	1 250 $	1 250 $
Assurance	–	50 $	50 $	50 $	50 $	50 $
Téléphone	50 $	50 $	50 $	50 $	50 $	50 $
Entretien...	–	–	27 $	27 $	27 $	27 $
Papeterie...	–	–	–	–	–	–
Réparation	–	–	–	–	–	–
Taxes, permis	–	–	–	–	–	–
Poste et mess.	10 $	10 $	10 $	10 $	10 $	10 $
Publicité	–	200 $	200 $	200 $	376 $	376 $
Imprévus	56 $	56 $	56 $	56 $	56 $	56 $
Frais de banque	20 $	20 $	20 $	20 $	20 $	20 $
Versement	406 $	406 $	406 $	406 $	406 $	406 $
Retrait	–	–	–	–	–	2 500 $
Total des sorties	**8 628 $**	**4 878 $**	**4 905 $**	**4 905 $**	**5 081 $**	**7 581 $**
Encaisse fin	**5 987 $**	**6 725 $**	**7 435 $**	**8 145 $**	**8 679 $**	**6 714 $**

Plan d'affaires Viens Bouquiner

Plan d'affaires *Viens Bouquiner*

b) Prévisions financières selon un scénario pessimiste (suite)

	MOIS 7	MOIS 8	MOIS 9	MOIS 10	MOIS 11	MOIS 12
Encaisse début	6 714 $	7 248 $	7 282 $	7 816 $	8 351 $	8 885 $
Entrées de fonds	5 615 $	5 615 $	5 615 $	5 615 $	5 615 $	5 615 $
SORTIES DE FONDS						
Achats	2 808 $	2 808 $	2 808 $	2 808 $	2 808 $	2 808 $
Pertes	28 $	28 $	28 $	28 $	28 $	28 $
Loyer	1 250 $	1 250 $	1 250 $	1 250 $	1 250 $	1 250 $
Assurance	50 $	50 $	50 $	50 $	50 $	50 $
Téléphone	50 $	50 $	50 $	50 $	50 $	50 $
Entretien...	27 $	27 $	27 $	27 $	27 $	27 $
Papeterie...	–	250 $	–	–	–	–
Réparation	–	250 $	–	–	–	–
Taxes, permis	–	–	–	–	–	–
Poste et mess.	10 $	10 $	10 $	10 $	10 $	10 $
Publicité	376 $	376 $	376 $	376 $	376 $	376 $
Imprévus	56 $	56 $	56 $	56 $	56 $	56 $
Frais de banque	20 $	20 $	20 $	20 $	20 $	20 $
Versement	406 $	406 $	406 $	406 $	406 $	406 $
Retrait	–	–	–	–	–	2 500 $
Total des sorties	**5 081 $**	**5 581 $**	**5 081 $**	**5 081 $**	**5 081 $**	**7 581 $**
Encaisse fin	**7 248 $**	**7 282 $**	**7 816 $**	**8 351 $**	**8 885 $**	**6 919 $**

b) Prévisions financières selon un scénario pessimiste (suite)

MOUVEMENTS DE TRÉSORERIE TRIMESTRIELS
DEUXIÈME ANNÉE D'EXPLOITATION

	TRIMESTRE 1	TRIMESTRE 2	TRIMESTRE 3	TRIMESTRE 4
Encaisse début	6 919 $	7 747 $	5 602 $	5 882 $
Entrées de fonds	15 033 $	15 033 $	15 033 $	15 034 $
SORTIES DE FONDS				
Achats	7 517 $	7 517 $	7 517 $	7 517 $
Pertes	75 $	75 $	75 $	75 $
Loyer	3 750 $	3 750 $	3 750 $	3 750 $
Assurance	150 $	150 $	150 $	150 $
Téléphone	150 $	150 $	150 $	150 $
Entretien...	75 $	75 $	75 $	75 $
Papeterie...	200 $	250 $	150 $	150 $
Réparation	200 $	250 $	150 $	150 $
Taxes, permis	30 $	–	75 $	–
Poste et mess.	30 $	30 $	30 $	30 $
Publicité	600 $	1 003 $	1 203 $	1 002 $
Imprévus	150 $	150 $	150 $	150 $
Frais de banque	60 $	60 $	60 $	60 $
Versement	1 218 $	1 218 $	1 218 $	1 218 $
Retrait	–	2 500 $	–	2 500 $
Total des sorties	**14 205 $**	**17 178 $**	**14 753 $**	**16 978 $**
Encaisse fin	**7 747 $**	**5 602 $**	**5 882 $**	**3 939 $**

Plan d'affaires Viens Bouquiner

b) Prévisions financières selon un scénario pessimiste (suite)

MOUVEMENTS DE TRÉSORERIE TRIMESTRIELS
TROISIÈME ANNÉE D'EXPLOITATION

	TRIMESTRE 1	TRIMESTRE 2	TRIMESTRE 3	TRIMESTRE 4
Encaisse début	3 939 $	4 695 $	2 477 $	2 685 $
Entrées de fonds	14 884 $	14 884 $	14 884 $	14 884 $
SORTIES DE FONDS				
Achats	7 442 $	7 442 $	7 442 $	7 442 $
Pertes	74 $	74 $	74 $	74 $
Loyer	3 750 $	3 750 $	3 750 $	3 750 $
Assurance	150 $	150 $	150 $	150 $
Téléphone	150 $	150 $	150 $	150 $
Entretien...	75 $	75 $	75 $	75 $
Papeterie...	200 $	250 $	150 $	150 $
Réparation	200 $	250 $	150 $	150 $
Taxes, permis	30 $	–	75 $	–
Poste et mess.	30 $	30 $	30 $	30 $
Publicité	600 $	1 003 $	1 203 $	1 002 $
Imprévus	149 $	149 $	149 $	149 $
Frais de banque	60 $	60 $	60 $	60 $
Versement	1 218 $	1 218 $	1 218 $	1 218 $
Retrait	–	2 500 $	–	2 500 $
Total des sorties	**14 128 $**	**17 101 $**	**14 676 $**	**16 900 $**
Encaisse fin	**4 695 $**	**2 477 $**	**2 685 $**	**669 $**

c) Prévisions financières selon un scénario optimiste

BILAN D'OUVERTURE ET BILANS PRÉVISIONNELS

	OUVERTURE	AN 1	AN 2	AN 3
ÉLÉMENTS D'ACTIF				
Actif à court terme				
Encaisse	9 000 $	3 740 $	14 345 $	49 200 $
Dépôts de sécurité	1 450 $	1 450 $	1 450 $	1 450 $
Inventaire	22 500 $	22 500 $	22 500 $	22 500 $
Frais de démarrage	5 510 $	–	–	–
Total de l'actif à court terme	**38 460 $**	**27 690 $**	**38 295 $**	**73 150 $**
Actif à long terme				
Équipement et mobilier	9 350 $	9 350 $	9 350 $	9 350 $
Amortissement accumulé (1)	–	935 $	2 618 $	3 964 $
Total de l'actif à long terme net	**9 350 $**	**8 415 $**	**6 732 $**	**5 386 $**
Total des éléments d'actif	**47 810 $**	**36 105 $**	**45 027 $**	**78 536 $**
ÉLÉMENTS DE PASSIF ET DE L'AVOIR				
Passif à court terme				
Portion à court terme de la dette à long terme (2)	2 832 $	3 190 $	3 596 $	4 052 $
Total du passif à court terme	**2 832 $**	**3 190 $**	**3 596 $**	**4 052 $**
Passif à long terme				
Portion à long terme de la dette	15 403 $	12 213 $	8 617 $	4 565 $
Prêt de mes parents	15 000 $	15 000 $	15 000 $	15 000 $
Total du passif à long terme	**30 403 $**	**27 213 $**	**23 617 $**	**19 565 $**
Total des éléments de passif	**33 235 $**	**30 403 $**	**27 213 $**	**23 617 $**
Avoir de la propriétaire				
Avoir au début	0 $	14 575 $	5 702 $	17 814 $
Mise de fonds	14 575 $	–	–	–
Retraits	–	24 000 $	35 000 $	35 000 $
Solde de l'avoir	14 575 $	(9 425 $)	(29 298 $)	(17 186 $)
Bénéfice ou perte de la période	–	15 127 $	47 112 $	72 105 $
Avoir à la fin	14 575 $	5 702 $	17 814 $	54 919 $
Total des éléments de passif et de l'avoir	**47 810 $**	**36 105 $**	**45 027 $**	**78 536 $**

(1) Amortissement des immobilisations, 20 % du solde dégressif.
(2) Versement mensuel de 406 $ sur un prêt initial de 18 235 $, sur 5 ans à 12 %.

c) Prévisions financières selon un scénario optimiste (suite)

ÉTATS DES RÉSULTATS PRÉVISIONNELS

	AN 1	AN 2	AN 3
Ventes	100 000 $	150 000 $	200 000 $
COÛT DES VENTES			
Inventaire au début	22 500 $	22 500 $	22 500 $
Achats de la période	50 000 $	75 000 $	100 000 $
Inventaire de la fin	22 500 $	22 500 $	22 500 $
Coût des ventes	50 000 $	75 000 $	100 000 $
Autres frais de vente			
Perte pour rabais d'ouverture	4 000 $	–	–
Perte pour vol et achat de livres abîmés (0,5 %)	500 $	750 $	1 000 $
Coût des marchandises vendues	54 500 $	75 750 $	101 000 $
Marge bénéficiaire brute	**45 500 $**	**74 250 $**	**99 000 $**
DÉPENSES			
Loyer	15 000 $	15 000 $	15 000 $
Assurance	600 $	600 $	600 $
Téléphone	600 $	600 $	600 $
Entretien, réparation et décoration	1 150 $	300 $	300 $
Papeterie et fournitures de bureau	750 $	750 $	750 $
Fournitures de réparation	750 $	750 $	750 $
Taxes, permis et immatriculation	180 $	105 $	105 $
Poste et messagerie	120 $	120 $	120 $
Publicité	7 008 $	3 808 $	3 808 $
Imprévus et divers (1 % des ventes)	1 000 $	1 500 $	2 000 $
Frais de banque	240 $	240 $	240 $
Intérêts sur emprunt	2 040 $	1 682 $	1 276 $
Amortissement	935 $	1 683 $	1 346 $
Total des dépenses	**30 373 $**	**27 138 $**	**26 895 $**
Bénéfice net d'exploitation	**15 127 $**	**47 112 $**	**72 105 $**

c) Prévisions financières selon un scénario optimiste (suite)

ÉTATS DES RÉSULTATS PRÉVISIONNELS TRIMESTRIELS
PREMIÈRE ANNÉE D'EXPLOITATION

	TRIMESTRE 1	TRIMESTRE 2	TRIMESTRE 3	TRIMESTRE 4
Ventes	25 000 $	25 000 $	25 000 $	25 000 $
COÛT DES VENTES				
Inventaire au début	22 500 $	22 500 $	22 500 $	22 500 $
Achats de la période	12 500 $	12 500 $	12 500 $	12 500 $
Inventaire de la fin	22 500 $	22 500 $	22 500 $	22 500 $
Coût des ventes	12 500 $	12 500 $	12 500 $	12 500 $
Autres frais de vente	–	–	–	–
Perte pour rabais d'ouverture	4 000 $	–	–	–
Perte pour vol et achat de livres abîmés (0,5 %)	125 $	125 $	125 $	125 $
Coût des marchandises vendues	16 625 $	12 625 $	12 625 $	12 625 $
Marge bénéficiaire brute	**8 375 $**	**12 375 $**	**12 375 $**	**12 375 $**
DÉPENSES				
Loyer	3 750 $	3 750 $	3 750 $	3 750 $
Assurance	150 $	150 $	150 $	150 $
Téléphone	150 $	150 $	150 $	150 $
Entretien, réparation et décoration	925 $	75 $	75 $	75 $
Papeterie et fournitures de bureau	500 $	–	250 $	–
Fournitures de réparation	500 $	–	250 $	–
Taxes, permis et immatriculation	180 $	–	–	–
Poste et messagerie	30 $	30 $	30 $	30 $
Publicité	3 252 $	1 104 $	1 326 $	1 326 $
Imprévus et divers (1 % des ventes)	250 $	250 $	250 $	250 $
Frais de banque	60 $	60 $	60 $	60 $
Intérêts sur emprunt	540 $	520 $	495 $	485 $
Amortissement	233 $	233 $	234 $	235 $
Total des dépenses	**10 520 $**	**6 322 $**	**7 020 $**	**6 511 $**
Bénéfice net d'exploitation	**(2 145 $)**	**6 053 $**	**5 355 $**	**5 864 $**

c) Prévisions financières selon un scénario optimiste (suite)

MOUVEMENTS DE TRÉSORERIE GLOBAUX

	AN 1	AN 2	AN 3
Encaisse début	9 000 $	3 740 $	14 345 $
Entrées de fonds (ventes au comptant)	100 000 $	150 000 $	200 000 $
SORTIES DE FONDS			
Achats	50 000 $	75 000 $	100 000 $
Perte de promotion et d'achats	4 500 $	750 $	1 000 $
Loyer	15 000 $	15 000 $	15 000 $
Assurance	550 $	600 $	600 $
Téléphone	600 $	600 $	600 $
Entretien, réparation et décoration	270 $	300 $	300 $
Papeterie et fournitures de bureau	250 $	750 $	750 $
Fournitures de réparation	250 $	750 $	750 $
Taxes, permis et immatriculation	–	105 $	105 $
Poste et messagerie	120 $	120 $	120 $
Publicité	3 608 $	3 808 $	3 808 $
Imprévus et divers (1 % des ventes)	1 000 $	1 500 $	2 000 $
Frais de banque	240 $	240 $	240 $
Versement sur emprunt	4 872 $	4 872 $	4 872 $
Retrait de la propriétaire	24 000 $	35 000 $	35 000 $
Total des sorties de fonds	**105 260 $**	**139 395 $**	**165 145 $**
Encaisse fin	**3 740 $**	**14 345 $**	**49 200 $**

Plan d'affaires ***Viens Bouquiner***

c) Prévisions financières selon un scénario optimiste (suite)

MOUVEMENTS DE TRÉSORERIE MENSUELS
PREMIÈRE ANNÉE D'EXPLOITATION

	MOIS 1	MOIS 2	MOIS 3	MOIS 4	MOIS 5	MOIS 6
Encaisse début	9 000 $	5 306 $	5 361 $	5 390 $	5 418 $	5 271 $
Entrées de fonds	8 333 $	8 333 $	8 333 $	8 333 $	8 333 $	8 333 $
SORTIES DE FONDS						
Achats	4 167 $	4 167 $	4 167 $	4 167 $	4 167 $	4 167 $
Pertes	4 042 $	42 $	42 $	42 $	42 $	42 $
Loyer	1 250 $	1 250 $	1 250 $	1 250 $	1 250 $	1 250 $
Assurance	–	50 $	50 $	50 $	50 $	50 $
Téléphone	50 $	50 $	50 $	50 $	50 $	50 $
Entretien...	–	–	27 $	27 $	27 $	27 $
Papeterie...	–	–	–	–	–	–
Réparation	–	–	–	–	–	–
Taxes, permis	–	–	–	–	–	–
Poste et mess.	10 $	10 $	10 $	10 $	10 $	10 $
Publicité	–	200 $	200 $	200 $	376 $	376 $
Imprévus	83 $	83 $	83 $	83 $	83 $	83 $
Frais de banque	20 $	20 $	20 $	20 $	20 $	20 $
Versement	406 $	406 $	406 $	406 $	406 $	406 $
Retrait	2 000 $	2 000 $	2 000 $	2 000 $	2 000 $	2 000 $
Total des sorties	**12 027 $**	**8 277 $**	**8 304 $**	**8 304 $**	**8 480 $**	**8 480 $**
Encaisse fin	**5 306 $**	**5 361 $**	**5 390 $**	**5 418 $**	**5 271 $**	**5 123 $**

Plan d'affaires *Viens Bouquiner*

c) Prévisions financières selon un scénario optimiste (suite)

	MOIS 7	MOIS 8	MOIS 9	MOIS 10	MOIS 11	MOIS 12
Encaisse début	5 123 $	4 976 $	4 328 $	4 181 $	4 033 $	3 886 $
Entrées de fonds	8 333 $	8 333 $	8 333 $	8 333 $	8 333 $	8 337 $
SORTIES DE FONDS						
Achats	4 167 $	4 167 $	4 167 $	4 167 $	4 167 $	4 169 $
Pertes	42 $	42 $	42 $	42 $	42 $	42 $
Loyer	1 250 $	1 250 $	1 250 $	1 250 $	1 250 $	1 250 $
Assurance	50 $	50 $	50 $	50 $	50 $	50 $
Téléphone	50 $	50 $	50 $	50 $	50 $	50 $
Entretien...	27 $	27 $	27 $	27 $	27 $	27 $
Papeterie...	–	250 $	–	–	–	–
Réparation	–	250 $	–	–	–	–
Taxes, permis	–	–	–	–	–	–
Poste et mess.	10 $	10 $	10 $	10 $	10 $	10 $
Publicité	376 $	376 $	376 $	376 $	376 $	376 $
Imprévus	83 $	83 $	83 $	83 $	83 $	83 $
Frais de banque	20 $	20 $	20 $	20 $	20 $	20 $
Versement	406 $	406 $	406 $	406 $	406 $	406 $
Retrait	2 000 $	2 000 $	2 000 $	2 000 $	2 000 $	2 000 $
Total des sorties	**8 480 $**	**8 980 $**	**8 480 $**	**8 480 $**	**8 480 $**	**8 483 $**
Encaisse fin	**4 976 $**	**4 328 $**	**4 181 $**	**4 033 $**	**3 886 $**	**3 740 $**

c) Prévisions financières selon un scénario optimiste (suite)

MOUVEMENTS DE TRÉSORERIE TRIMESTRIELS
DEUXIÈME ANNÉE D'EXPLOITATION

	TRIMESTRE 1	TRIMESTRE 2	TRIMESTRE 3	TRIMESTRE 4
Encaisse début	3 740 $	6 715 $	9 216 $	11 643 $
Entrées de fonds	37 500 $	37 500 $	37 500 $	37 500 $
SORTIES DE FONDS				
Achats	18 750 $	18 750 $	18 750 $	18 750 $
Pertes	188 $	188 $	188 $	188 $
Loyer	3 750 $	3 750 $	3 750 $	3 750 $
Assurance	150 $	150 $	150 $	150 $
Téléphone	150 $	150 $	150 $	150 $
Entretien...	75 $	75 $	75 $	75 $
Papeterie...	200 $	250 $	150 $	150 $
Réparation	200 $	250 $	150 $	150 $
Taxes, permis	30 $	–	75 $	–
Poste et mess.	30 $	30 $	30 $	30 $
Publicité	600 $	1 003 $	1 203 $	1 002 $
Imprévus	375 $	375 $	375 $	375 $
Frais de banque	60 $	60 $	60 $	60 $
Versement	1 218 $	1 218 $	1 218 $	1 218 $
Retrait	8 750 $	8 750 $	8 750 $	8 750 $
Total des sorties	**34 526 $**	**34 999 $**	**35 074 $**	**34 798 $**
Encaisse fin	**6 715 $**	**9 216 $**	**11 643 $**	**14 345 $**

c) Prévisions financières selon un scénario optimiste (suite)

MOUVEMENTS DE TRÉSORERIE TRIMESTRIELS
TROISIÈME ANNÉE D'EXPLOITATION

	TRIMESTRE 1	TRIMESTRE 2	TRIMESTRE 3	TRIMESTRE 4
Encaisse début	14 345 $	23 382 $	31 946 $	40 435 $
Entrées de fonds	50 000 $	50 000 $	50 000 $	50 000 $
SORTIES DE FONDS				
Achats	25 000 $	25 000 $	25 000 $	25 000 $
Pertes	250 $	250 $	250 $	250 $
Loyer	3 750 $	3 750 $	3 750 $	3 750 $
Assurance	150 $	150 $	150 $	150 $
Téléphone	150 $	150 $	150 $	150 $
Entretien...	75 $	75 $	75 $	75 $
Papeterie...	200 $	250 $	150 $	150 $
Réparation	200 $	250 $	150 $	150 $
Taxes, permis	30 $	–	75 $	–
Poste et mess.	30 $	30 $	30 $	30 $
Publicité	600 $	1 003 $	1 203 $	1 002 $
Imprévus	500 $	500 $	500 $	500 $
Frais de banque	60 $	60 $	60 $	60 $
Versement	1 218 $	1 218 $	1 218 $	1 218 $
Retrait	8 750 $	8 750 $	8 750 $	8 750 $
Total des sorties	**40 963 $**	**41 436 $**	**41 511 $**	**41 235 $**
Encaisse fin	**23 382 $**	**31 946 $**	**40 435 $**	**49 200 $**

● LES APPLICATIONS PROPRES À VOTRE PROJET ●

ÉLÉMENTS DE CONTENU DU PLAN D'AFFAIRES	CET ÉLÉMENT S'APPLIQUE-T-IL À VOTRE PROJET?	DATE D'ÉCHÉANCE POUR CETTE ÉTAPE	SOURCES D'INFORMATION À UTILISER
Bilan et besoins financiers personnels			
Hypothèse à incidences financières			
Bilan d'ouverture			
Charges fiscales et impôts fonciers			
États des résultats prévisionnels			
Mouvements de trésorerie prévisionnels			
Bilans prévisionnels			
Seuil de rentabilité			
Ratios financiers			
Comparaison des ratios financiers avec le secteur d'activité			
Sources de financement pour le projet			
Montant et nature du financement recherché			
Garanties ou contreparties offertes			

13 〉 *Les dernières étapes*

Accrochez le lecteur!

Une fois que toutes les sections du plan d'affaires sont rédigées, il vous reste à voir à la présentation finale du document. Cette présentation finale comprendra, outre le plan d'affaires comme tel, le sommaire, la table des matières et les annexes.

13.1 La préparation du sommaire

La première partie du plan d'affaires, c'est-à-dire le sommaire, est en fait la dernière que vous allez écrire. Ceux que vous sollicitez pour lire votre plan d'affaires sont souvent des gens qui en reçoivent un nombre important et qui ont des agendas chargés. Ils ne peuvent investir tout le temps requis pour lire, en détail, tous les plans soumis. En conséquence, il est important de soumettre un sommaire en première partie du plan d'affaires. Cela dit, il va de soi que le sommaire que vous présenterez doit être accrocheur, il doit inciter le lecteur à pousser sa lecture plus en profondeur. Cette partie du plan d'affaires ne devrait pas comporter plus de deux pages.

À VOTRE TOUR !

Faites une description sommaire de l'entreprise que vous vous proposez de créer.

Décrivez l'occasion d'affaires que vous vous proposez d'exploiter, de même que la stratégie mise de l'avant pour l'exploiter.

Présentez sommairement l'équipe entrepreneuriale et les compétences de chacun de ses membres par rapport à l'occasion d'affaires.

Décrivez sommairement le marché visé, de même que son potentiel en ce qui concerne le chiffre d'affaires.

Mentionnez les avantages que votre produit ou votre service possède par rapport à celui des concurrents.

Faites état de la rentabilité du projet en ce qui a trait au profit escompté, au retour sur investissement, aux retombées économiques dans le milieu et autres, s'il y a lieu.

Indiquez le montant de financement recherché, s'il y a lieu, et ce que l'entreprise offre en retour, de même que l'utilisation proposée des fonds sollicités.

13.2 La préparation de la table des matières

Comme suite à la présentation du sommaire, présentez une table des matières du contenu détaillé de votre plan d'affaires, en y indiquant le numéro de la page où se trouve le début de chacune des sections. Les analystes lisent rarement les plans d'affaires d'un couvert à l'autre. Le lecteur doit pouvoir trouver rapidement ce qu'il cherche dans votre document, d'où l'importance du sommaire et de la table des matières.

13.3 L'ajout des annexes

Nous avons relevé, dans le texte, certains documents qui pouvaient être présentés en annexe afin d'alléger la présentation du plan d'affaires : les curriculum vitæ détaillés, les spécifications techniques du produit et les photos, la liste des clients potentiels, la liste des fournisseurs, les descriptions de tâches, les résultats des études de marché, les rapports des conseillers, des copies de documents juridiques, la convention entre les actionnaires, des lettres de références, des articles pertinents et tout autre document susceptible d'augmenter la crédibilité du projet auprès des lecteurs éventuels. Il est important de noter que les annexes doivent être numérotées et présentées dans le même ordre qu'elles sont apparues en référence dans le texte.

On doit aussi présenter, à la fin du plan d'affaires, juste avant les annexes, la liste des ouvrages, volumes de référence et sites Internet consultés pour les recherches d'information.

Plan d'affaires Viens Bouquiner

PLAN D'AFFAIRES
*V*iens *B*ouquiner

Présenté par

Anne Joubert
444, rue Louis-Pinard, app. 4
Trois-Rivières (Québec)   G8Y 8Y8
Téléphone : 819 699-9900

Janvier 2006

1 Le sommaire

La boutique **Viens bouquiner** offrira à tous les amants du livre le plus large choix de livres d'occasion de l'agglomération de Trois-Rivières. Les livres offerts seront en bon état et répondront à des critères stricts de qualité, le tout à des prix comparables à ceux de la concurrence. Le bouquinage se déroulera dans une ambiance professionnelle, calme, classique et bien organisée.

Future propriétaire de la boutique, j'ai l'expérience du travail en bibliothèque et, pour combler mes petites lacunes en droit et en comptabilité, je m'entourerai d'une équipe de conseillers formée de mon conjoint et de deux amies très proches.

Le marché visé par la boutique **Viens bouquiner** est composé des 51 440 personnes âgées de 15 ans et plus, qui possèdent un diplôme ou un certificat d'études secondaires et qui ont l'habitude d'acheter des livres. Au total, ce marché représente près de 4 millions de dollars de livres vendus par année dans l'agglomération de Trois-Rivières.

La boutique **Viens bouquiner** a comme objectif de prendre 2,70 % de ce marché pour la première année d'activité, soit un chiffre d'affaires potentiel de 94 800 $. Pour atteindre cet objectif de vente, j'aurai recours à une stratégie publicitaire bien ciblée et j'offrirai à la clientèle potentielle des avantages concurrentiels indéniables.

Parmi ces avantages, mentionnons les prix de vente comparables à ceux de la concurrence, l'organisation systématique des volumes en vente, les conseils professionnels, un emplacement facile d'accès et une ambiance classique et chaleureuse.

Cette stratégie me permettra d'obtenir des rendements des plus intéressants, notamment une marge bénéficiaire nette de 13 % dès la première année d'activité et un retour sur investissement de 150 % à la troisième année d'activité.

Afin de réaliser le projet, je suis à la recherche d'un financement de 18 235 $, qui serait garanti par l'équipement ; la différence serait assurée par une garantie personnelle.

Dans les pages qui vont suivre, vous trouverez le plan d'affaires complet de la boutique **Viens bouquiner.** Je suis disponible pour répondre à toutes les questions que cette lecture soulèvera, lors d'une rencontre prochaine.

Plan d'affaires *V*iens *B*ouquiner

TABLE DES MATIÈRES
Plan d'affaires de la boutique Viens bouquiner

Plan d'affaires *Viens Bouquiner*

---

[7] N.D.L.R. Seule cette section est présentée ci-après, car toutes les autres sections ont été présentées avec les parties du plan d'affaires auxquelles elles se rapportent.

Bibliographie et références

BELLEY, André et Jean LORRAIN. *Guide de préparation du plan d'affaires : concours Devenez entrepreneur(e)*, Québec, 1992.

GOUVERNEMENT DU CANADA. *L'observateur économique canadien*, Statistique Canada, Ottawa, 2003.

GOUVERNEMENT DU CANADA. *Répartition du revenu au Canada selon la taille du revenu*, Statistique Canada, Ottawa, 2002.

GOUVERNEMENT DU CANADA. *Dépenses des familles au Canada*, Statistique Canada, Ottawa, 2002.

GOUVERNEMENT DU CANADA. *Recueil statistique des études de marché*, Statistique Canada, Ottawa, 2005.

GOUVERNEMENT DU QUÉBEC. *Guide : Fonder une entreprise*, 3e édition, Communication-Québec, Québec, 2004.

GOUVERNEMENT DU QUÉBEC. *Résultat de l'enquête auprès des librairies et autres points de vente de livres*, ministère de la Culture, Québec, 2005.

GOUVERNEMENT DU QUÉBEC. *L'industrie du livres - II : les librairies agréées*, ministère de la Culture, Québec, 2005.

GOUVERNEMENT DU QUÉBEC. *Les comportements des Québécois en matière d'activités culturelles et de loisirs - 2000*, ministère des Affaires culturelles, Québec, 2003.

LACHANCE, Gabrielle. *Le rapport industrie / culture - 4 : le livre*, Institut québécois de recherche sur la culture, Québec, 2004.

BANQUE ROYALE. *Bulletin commercial*, 2004.

LA PRESSE. *Salon du livre de Montréal : le livre du troisième type*, supplément du 12 novembre 2004, page 12.

Portail entreprise du gouvernement du Québec (www.gouv.qc.ca), consulté le 6 janvier 2006

Portail entreprise du gouvernement du Canada (stragegis.ic.gc.ca), consulté le 8 janvier 2006

14 ⟩ L'exemple de La Vieille Garde

Le plan d'affaires que nous vous présentons maintenant représente un cas réel de démarrage. Cette petite entreprise de fabrication, démarrée en 2004, a été mise sur pied par trois jeunes amateurs de vin de la région du Saguenay. Trois jeunes qui désiraient fonder une entreprise et créer leurs emplois. L'entreprise La Vieille Garde inc. se spécialise dans la fabrication et la vente de celliers à vin haut de gamme et fabriqués à la main.

Vous trouverez dans les pages qui suivent les principaux éléments qui composaient leur plan d'affaires au moment du démarrage de l'entreprise. À la demande des promoteurs, certains éléments particuliers ne sont pas présentés afin d'en préserver la confidentialité.

Ce cas de démarrage se caractérise par la présence d'une équipe entrepreneuriale. Vous serez à même de noter la complémentarité des expertises des trois futurs entrepreneurs. De plus, vous pourrez observer que le plan des opérations et le plan de commercialisation (vendre directement aux clients ou s'associer à un distributeur) représentent des parties importantes du plan d'affaires et des dimensions à fort questionnement.

14.1 Les particularités du secteur manufacturier

Pour démarrer une entreprise de fabrication, il faut bien connaître et contrôler la production. Il faut pouvoir fabriquer des produits de qualité, et ce, de façon économiquement rentable. Cette affirmation est encore plus vraie lorsque le démarrage de l'entreprise est associé à la fabrication d'un nouveau produit. Le prototype mis au point lors de la phase de prédémarrage n'est jamais parfait. Les promoteurs devront effectuer plusieurs optimisations afin d'obtenir une version commercialisable du produit.

Cette période de réflexion et de recherche et développement complexifie le travail d'analyse tout en permettant de bien comprendre les coûts de fabrication et l'analyse des temps de fabrication. Il faut reconnaître que ce travail de perfectionnement, du produit et des procédés de fabrication, se poursuit durant la phase de démarrage de l'entreprise.

Faut-il vendre directement aux clients ou travailler avec un distributeur? C'est un choix stratégique que doit faire le nouvel entrepreneur. Il n'y a ni bonne ni mauvaise réponse. Régulièrement, on observe que les premières ventes sont des ventes de proximité (des achats faits par des amis, des parents, des connaissances). C'est normal, mais le bassin d'acheteurs s'épuise rapidement.

Vous êtes en situation de démarrage, vos connaissances du marché sont limitées et votre pouvoir de négociation face à un distributeur est faible. Un distributeur possède une connaissance du marché que vous n'avez pas. C'est un savoir stratégique important et dispendieux à développer. N'oublions pas que vous êtes une nouvelle entreprise de fabrication. Au démarrage, on possède rarement toutes les ressources dont on aimerait disposer. Vous devez accroître votre savoir de fabrication et parallèlement un savoir de marché.

Le démarrage d'une entreprise de fabrication se résume souvent à deux grandes problématiques. La première: pouvoir fabriquer un produit qui répond aux besoins des clients. De plus, il faut être capable de répondre à leurs exigences (prix, qualité, quantité et délais). La seconde: pouvoir remplir le carnet de commandes. Vendre intelligemment, c'est-à-dire vendre de façon économiquement rentable tout en respectant votre capacité de production.

La nouvelle entreprise en démarrage possède très peu de crédibilité. Cette situation se traduit par des exigences qui mettent beaucoup de pression sur les liquidités de la nouvelle entreprise. À titre d'exemple, on exige des garanties au jeune entrepreneur qui désire une marge de crédit. Le fournisseur exige du jeune entrepreneur de se faire payer sur livraison, alors que le client le paiera à la fin des travaux. Vous comprendrez que les frais fixes doivent être les plus bas possible. Évitez le syndrome de la camionnette à 550 $ de frais de location par mois ! N'oubliez pas : **au démarrage l'argent sort de l'entreprise plus rapidement qu'il n'y entre.**

Ces quelques observations vous aident à comprendre que la mise sur pied d'une entreprise de fabrication diffère du démarrage d'une entreprise de services et d'un commerce de détail. Les exigences ne sont pas les mêmes. Les procédés de fabrication, les équipements, les compétences techniques des ressources humaines, les ressources financières, etc., sont des réalités qui caractérisent la mise sur pied d'une entreprise de fabrication.

Par ailleurs, il faut se rappeler qu'une entreprise naissante représente beaucoup de travail et d'efforts. Les journées sont longues et épuisantes. De plus, le démarrage d'entreprise entraîne son lot de surprises et engendre des périodes de stress, sans compter qu'il faut souvent composer avec des revenus modestes. Voilà pourquoi il est essentiel pour les fondateurs de pouvoir compter sur l'appui de leurs proches.

En terminant, nous vous invitons à visiter le site Internet de cette jeune entreprise du Saguenay (www.lavieillegarde.com).

Plan d'affaires La Vieille Garde

PLAN D'AFFAIRES
La Vieille Garde Inc.

présenté par :

Jean-François Perron
Louis Gagné
Dany Piché

Mars 2004

Élaboré en collaboration avec le Centre des services aux entreprises de la Commission scolaire De La Jonquière

SOMMAIRE

Projet

Notre projet consiste à démarrer une entreprise qui se spécialisera dans la fabrication et la vente de celliers à vin haut de gamme. L'objectif est de concevoir un produit qui répond aux exigences très strictes de la conservation du vin et qui pourrait avantageusement remplacer les traditionnelles caves à vin. De plus, nous voulons produire des meubles qui plairont tant par leur allure extérieure que par leur fiabilité intérieure.

À cette fin, nos celliers seront fabriqués principalement d'aluminium et de bois massif, et ils posséderont les caractéristiques nécessaires à la conservation du vin dans des conditions idéales. Le système de réfrigération procurera un taux d'humidité de 75 % et comportera un système de ventilation adéquat. De plus, les composantes de réfrigération seront complètement séparées du reste du module, de façon à assurer une isolation vibratoire parfaite. La température sera constante entre 12 °C et 14 °C, soit la température idéale pour conserver le vin. Par ailleurs, le verre utilisé pour les portes avant sera moulé par technique de thermoformage ; la chambre de conservation sera ainsi dans une obscurité quasi totale.

Ces points techniques sont de brefs résumés, mais ils mettent en relief les bases sur lesquelles s'appuie notre projet : mettre sur le marché un produit qui allie technologie, artisanat et originalité dans un seul et même meuble, qui sera mobile en cas de déménagement et qui saura impressionner les invités à coup sûr.

Marché

Le marché visé est vaste et relativement facile à cibler. Il s'agit notamment des maisons de vins qui distribuent leurs produits en Amérique et qui pourraient voir nos produits comme des valeurs ajoutées à leurs collections de vins auprès de certains clients. Les importateurs privés représentent également une clientèle visée. À cette liste s'ajoutent les commerces spécialisés dans les produits vinicoles complémentaires et les commerces de vente de meubles au détail de type « Signature ». Les restaurateurs et les hôteliers sont aussi une clientèle que nous tenterons d'approcher avec une force de vente dynamique. Pour rejoindre la clientèle des particuliers, nous participerons aux salons des vins qui se tiennent dans chaque ville du Québec, une fois par année.

Forces de l'équipe

Notre équipe est jeune et dynamique tout en étant expérimentée et prudente quant à la façon de faire des affaires. Nous sommes trois actionnaires possédant chacun 33 1/3 % des actions de notre entreprise.

Jean-François Perron est directeur des ventes et du marketing, il possède un DEC en Art et technologies des médias ainsi qu'un BAC en administration/marketing auquel s'ajoute une dizaine d'années d'expérience dans le domaine de la vente au détail et en gros. Louis Gagné est artisan ébéniste, et possède plus de cinq ans d'expérience en tant qu'ébéniste et luthier. Dany Piché, qui est technicien en réfrigération et soudeur, possède toute les cartes de qualifications reliées à ses champs d'activité et a une dizaine d'années d'expérience dans le domaine de la réfrigération et de la soudure ; il a aussi un permis de conducteur de classe 1.

Prévision des ventes

PRÉVISION DES VENTES	PREMIÈRE ANNÉE	DEUXIÈME ANNÉE
Ventes prévues	**200 000 $**	**220 000 $**
Bénéfices prévus	6 549 $	4 397 $

Financement souhaité

Une aide financière est souhaitée, dans le cadre de la mesure « Soutien au travailleur autonome », pour deux des promoteurs. De plus, un prêt de 30 000 $ est envisagé, de même qu'un PPE (prêt aux petites entreprises) au montant de 10 000 $.

Plan d'affaires *La Vieille Garde*

Table des matières

Plan d'affaires La Vieille Garde

Section 1
PROJET

1.1 Description du projet

1.1.1 Historique de l'entreprise ou du projet

L'idée de fonder une entreprise qui se spécialiserait dans la fabrication de celliers haut de gamme nous est venue à la suite de nombreuses discussions avec différents intervenants du monde vinicole. Ces discussions nous ont confirmé qu'un produit comme celui que nous avions imaginé serait le bienvenu dans le marché des produits complémentaires au vin.

De plus, l'instabilité des emplois dans la région du Saguenay – Lac-Saint-Jean nous a motivés à poursuivre les démarches de recherche pour la mise sur pied d'un tel projet. À la suite de ces différentes recherches, nous avons constaté que notre projet suscitait un immense intérêt de la part de tous les intervenants auxquels nous demandions de l'information.

Comme nos situations personnelles nous permettaient de nous lancer dans une telle aventure, nous avons construit le prototype, qui constitue une véritable pièce de collection puisque notre équipe a consacré toute son expertise à assembler ce véritable cellier haut de gamme. L'intuition de départ a été l'étincelle ayant provoqué une réelle occasion d'affaires.

En résumé, nos principales motivations sont de créer nos propres emplois et d'exploiter un créneau de marché à peu près inoccupé.

1.1.2 Description du projet

Les activités principales de notre projet seront centrées exclusivement sur la fabrication et la vente de celliers. En ce sens, nous avons concentré tous nos efforts pour créer une structure nous permettant de fonctionner dans de courts délais et avec une équipe réduite. Nous avons élaboré des plans techniques qui rendent possible la construction de plusieurs unités à la fois.

Nous voulons mettre sur le marché trois modèles de celliers, qui se distingueront par leurs dimensions et par le nombre de bouteilles qu'ils contiendront. La structure d'assemblage de chaque cellier ainsi que les composantes de réfrigération seront toujours les mêmes. Cependant, le style des moulures, l'essence de bois, le type de verre pourront varier selon les demandes des clients. C'est cet aspect qui nous différenciera totalement de la compétition : pouvoir offrir un produit fabriqué à la main dans un délai de livraison respectable et à un prix très compétitif.

En fait, la force de vente de notre entreprise sera conjuguée avec une approche client très personnalisée, et une stratégie marketing plus qu'adaptée pour pénétrer le monde vinicole.

1.2 Mission de l'entreprise

La Vieille Garde inc. est une entreprise qui se spécialise dans la fabrication et la vente de celliers à vin haut de gamme et fabriqués à la main. La clientèle visée est celle des amateurs de vin et du réseau HRI (hôtellerie, restauration et institutions).

1.3 Objectifs de l'entreprise

À court terme, l'objectif est de positionner nos produits dans un créneau reconnu par les intervenants comme étant des produits moyens et haut de gamme. Toujours à court terme, nous voulons établir une structure de production qui nous permettra de produire plusieurs unités à la fois. Nous souhaitons atteindre au cours de la première année d'exploitation un chiffre d'affaires de 200 000 $, ce qui représente environ 30 celliers.

À moyen terme, l'objectif de la deuxième année est d'augmenter les ventes d'environ 10 % (environ 33 celliers, vente de 220 000 $) par différentes tactiques de marketing et d'élargir notre réseau de contacts. Nous voulons aussi développer notre réseau de distribution en nous associant à différents détaillants de meubles. Nous souhaitons dépasser le seuil de rentabilité et enregistrer des profits substantiels et toujours croissants au fil des ans.

À long terme, nous prévoyons une croissance constante et une ouverture sur le marché mondial grâce à Internet. Nous voulons également développer certains produits complémentaires comme la véritable cave à vin, qui sera très en demande dans un avenir rapproché. Enfin, nous désirons positionner l'entreprise comme chef de file dans l'industrie de la conservation du vin et rester fidèles aux produits fabriqués.

1.4 Calendrier de réalisation

ÉTAPE	RÉALISATION	DATE PRÉVUE
1-	Mettre au point le plan d'affaires.	29 mars 2004
2-	Rechercher le financement.	Mars-avril
3-	Incorporer et immatriculer l'entreprise.	1er juin
4-	Obtenir le permis d'occupation.	Juin
5-	Prendre une assurance responsabilité.	1er juin
6-	Choisir la localisation.	10 mai
7-	Aménager les locaux et le terrain.	Juin
8-	Acheter et installer les équipements.	En cours
9-	Prendre les ententes de politiques de crédit avec les fournisseurs.	Juin
10-	Acheter les stocks.	En cours
11-	Inscrire l'entreprise à la TPS et à la TVQ.	Juin
12-	Inscrire l'entreprise aux fichiers provincial et fédéral des employeurs.	Juin
13-	Inscrire l'entreprise à la CSST.	Juin
14-	Embaucher le personnel.	Pas d'embauche
15-	Ouvrir le compte bancaire.	Mi-mai
16-	Mettre en œuvre le plan de publicité d'ouverture.	Mois d'août
17-	Commencer les activités.	En cours

Plan d'affaires *La Vieille Garde*

1.5 Forme juridique de l'entreprise

1.5.1 Forme juridique

Nous avons décidé d'incorporer l'entreprise, et ce, dès notre première année d'exploitation. Les raisons sont assez évidentes étant donné la pénétration du marché prévue ainsi que les ventes envisagées pour la première année. L'incorporation assure à l'entreprise un environnement plus sûr ainsi que de nombreux avantages fiscaux tout en lui donnant une image officielle dans la recherche d'éventuels partenaires d'affaires. Une convention d'actionnaires est rédigée entre les actionnaires de l'entreprise. Cette convention permet de préciser les rôles et responsabilités des trois actionnaires fondateurs de l'entreprise La Vieille Garde inc.

1.5.2 Permis et licences

La Vieille Garde inc. devra faire vérifier son prototype pour recevoir les certifications CSA et UCL en vigueur au Canada pour tout appareil électrique en vente au pays.

Section 2
PROPRIÉTÉ ET DIRECTION DE L'ENTREPRISE

2.1 Présentation des promoteurs

L'entreprise La Vieille Garde inc. est composée de trois promoteurs qui, dans leur domaine respectif, sont des individus pleins de ressources et d'expérience. De plus, les trois entrepreneurs sont dynamiques et se complètent bien, ce qui maximise le potentiel de l'entreprise dans l'éventualité d'une croissance imminente.

Jean-Francois Perron, 29 ans, est directeur des ventes et du marketing/représentant. Il possède une solide expérience de 12 ans dans le domaine de la vente en gros et au détail. Il a toujours gravité autour des domaines du marketing, de la publicité et des affaires. Il a un DEC en Art et technologie des médias et un BAC en administration option, marketing.

Par ailleurs, dans le cadre du projet actuel, Jean-Francois Perron doit pallier sa connaissance limitée du domaine technique du vin. Cependant, de nombreuses lectures ainsi que des formations sur ce sujet sont prévues incessamment.

Louis Gagné, 23 ans, concepteur/ébéniste, s'est forgé une solide expérience dans le domaine de l'ébénisterie et de la sculpture sur bois. Il a travaillé pendant plus d'un an avec Yvon Robert, luthier d'art, et s'est sans cesse perfectionné dans le domaine de l'ébénisterie et de la sculpture sur bois. Louis Gagné a aussi travaillé pendant plus de trois ans pour la SAQ, ce qui lui a permis d'acquérir une bonne connaissance du monde vinicole ainsi qu'un solide réseau de contacts dans le domaine. Il possède une formation de deux années en arts plastiques et de deux années en administration au Cégep de Chicoutimi.

Pour sa part, Louis Gagné doit remédier à son manque de connaissances concernant les subtilités du monde des affaires et de la vente. Cependant, une formation et des lectures constantes rendent Louis Gagné apte à participer au développement des affaires de notre entreprise.

Dany Piché, frigoriste et soudeur, a une solide expérience dans le domaine de la réfrigération et de la soudure. Il a travaillé pendant plus de deux ans chez Équipements Mauvalin inc. et possède tous les atouts pour remplir différentes tâches reliées au domaine qui nous intéresse. De plus, Dany Piché a toujours gravité autour du domaine de la réfrigération et de la soudure en effectuant divers contrats pour des particuliers. Aussi, il possède un don inné pour l'innovation et est apte à régler tout problème pouvant survenir.

Dany Piché doit lui aussi combler un manque de connaissances concernant les subtilités du monde des affaires et de la vente. Cependant, une formation et des lectures constantes rendent Dany Piché apte à participer au développement des affaires de notre entreprise.

2.2 Structure de la propriété

NOM ET PRÉNOM	FORME DE PARTICIPATION (active ou passive)	MISE DE FONDS		PARTICIPATION EN %
		EN ARGENT	TRANSFERT D'ACTIFS	
Perron, Jean-François	active	1 000 $	5 950 $	33 1/3
Gagné, Louis	active	1 000 $	5 950 $	33 1/3
Piché, Dany	active	1 000 $	5 950 $	33 1/3

2.3 L'équipe entrepreneuriale (ressources stratégiques)

La grande force de notre équipe réside à la fois dans la complémentarité des ressources personnelles des trois actionnaires et dans la multitude de ressources qu'apporte notre réseau de contacts[8]. De ce fait, les intervenants qui gravitent autour de notre entreprise peuvent à leur manière nous aider dans les domaines où nous sommes le moins performants. Le travail de comptabilité sera effectué par une ressource extérieure au groupe d'actionnaires, puisque cette fonction a une importance cruciale pour la réussite de l'entreprise et que nous désirons que le travail soit fait avec professionalisme.

Les autres membres de notre réseau de contacts vont plutôt agir à titre de personnes-ressources pour le marché qui nous intéresse ; nous avons différents contacts dans le domaine vinicole, comme M. Bouchard, représentant de la prestigieuse maison de vin Vins Conseils, importateur privé de collections de vins, ainsi que M. Lavoie, chargé de cours en marketing à l'Université du Québec à Chicoutimi.

Par ailleurs, notre réseau de contacts s'étend aussi chez différents fournisseurs qui croient fermement au sérieux de notre entreprise ainsi qu'au succès de celle-ci. À noter que notre réseau s'élargit de jour en jour et que notre projet suscite beaucoup d'intérêt de la part des personnes ciblées.

---

[8] N.D.L.R. Les compétences diversifiées et complémentaires des trois promoteurs (marketing et vente, ébénisterie et réfrigération) permettent de répondre aux exigences de ce projet d'entreprise. Par ailleurs, une convention d'actionnaires permet de clarifier tous les rôles et responsabilités des trois partenaires fondateurs, tous actifs dans l'entreprise.

Section 3
MARCHÉ

3.1 Secteur d'activité et l'environnement

Notre produit est dans un secteur d'activité de choix puisque ce secteur est en croissance depuis une dizaine d'années au Canada et en Amérique du Nord. Il s'agit du secteur du vin et de ses compléments. En se fiant uniquement au bilan financier de la SAQ pour l'année 2001-2002, on remarque une tendance qui ne ment pas quant à la pertinence de percer un marché aussi croissant. En effet, l'augmentation des ventes dans le réseau des magasins de la SAQ est de 11,8 %, comparativement à l'année précédente. Les vins contribuent à cette croissance en volume dans une proportion de 54,3 %.

Le Québec se situe dans le peloton de tête des provinces où il se consomme le plus de vin, la moyenne étant de 15,3 litres par habitant. La vente de vin représente 67 % du chiffre d'affaires de la SAQ et 75 % du volume des boissons alcooliques écoulées dans son réseau de succursales. La lente progression du prix du vin favorise cette croissance. Les ventes totales de vin pour la SAQ en 2001-2002 s'élèvent à 1 105 900 000 $, ce qui représente 100,9 millions de litres vendus au Québec seulement.

Ces données sont très intéressantes en termes de volume, mais elles le sont encore plus sur le plan qualitatif ; en effet, les consommateurs consomment plus mais consomment mieux également. Environ 4 500 Québécois ont suivi en 2001-2002 des formations offertes par la SAQ sur l'initiation à la viniculture, la dégustation, les vins de France, d'Italie et du Nouveau Monde, la vigne, les cépages et les accords mets-vins.

Ces données démontrent clairement une croissance constante de la consommation de vin et surtout une meilleure connaissance des différentes composantes des vins de spécialité. Cela sous-entend aussi une meilleure compréhension de l'évolution du vin dans le temps et de la façon dont il se bonifie, s'il est conservé dans des conditions de garde idéale.

Par conséquent, nous considérons ce secteur d'activité comme étant très propice à la venue d'un nouveau produit qui réunit dans un même meuble plusieurs caractéristiques représentatives de certaines tendances actuelles.

Parmi ces tendances, notons l'envie pour beaucoup de consommateurs d'aller vers des vins de spécialité et des vins de garde. Nous remarquons aussi une tendance des consommateurs à se procurer des produits conçus précisément pour répondre à leurs besoins. Dans ce cas-ci, il s'agit d'un produit pouvant recréer l'environnement idéal pour tout type de vin et lui permettre d'acquérir sa pleine maturité. Un autre facteur intéressant réside dans le fait que les gens aiment allier le côté pratique d'un objet à son côté esthétique et c'est exactement le positionnement que nous comptons occuper avec nos produits : un produit visuellement très tendance, qui plaira tant par sa beauté que par sa fiabilité.

L'occasion de marché décrite précédemment se jumelle à une autre occasion, soit celle d'avoir réuni une équipe de trois entrepreneurs qui, en plus de leurs aptitudes complémentaires, ont le désir de créer et de mener à bien une entreprise qui rayonnera bientôt par son dynamisme et son audace.

3.2 Clientèle cible

3.2.1 Clientèle cible (segment du marché)

Notre entreprise vise plusieurs clientèles. Nous en ferons l'énumération en tenant compte des statistiques socioéconomiques et sociodémographiques s'y rattachant. Nous allons cibler dès le lancement de notre entreprise la clientèle des hôteliers, des aubergistes et des restaurateurs de la province de Québec. Cette clientèle est intéressante puisque nous pouvons la cibler et la rejoindre très facilement.

Par ailleurs, le type de produit que nous fabriquons a de fortes chances d'intéresser cette clientèle puisque les trois principales qualités qui caractérisent notre produit sont primordiales pour notre clientèle cible.

Premièrement, l'aspect tendance des celliers à vin est indéniable si l'on se fie à l'augmentation des ventes des entreprises spécialisées dans le domaine et à l'engouement populaire pour ce type de produit. Donc, nous pouvons conclure que les hôteliers, restaurateurs ou aubergistes dignes de ce nom (plus de 17 700 établissements au Québec) qui n'ont pas ce type de produit dans leur établissement cherchent beaucoup moins à suivre la tendance que beaucoup de leurs compétiteurs.

Deuxièmement, l'aspect de conservation du vin dans des conditions de garde idéales joue fortement en notre faveur, puisque c'est l'un des fondements de notre produit. Pour beaucoup d'hôteliers, de restaurateurs et d'aubergistes, la crédibilité de leur établissement passe par leur table et leur carte des vins. En ce sens, l'ajout d'un appareil spécialisé dans la conservation du vin ne peut que raffermir le sentiment de crédibilité que veulent inspirer ces professionnels de la restauration auprès de leur clientèle.

Troisièmement, rappelons l'aspect sécuritaire de nos produits par rapport à ceux qui existent déjà sur le marché ; notre entreprise est la seule à recréer les conditions de garde idéales du vin à l'intérieur d'une unité mobile. Cela veut dire qu'un professionnel de la restauration qui a investi des milliers de dollars à monter sa collection de bouteilles aura de fortes chances de prêter attention à un appareil qui garantira son investissement en évitant les pertes. Une bouteille de vin de garde qu'on laisse arriver à maturation dans des conditions idéales se bonifiera à coup sûr tant au point de vue du goût que de sa valeur pécuniaire ; laisser cette bouteille à l'air libre équivaut à laisser le plus fin des caviars en plein soleil par une journée d'été…

Nous visons aussi une autre clientèle, soit celle des professionnels du vin. Il y a d'abord les traditionnelles maisons de vins internationales qui exportent leurs produits au Canada et qui pourraient voir nos celliers comme une valeur ajoutée à certaines de leurs collections de prestige. Il est donc important pour nous d'établir des ponts entre notre entreprise et des maisons de vins qui pourront non seulement devenir de bons clients mais aussi constituer un vaste réseau de contacts pour distribuer nos produits partout dans le monde.

Dans cette lignée, il y a aussi les importateurs de vin privés. Ceux-ci sont plus accessibles que les maisons de vins et plus facilement en contact avec les particuliers qui connaissent et apprécient les vins de garde. Dans le même sens que pour les maisons de vins, ces importateurs privés pourraient former un circuit de distribution privilégié pour notre entreprise et devenir de précieux collaborateurs.

Dans le cadre d'une croissance à moyen terme, nous envisageons aussi la clientèle des détaillants de meubles ; à cet effet, nous dégageons deux clientèles cibles particulières.

Premièrement, les magasins de meubles à grande surface de style Tanguay ou Brault & Martineau ; ils laissent de plus en plus de place aux celliers dans leurs magasins, ce qui nous amène à croire à un intérêt possible de leur part. D'ailleurs, dans les magasins à grande surface, tous les styles de celliers se ressemblent et on n'y retrouve pas de produits haut de gamme ; la demande pour des celliers plus luxueux semble donc présente, au dire de plusieurs vendeurs interrogés sur place, ce qui est très intéressant pour nous. De plus, ce type de distribution pourrait finir par nous assurer un volume de vente important et une reconnaissance de la marque, ce qui est non négligeable avec la clientèle « grand public ».

Deuxièmement, nous envisageons un autre circuit de distribution vers les magasins, soit les commerces qui se spécialisent dans la vente de produits complémentaires au vin (Aux plaisirs de Bacchus, Vinum design, 12 degrés en cave, etc.). Ces commerces de vente au détail sont une partie importante de notre stratégie de distribution, puisqu'ils s'adressent à une clientèle à la recherche de qualité et de respect des traditions en termes de conservation du vin, une clientèle pouvant donc être très réceptive à nos produits. Ce type de distribution s'adressant directement à une clientèle de choix, cela aidera notre entreprise à faire sa place et à être reconnue au fil des ans.

Finalement, la clientèle la plus difficile à rejoindre pour toute entreprise est celle des particuliers. Pour atteindre ce type de clientèle, nous avons décidé de la segmenter en deux entités par rapport à notre marché.

La première entité : le client particulier qui est connaisseur de vin et qui possède ou veut posséder une collection de vins à conserver et à consommer. Ce type de client connaît le vin et comprend l'importance de le conserver dans des conditions idéales pour optimiser sa longévité et éviter de le voir se détériorer avec le temps. Il est donc réceptif à l'orientation prise par notre entreprise et effectuera des recherches qui le mèneront vers notre produit ou vers une cave à vin traditionnelle (qui, rappelons-le, coûte le triple de notre produit et condamne une pièce de la maison). Nous n'avons donc plus qu'à mettre en place un système qui nous permettra d'être repéré facilement lors des recherches faites par ces consommateurs et à nous infiltrer dans le milieu vinicole pour attirer ce type de clients.

La deuxième entité : le client qui n'est pas indifférent au monde du vin et qui apprécie le standing lié à tout ce qui touche au monde du vin et à ses compléments. Ce type de client pourrait voir de l'intérêt à se procurer une unité de réfrigération qui lui permettra de conserver ses bouteilles et à posséder un meuble qui, en plus d'être décoratif, ravira sans aucun doute l'ensemble de ses invités lors d'une réception. Cette dernière phrase est bien sûr une image, mais elle permet de cibler un type de clientèle de plus en plus présent de nos jours. Par ailleurs, il faut noter que, dans le cycle de vie de notre produit, les celliers sont au début de la phase de croissance, ce qui représente une autre part de clientèle (l'acheteur) («adoptant précoce»).

Pour ce qui est de la vente en gros, nous prévoyons diriger une partie de notre force de vente vers certaines entreprises qui se spécialisent dans les unités d'habitation (condos, maisons préfabriquées, fabricants d'armoires et de cuisines), et ce, afin de nous assurer un certain volume de ventes à moyen terme. Cette approche nous permettrait d'assembler des unités encastrables seulement. Nous pourrions ainsi gagner du temps au niveau de notre chaîne de production et ainsi réaliser des gains appréciables en termes de volume de ventes.

Cette avenue est cependant très dépendante de l'évolution de notre marché et de la croissance de notre entreprise, mais elle reste très intéressante sur le plan du volume des ventes par rapport aux coûts de production.

Nous tenons également compte du fait que la population du Québec avance en âge et qu'on assiste à une augmentation du revenu discrétionnaire après le départ des enfants du domicile familial. Cette tendance favorise notre projet, qui se situe dans les produits de luxe non indispensables à la vie de tous les jours. Par ailleurs, l'aspect esthétique et le cachet de nos celliers sont susceptibles d'attirer une clientèle attachée aux valeurs traditionnelles.

En résumé, notre clientèle est vaste et croissante, elle est jeune ou d'âge mûr, elle est à la fois tendance et attachée aux traditions, elle est facilement repérable et toujours en mouvement. Ce marché en croissance est à peu près vierge puisque la plupart des Nord-Américains n'ont pas encore de cellier à la maison. Notre entreprise veut s'attaquer à ce marché en créant peu à peu la reconnaissance de la marque, d'abord en se positionnant par rapport à une clientèle de professionnels et de personnes-ressources, pour ensuite se diriger vers un marché plus large qui vise le grand public et la production en série d'un certain type de modèle.

3.2.2 Territoire visé

Le territoire visé pour la première année est la province de Québec ainsi que la vallée du Niagara en Ontario, qui constitue un périmètre extrêmement intéressant sous l'angle de la proximité des clients potentiels pour notre produit. Nous voulons d'abord effectuer une tournée, région par région, des villes où existent les infrastructures qui nous intéressent en raison du marché potentiel, c'est-à-dire : hôtels, restaurants et auberges.

Étant donné les bonnes relations que nous entretenons avec la SAQ, nous visiterons chaque succursale Sélection et Signature des villes du Québec pour y laisser du matériel promotionnel. Le territoire ainsi couvert directement par la force de vente nous permettra de dresser un portrait des endroits stratégiques où mener une contre-offensive de vente et de tracer un tableau assez clair des forces et faiblesses d'éventuels compétiteurs.

Plan d'affaires *La Vieille Garde*

3.3 Concurrence

NOM DES CONCURRENTS (adresse)	PRODUITS	FORCES	FAIBLESSES
Cavavin Saint-Hubert, QC De 400 $ à 7 000 $	Refroidisseurs bas de gamme et moyen de gamme	- Plusieurs types de produits - Bonne capacité de production - Entreprise bien implantée au Québec depuis 19 ans	- Produits qui ne répondent pas aux critères de conservation du vin - Marketing faible - Produits qui manquent d'originalité
Sub Zero Wisconsin, É.-U. De 4 000 $ à 8 500 $	Celliers réfrigérés moyen et haut de gamme	- Entreprise très solide implantée depuis 57 ans - Bonne capacité de production - Bon produit	- Entreprise spécialisée dans les réfrigérateurs haut de gamme - Produits très chers - Entreprise située aux É.-U.
Transtherm Houston, Texas, É.-U. De 4 000 $ à 8 500 $	Celliers et refroidisseurs de tous les types et de toutes les gammes	- Très gros distributeur - Bien implanté aux É.-U. - Distribue de nombreux produits	- Service à la clientèle impersonnel - Force de vente inexistante au Canada
Vintage Keeper De 2 500 $ à 4 000 $	Refroidisseurs modulaires encastrables	- Système de distribution efficace au Québec	- Produits bas de gamme qui ne répondent aucunement aux critères de conservation du vin - Aspect visuel ordinaire
Danby De 300 $ à 500 $	Petits refroidisseurs bas de gamme	- Peu coûteux	- Produits qui ne répondent aucunement aux critères de conservation du vin
Cruvinet (n.d.)	Système de service du vin en fût	- Pratique pour un service de vin au verre dans les restaurants et les bars - Créneau de marché unique à cette entreprise	- Service qui ne répond aucunement aux critères de conservation du vin - Aucune force de vente

Avantage concurrentiel

Le point majeur qui a motivé les trois entrepreneurs à la tête de La Vieille Garde inc. à démarrer une entreprise repose sur le fait qu'il existe un créneau de marché encore inexploité. Ce créneau est celui d'un véritable cellier réfrigéré (et non pas un refroidisseur) qui recrée les conditions de garde idéales d'une traditionnelle cave à vin, c'est-à-dire sans vibrations, sans lumière, sans changements brusques de température et avec un taux d'humidité relative avoisinant les 75 %. À la suite de nombreuses recherches, nous avons constaté que ce marché reste inoccupé, et ce, malgré la recrudescence des amateurs de vin et de ses compléments.

En plus du caractère innovateur d'enfermer une véritable cave à vin dans une unité mobile, notre produit se distingue par son côté esthétique, tant par ses lignes que par les essences de bois choisies, et par l'utilisation de verre texturé par technique de thermoformage. Bref, ce produit peut plaire à deux types de clientèle bien distincts et c'est ce qui représente notre véritable avantage concurrentiel ; en effet, le produit peut à la fois intéresser le connaisseur de vin qui possède une collection de bouteilles et désire maximiser les chances de rentabiliser son investissement, mais aussi attirer un client qui désire posséder un produit à la mode servant d'élément décoratif et de moyen d'impressionner l'entourage.

Le prix de vente (environ 6 667 $) est un autre avantage concurrentiel majeur, si on le compare au prix du produit prétendument haut de gamme actuellement sur le marché. En fait, notre produit présente beaucoup plus d'avantages en ce qui concerne le potentiel de conservation du vin que les produits déjà sur le marché, et il est rentable pour notre entreprise en se situant dans les prix des celliers moyen de gamme (de 4 000 $ à 8 500 $) qu'on trouve aujourd'hui en magasin.

Par ailleurs, comme notre entreprise n'a recours qu'aux services de trois employés, qui sont les trois propriétaires actionnaires, la structure d'entreprise est extrêmement flexible, et les moyens pris pour faire la mise en marché le seront d'autant plus, ce qui représente aussi un avantage concurrentiel majeur étant donné la fluidité du marché que l'on cherche à rejoindre. En ce sens, l'approche client, qui sera des plus personnalisées, comprendra des visites directes chez tous les clients professionnels potentiels ainsi qu'un suivi intelligent et ciblé qui nous permettra de développer un véritable réseau de contacts à travers le Québec et ailleurs.

En résumé, plusieurs facteurs jouent en notre faveur pour l'intégration de notre produit dans le marché actuel, mais ce sont sans aucun doute les caractéristiques techniques de conservation du vin et les dimensions esthétiques qu'apportent nos celliers dans un marché en pleine croissance qui rendent les différents intervenants si confiants en la réussite de notre aventure.

3.4 Marché potentiel

Dans cette section, nous évaluerons le marché potentiel que notre entreprise tentera de rejoindre par type de clientèle.

Hôtels/auberges/restaurants

Le marché potentiel des hôtels, auberges et restaurants est très vaste, et nous visons un taux de pénétration de ce marché de 0,25 % à 0,5 % pour la première année d'exploitation. Voici le nombre d'hôtels, d'auberges et de restaurants pour chaque région administrative du Québec.

RÉGION	NOMBRE TOTAL D'HÔTELS, DE RESTAURANTS ET D'AUBERGES	TAUX DE PÉNÉTRATION DE 0,25 %
Saguenay – Lac-Saint-Jean	788	7,8
Bas-Saint-Laurent	701	7
Québec	1 544	15,4
Mauricie	921	9,2
Estrie	916	9,1
Montréal	1 475	14,7
Outaouais	916	9,1
Abitibi	366	3,6
Côte-Nord	533	5,3
Nord du Québec	62	0,6
Gaspésie	816	8,1
Chaudière-Appalaches	1 012	10,1
Laval	636	6,3
Lanaudière	1 158	11,5
Laurentides	1 656	16,5
Montérégie	3 450	34,5
Centre du Québec	751	7,5
Total :	17 701	**Total : 44 celliers**

Plan d'affaires *La Vieille Garde*

Plan d'affaires — *La Vieille Garde*

RÉGION	NOMBRE DE MAGASINS DE MEUBLES DE MAISON, D'APPAREILS MÉNAGERS ET D'ACCESSOIRES	OUVERTURE DE COMPTE
Saguenay – Lac-Saint-Jean	22	2
Québec	31	2
Mauricie	29	1
Estrie	18	1
Montréal	20	4
Outaouais	13	1
Abitibi	12	1
Côte-Nord	10	0
Nord du Québec	2	0
Gaspésie	21	1
Chaudière-Appalaches	20	1
Laval	13	1
Lanaudière	34	1
Laurentides	29	1
Montérégie	85	3
Centre du Québec	16	1
Total :	**375**	**21**

3.5 Estimation des ventes – part de marché

Le marché potentiel total de ventes de celliers au Québec est extrêmement difficile à quantifier, étant donné la nouveauté et la nouvelle croissance de ce produit sur le marché québécois. Cependant, une information pertinente peut servir de guide pour déterminer la part de marché de La Vieille Garde inc. Il s'agit du nombre total de celliers vendus par notre principal concurrent, Cavavin, qui est le seul fabricant de celliers au Québec.

La compagnie Cavavin a vendu 1 200 celliers en 2003 ; avec une valeur moyenne de 5 000 $ par cellier, cela donne un chiffre d'affaires de 6 000 000 $. Donc, nous concluons qu'avec un chiffre d'affaires annuel pour la première année d'exploitation de 200 000 $, nous aurons l'équivalent de 3,3 % des ventes de notre principal concurrent au Québec, ce qui équivaut à une entrée discrète sur le marché avec 30 celliers vendus.

Section 4
PLAN DE COMMERCIALISATION

4.1 Stratégies de marketing

4.1.1 Stratégie de produits et de services

Produits et services

Notre entreprise vise la fabrication et la commercialisation d'un seul produit qui comportera différents modèles. Ces modèles varieront selon leurs capacités d'entreposage de bouteilles. Deux modèles sont pour l'instant envisagés. Le premier aura une capacité de 110 bouteilles et s'adressera à une clientèle de particuliers qui voudront l'utiliser chez eux. Le second modèle a une capacité d'entreposage de 180 bouteilles et s'adressera à une clientèle professionnelle et de particuliers.

Notre produit a comme caractéristiques principales de marier l'utilité à l'esthétisme d'un meuble décoratif. En effet, le cellier répond à prime abord au besoin de conserver une bouteille de vin afin de permettre à celle-ci de se bonifier pour acquérir une valeur maximale tant au point de vue du goût que de sa valeur pécuniaire. Notre produit peut donc recréer les conditions parfaites d'un environnement propice à la garde du vin, c'est-à-dire une température constante qui peut varier entre 12 °C et 14 °C. À cette fin, nous utilisons un thermostat numérique de type commercial qui nous assure une variation de la température de 1 °C au maximum.

Par ailleurs, l'humidité relative doit atteindre 75 % pour permettre au bouchon de liège de garder sa pleine élasticité et pour mettre le précieux liquide à l'abri de toute attaque extérieure (oxygène, microbes, bactéries, etc.). Afin de maintenir ce taux d'humidité, nous employons un dispositif de réfrigération/évaporation commercial permettant un échange d'air quotidien.

Quant à la chambre de réfrigération, elle doit être parfaitement isolée de toutes vibrations extérieures pour que le vin puisse vieillir dans un calme parfait ; l'assemblage de l'unité sera effectué toujours dans l'optique de cette isolation vibratoire, et c'est pour cette raison que le matériel de réfrigération et la chambre sont complètement isolés l'un de l'autre. Pour recréer les conditions parfaites de garde, la chambre de réfrigération doit être à l'abri de toute lumière et plus précisément des rayons UV qui peuvent nuire à la chimie du vin. Le verre que nous utilisons pour l'assemblage des portes du cellier est texturé par technique de thermoformage et comporte un double vitrage qui le rend « thermos » et réfractaire aux rayons UV.

Mentionnons aussi que notre produit répond à une aspiration psychologique de la part de beaucoup de clients potentiels. En effet, il réunit un maximum de variables favorables à la conservation d'une bouteille de vin, parce qu'un individu qui possède une collection importante n'hésitera pas à se procurer le meilleur produit pour faire croître son investissement, et ce, peu importe le prix.

Finalement, notre cellier se démarque totalement de la compétition. Il possède les courbes et le caractère d'un meuble en bois de style antique avec des composantes de réfrigération modernes, ce qui crée une magnifique combinaison entre le passé, le présent et le futur, et qui ajoute beaucoup de caractère à notre produit.

Service après-vente

Le service après-vente sera assuré par notre équipe, en fonction du problème posé. Toutefois, pour nous éviter de déplacer nos effectifs inutilement, nous prévoyons avoir recours à un système de sous-traitance dans chaque ville située à plus de 300 kilomètres de nos locaux et ainsi déléguer le service de réparation des composantes de réfrigération à des entreprises spécialisées dans ce domaine. Nous pourrions aussi envisager certaines alliances stratégiques avec des entreprises de réfrigération pour la distribution et la réparation de nos produits. Cependant, nos celliers étant isolés d'une telle manière que le matériel de réfrigération est très peu sollicité, cela en ménagera l'utilisation et diminuera par le fait même les risques de bris.

Pour ce qui est des garanties, nous établirons un système de garantie standard qui correspondra à ce qui est offert dans l'industrie, c'est-à-dire un an sur les pièces et la main-d'œuvre dans le cas d'un bris par causes naturelles, et nous proposerons une garantie prolongée qui avantagera autant le client que notre entreprise en matière de service après–vente.

Positionnement

Nous comptons prendre place dans l'industrie des fabricants de celliers à vin en positionnant notre produit dans la niche des produits haut de gamme de style Signature, avec le cachet particulier des objets faits à la main. Nous voulons devenir la référence en matière de conservation du vin et d'esthétisme, ce qui créera un effet d'entraînement en ce qui a trait à la reconnaissance de la marque et au choix de notre entreprise plutôt qu'une autre.

Nous voulons aussi vraiment mettre l'accent sur l'image de notre entreprise ; cette image devra transparaîtra tant dans le matériel de publicité et de promotion, le site Internet que dans l'attitude de notre représentant. Bref, dans un marché comme celui du vin, l'image est primordiale et nous en tiendrons compte.

En résumé, La Vieille Garde inc. va fabriquer un produit alliant qualité, innovation, artisanat et technologie tout en adoptant une approche et un service des plus chaleureux et personnalisé.

4.1.2 Stratégie de prix

Pour positionner notre entreprise dans le haut de gamme, nous allons avoir recours à une stratégie d'écrémage afin de rejoindre une clientèle avec un revenu discrétionnaire élevé. Ainsi, nous pourrons roder notre système de production et renflouer nos coffres puisque notre marge bénéficiaire atteindra 62 % avec une telle stratégie. De plus, la compétition nous permet de nous positionner dans ce créneau, puisque le prix du cellier le plus haut de gamme trouvé jusqu'à maintenant dépasse de beaucoup le coût de vente de notre plus gros modèle.

4.1.3 Stratégie de distribution et de localisation

Comme notre structure initiale de production sera limitée, nous voulons pénétrer le marché d'une manière graduelle, par des offensives de mise en marché et de distribution sucessives, dans l'optique bien précise de toujours garder le contrôle sur la fonction vente-production. À cette fin et dans le but d'avoir un lieu physique accessible, notre entreprise aura pignon sur rue au Saguenay dans la municipalité de Saint-Honoré, dans un local qui nous servira d'atelier de production et de bureau.

Le lieu géographique de nos locaux importe peu parce que nous ne comptons pas sur un achalandage élevé de la clientèle, à l'atelier de fabrication, pour vendre nos produits. Toutefois, nous voulons rester accessibles pour ceux qui veulent voir nos produits et nos installations, et c'est pour cette raison que nos locaux seront situés près du flot urbain.

Quant à nos stratégies de distribution de départ, nous nous sommes entendus avec la SAQ de Chicoutimi pour exposer un de nos modèles dans la succursale Sélection du boulevard Saguenay, où une clientèle abondante et ciblée pourra admirer et évaluer notre produit. De plus, nous laisserons sur place du matériel promotionnel expliquant le fonctionnement de nos produits ainsi que les coordonnées pour nous joindre.

Plan d'affaires *La Vieille Garde*

En ce qui concerne la livraison de nos produits, nous fonctionnerons par livraison directe chez le client par nos propres moyens. Nous pourrons ainsi dissiper toute forme d'incertitude chez le client en installant nous-mêmes le produit de façon à réduire au minimum la dissonance cognitive qui apparaît fréquemment après un achat important.

Comme nous l'avons mentionné précédemment, nous envisageons d'autres moyens de distribution à moyen et à long terme, comme l'intégration graduelle de nos produits chez différents distributeurs spécialisés ou non dans les produits vinicoles. Finalement, les contacts que nous établirons avec certains spécialistes de l'importation du vin représenteront une voie de distribution importante.

4.1.4 Autres stratégies

Les relations publiques sont un atout important dans la commercialisation de nos produits. Notre représentant est déjà bien connu dans le domaine des affaires au Saguenay – Lac-Saint-Jean et a aussi de nombreux contacts en province. Le plan initial de mise en marché prévoit un boom médiatique qui comprend notamment des articles de journaux ainsi que des émissions de radio et de télévision sur notre entreprise. Aussi, après l'incorporation de notre entreprise, notre représentant, qui est aussi directeur du marketing, deviendra membre de la Chambre de commerce de Chicoutimi en plus d'être déjà membre de plusieurs associations locales.

Nous croyons aussi pouvoir développer une autre stratégie en matière de relations publiques. Il s'agit de présenter nos produits pendant certaines activités reliées au monde vinicole comme des dégustations privées ou lors d'une campagne de financement. Les gens peuvent donc voir nos produits dans un contexte de démonstration plutôt que dans un contexte de vente pure, ce qui allège l'atmosphère et rend le produit encore plus accessible.

4.2 Stratégies promotionnelles

4.2.1 Choix des moyens

Les activités de promotion choisies par notre entreprise pour nous faire connaître sont nombreuses et font partie d'un plan de mise en marché peu coûteux et fort instructif. Nous amorcerons l'offensive avec un boom médiatique qui comprend des articles de journaux, des émissions de radio et de télévision traitant de notre entreprise, et ce, dans les deux premières semaines d'exploitation. Ensuite, nous participerons à un maximum d'activités promotionnelles, telles que des dégustations de vins et fromages, où nos produits se présenteront comme une valeur ajoutée au décorum très particulier associé à ces dégustations. De plus, les consommateurs seront à même de constater que le vin conservé dans nos celliers sera toujours à une parfaite température.

À ces activités s'ajouteront les déplacements qu'effectuera notre force de vente pour aller visiter chaque restaurant, hôtel et auberge des régions du Québec et faire la promotion de nos produits. Nous prévoyons aussi une association avec une maison de vin pour accroître la visibilité de nos produits dans le marché qui nous intéresse. Nous nous livrerons à un travail acharné en vue d'agrandir notre réseau de contacts avec les gens d'affaires de la région et d'ailleurs.

Le but de tous ces moyens de promotion est bien sûr de minimiser les frais de promotion tout en maximisant les contacts avec une clientèle ciblée, en gardant un contrôle sur notre croissance afin de nous positionner comme fabricants de celliers haut de gamme au Québec.

4.2.2 Budget et échéances

Budget de marketing et échéances – An 1 et An 2

BUDGET DE MARKETING ET ÉCHÉANCES AN 1			
CAMPAGNE DE LANCEMENT	**COÛTS**	**ÉCHÉANCES**	
Campagne médias	0,00 $	Mai	
Dégustation de vins et fromages	0,00 $	Mai à déc.	
Matériel promotionnel	0,00 $	Mai	
Visite de clientèles professionnelles	–	Mai à déc.	
Membre de la Chambre de commerce	–	Juin	
Total budget An 1	2 000 $		**Budget/Ventes 1 %**

BUDGET DE MARKETING ET ÉCHÉANCES AN 2			
ACTIVITÉS DE MARKETING	**COÛTS**	**ÉCHÉANCES**	
Matériel promotionnel	0,00 $	Janv. à déc.	
Participation aux salons des vins	–	Janv. à déc.	
Concours tirage d'un cellier	0,00 $	Septembre	
Total budget An 2	2 000 $		**Budget/Ventes 1 %**

Section 5
PLAN DES OPÉRATIONS

5.1 Processus opérationnel

Un cellier est le résultat de l'assemblage de près d'une centaine de composantes différentes provenant d'une trentaine de fournisseurs régionaux et nationaux. Le produit fini est un cellier à vin en bois massif qui, selon le modèle, peut contenir entre 77 et 400 bouteilles. Nos celliers se caractérisent principalement par leur aspect esthétique chaleureux et unique ainsi que par la performance du système de réfrigération qui recrée les conditions de garde d'une cave à vin traditionnelle.

Les celliers La Vieille Garde consistent en un assemblage d'aluminium et de bois. Nos modèles sont offerts dans un choix de cinq teintes : naturel, hydromel, cognac, malt foncé et bordeaux. Ces teintes sont inspirées des tendances les plus actuelles dans l'industrie du meuble. Notre entreprise veut personnaliser son offre de produit quant à la taille, au style et à l'essence de bois. De plus, elle peut également thermoformer une image (par exemple, des armoiries, un logo d'entreprise…) dans le verre de la porte du cellier.

Le processus opérationnel de l'entreprise La Vieille Garde inc. reposera sur une structure de création d'un carnet de commandes qui, une fois remplies selon nos capacités de production, c'est-à-dire 5 unités en 4 semaines (65 par année), suivra le plan présenté ci-dessous. Pour la première année, notre objectif est de vendre une trentaine d'unités. Voici donc les étapes de production d'un cellier que nous transposons pour cinq unités, ce qui rend notre chaîne de production beaucoup plus efficace en termes de volume.

Étape 1 (une journée)

• Usiner le bois (rabotage, dégauchissage, découpage des pièces).

• Couper et assembler les métaux (coupage, soudage, perçage).

• Assembler la base de bois et de métal.

Étape 2 (une journée)

• Assembler le meuble (assemblage de toutes les pièces de bois).

• Tailler et coller l'isolant.

• Coller et installer le meuble sur la base.

• Tailler l'aluminium pour le caisson de réfrigération.

Étape 3 (une journée)

• Plier, assembler et coller l'aluminium.

• Poser le placage du dos.

- Percer les trous et installer les volets, le drain, la sonde, le ventilateur, les rivets et grilles.

- Tailler les cadrages de portes.

Étape 4 (une journée)

- Poser les verrous de portes et les pentures.

- Tailler, assembler et coller les tablettes.

- Installer tout le système de réfrigération.

Étape 5 (une journée)

- Sabler le meuble en entier.

- Poser les tablettes coulissantes et la grille arrière.

- Terminer le dos et le dessus.

Étape 6 (une journée)

- Vernir le meuble en entier.

- Poser les vitres, le coupe-froid, le plexiglass et les bandes d'acier.

Étape 7 (une journée)

- Effectuer le test de réfrigération.

5.2 Capacité de production, de vente et de service

Pour la première année d'exploitation, La Vieille Garde inc. vise une capacité de production maximale de cinq unités par mois, soit un peu plus d'un cellier par semaine. Cela donne une capacité de production maximale de 65 unités pour la première année, ce qui est très réaliste par rapport aux objectifs de ventes (30 unités) quand on considère le créneau de marché choisi par rapport à la force de vente déployée au cours de la première année d'opération.

Comme, dès le démarrage de l'entreprise, nous comptons positionner notre produit dans le créneau du cellier haut de gamme avec un cachet artisanal de type «fait à la main», nous ne pouvons produire plusieurs unités d'avance : il revient en effet au client de décider de l'essence de bois, du style et du type de verre choisi pour son cellier. Nous pouvons cependant prendre de l'avance en préparant les bases de métal, les tablettes et les composantes de réfrigération, qui sont les mêmes pour tous les modèles de celliers.

Nous devons donc rapprocher le plus possible les commandes de la production. La façon dont nous allons nous y prendre pour suivre cette logistique de production en fonction des ventes à venir est simple : attendre d'avoir atteint de quatre à cinq commandes du même modèle dans un délai raisonnable (de six à huit semaines), afin de pouvoir produire plusieurs unités à la fois.

La deuxième année, nous comptons garder la même logistique, mais en doublant notre capacité maximale de production mensuelle. Nous pensons donc être capables de sortir 10 unités par mois, ce qui représente 120 celliers par année, et ce, dans le même créneau de marché, soit le cellier haut de gamme. Nous serons à ce moment capables de juger si le marché du haut de gamme a tendance à se saturer, quoique nos recherches et notre intuition nous amènent à croire qu'il sera encore plus fort que présentement.

À partir de la deuxième année, nous voulons développer le marché des celliers encastrables haut de gamme qui nécessitent beaucoup moins de temps de production puisqu'ils renferment beaucoup moins de composantes de bois (la façade seulement) et qu'il peuvent être vendus en plusieurs unités à la fois (condos de luxe, unités d'habitation, maisons Bonneville).

Analyse du prix de revient

Une évaluation de nos coûts de fabrication nous indique que les matériaux représentent les deux tiers de nos coûts et que la main-d'œuvre équivaut à un tiers des coûts. En nous reportant aux états financiers, nous constatons que le coût des celliers vendus correspond à 38 % du chiffre de vente, soit 76 000 $.

Matériaux (2/3) :	50 667 $	1 689 $
Main-d'œuvre directe (1/3)	25 333 $	844 $
Total	76 000 $	2 533 $ (par unité)

5.3 Approche axée sur la qualité

La qualité de notre produit est l'une des bases sur laquelle repose notre entreprise : c'est pourquoi toutes nos actions vont dans ce sens. De la fabrication, à l'assemblage et à la livraison, tout est orienté vers la satisfaction du client tant en ce qui concerne le service que la qualité du produit fini.

Nos produits sont fabriqués et assemblés à la main, ce qui sous-entend une très grande performance et durabilité des différentes composantes. Nous avons déjà effectué une batterie de tests pour perfectionner et rendre parfaitement opérationnel notre prototype. Celui-ci fonctionne donc à son plein rendement, selon les critères de conservation du vin, un taux d'humidité à 75 %, une température constante entre 12 °C et 14 °C ; de plus, les vibrations et la luminosité à l'intérieur de la chambre de réfrigération sont réduites au minimum.

Par ailleurs, nous offrirons une garantie de un an contre tout défaut dans les matériaux et la fabrication ; cette garantie s'appliquera à toutes les pièces de réfrigération, électriques et électroniques à compter de la date d'achat. S'ajoutera à cette garantie une garantie prolongée de quatre ans (main-d'œuvre non comprise) sur le compresseur. Le service de réparation sera assuré par notre équipe pour les clients se trouvant dans un rayon de 300 km. Pour les clients à l'extérieur de cette zone, nous créerons des alliances avec des entreprises spécialisées en réfrigération pour leur confier en sous-traitance les réparations couvertes par la garantie.

En ce qui concerne les certifications et les normalisations du système de réfrigération, électriques et électroniques, nous respectons toutes les lois en vigueur au Canada.

Le service après-vente est un aspect sur lequel notre entreprise mise énormément ; en effet, le nombre de clients potentiels qui nous seront envoyés par des clients satisfaits dépendra non seulement de la qualité du produit mais aussi de la qualité du service après-vente. Chaque client qui fera l'acquisition d'un cellier La Vieille Garde déclenchera pour notre entreprise tout un processus de marketing que nous pourrions intituler, par exemple, « Suivi d'un client et de ses références potentielles ».

Par ailleurs, il nous importe aussi de donner entière satisfaction à un client après qu'il aura fait l'acquisition du produit afin de réduire la dissonance cognitive inhérente à chaque achat important. Pour ce faire, nous offrirons avec chaque cellier une bonne bouteille de vin et diverses valeurs ajoutées que nous déterminerons en temps voulu (carnet de dégustation, carafe à vin, CD de musique d'ambiance). De plus, au moment de la livraison du produit, nous ne ménagerons pas nos efforts pour conseiller et rassurer les clients quant aux différents paramètres reliés aux celliers La Vieille Garde.

Ensuite, nous créerons un dossier client qui nous permettra de suivre ce dernier tout au long de la croissance de notre entreprise. Le dossier client comprendra entre autres un bref descriptif du client lui-même, le contexte de la vente ainsi que quelques informations personnelles (adresse, date d'anniversaire, nom des membres de sa famille, etc.) qui nous permettront de rester en contact avec ce même client. Recevoir une carte de souhaits le jour de son anniversaire et pendant le temps des fêtes fait toujours chaud au cœur, et ce sera un moyen de rappeler à nos clients que nous pensons à eux, même après la vente.

Donc, le service après-vente sera aussi à l'image de notre entreprise : personnalisé, de façon à montrer aux acheteurs que nous les considérons comme des amis et non comme de simples clients. Nous pensons qu'ainsi notre réseau de contacts ne peut que s'élargir et constituer la meilleure et la plus connue des formes de publicité : celle du bouche à oreille.

5.4 Approvisionnement

Refac Canada	Matériel de réfrigération, coupe-froid
Métaux Russel	Aluminium, acier
Y.G. Boulon	Vis, écrous, pattes
Plancher Mistral	Bois
Cuisilam	Placage, sablé, fournitures
Guy Ouellet	Verre thermoformé
Vitrerie commerciale	Silicone, plexiglass
Potvin et Bouchard	RX, Sonopan, volets, grilles, colle
Ferblanterie Marcel Guay	Bandes d'acier galvanisé
Décochic	Diluant, teinture alcool

Après nous être mis à la recherche de fournisseurs potentiels, nous nous sommes livrés à une analyse de leur situation afin de pouvoir travailler avec les meilleurs. Cette étude a été menée principalement à l'étape de la mise au point du prototype.

La proximité du fournisseur et les prix représentent nos premiers critères d'analyse, car nous voulons nous assurer des délais de livraison rapides et de bons prix. Cependant, nos nombreuses discussions avec différents fournisseurs lors de la mise au point du prototype nous ont amenés à considérer d'autres critères et à tenir compte du fait que certains fournisseurs cherchaient à nous aider à améliorer notre prototype. Ils nous apportaient des conseils (par exemple à propos du calcul de réfrigération) et leur savoir à titre de spécialistes.

5.5 Plan d'aménagement[9]

5.6 Immobilisations

DESCRIPTION	À ACQUÉRIR Coût (incluant les taxes)	EN MAIN Juste valeur marchande
Terrain / aménagement	12 000 $	
Bâtisse	15 000 $	
Matériel roulant	7 000 $	
Équipement, outillage	11 400 $	17 350 $
Frais de démarrage	5 620 $	

---

[9] N.D.L.R. Un plan d'aménagement a été élaboré et présenté en annexe dans la version officielle du plan d'affaires. À la demande des promoteurs, ce plan n'est pas présenté dans ce volume.

5.7 Équipements et outillage[10]

EN MAIN

Dégauchisseuse	(n.d.)
Banc de scie	(n.d.)
Trépied sur roues	(n.d.)
Tour à bois	(n.d.)
Raboteuse	(n.d.)
Scie à onglets	(n.d.)
Compresseur et accessoires	(n.d.)
Soudeuse	(n.d.)
Scie à ruban	(n.d.)
Perceuse à colonne	(n.d.)
Toupie	(n.d.)
Ponceuse à ruban	(n.d.)
Perceuses (2)	(n.d.)
Ponceuses (3)	(n.d.)
Outils Dremmel (2)	(n.d.)
Serre-joints	(n.d.)
Coffre à outils et outils divers	(n.d.)
Scie Tiger	(n.d.)
Mèches au carbure	(n.d.)
Ciseau/lime/mortaiseuse/mèches industrielles	(n.d.)
Serre-joints toutes grandeurs	(n.d.)

Total en main	**17 350 $**

À ACQUÉRIR

Banc de scie industriel	(n.d.)
Soudeuse Tiger pour aluminium et acier inoxydable	(n.d.)

---

[10] N.D.L.R. Tous les chiffres étaient donnés dans le plan d'affaires officiel.

Raboteuse à bois industrielle	(n.d.)
Ponceuse à ruban	(n.d.)
Scie à ruban	(n.d.)
Raboteuse	(n.d.)
Perceuse à colonne industrielle	(n.d.)
Compresseur	(n.d.)
Dépoussiéreuse	(n.d.)

Total à acquérir	**11 400 $**

TOTAL DES ÉQUIPEMENTS ET OUTILLAGE	**28 750 $**

5.8 Frais de démarrage

Assurances	2 000 $
Incorporation	570 $
Honoraires professionnels	800 $
Imprimerie (cartes professionnelles, dépliants, papier à lettres)	2 250 $

Total des frais de démarrage	**5 620 $**

5.9 Main-d'œuvre

Ne s'applique pas.

5.10 Recherche et développement

La section recherche et développement sera axée sur la mise au point d'un système de réfrigération aussi parfait que possible et la réalisation des tests nécessaires pour s'assurer une qualité acceptable du produit à mettre en marché.

Nous savons qu'il sera nécessaire de mettre au point quelques prototypes et nous espérons réaliser toute cette étape de développement sur une période d'un an. Ce développement nécessite un savoir à acquérir, et des ressources financières sont nécessaires.

Une association est présentement en cours avec le Centre des hautes technologies de Jonquière pour la création d'un système de tablettes sur coussin d'air. Une subvention de l'ordre de 30 000$ offerte par le ministère du Développement économique et régional est aussi envisagée afin de perfectionner cette invention.

Section 6
PLAN DE FINANCEMENT

6.1 Coût et financement de départ au 1er juin 2004

Actif		Passif	
Actif à court terme		*Passif à court terme*	
Encaisse	2 480$	Marge de crédit	0$
Placements	0$	Comptes fournisseurs – taxe	0$
Comptes clients	0$	Frais courus	0$
Stocks	1 500$	Portion dette L.T	1 173$
Subvention à recevoir	0$	**Total passif à court terme**	**1 173$**
Frais payés d'avance	0$		
Total actif à court terme	**3 980$**		
Actif à long terme		*Passif à long terme*	
Bâtisse/amélioration	15 000$	Emprunt à long terme	28 827$
Terrain/aménagement	12 000$	Dû aux propriétaires	0$
Matériel roulant	7 000$	**Total passif long terme**	**28 827$**
Mobilier/équipements	28 750$		
Frais de démarrage	5 620$	**TOTAL DU PASSIF**	**30 000$**
Total	**68 370$**		
Amortissement cumulé	0$	*Avoir des propriétaires*	
Total actif long terme	**68 370$**	Capital-actions/avoir	20 850$
		Bénéfices non répartis	0$
		Subventions	21 500$
		Total de l'avoir	**42 350$**
TOTAL DE L'ACTIF	**72 350$**	**TOTAL PASSIF ET AVOIR DES PROPRIÉTAIRES**	**72 350$**

6.2 ÉTAT DES RÉSULTATS

	1er juin 2004 31 mai 2005	1er juin 2005 31 mai 2006
VENTES	200 000 $	220 000 $
Stocks au début	1 500 $	1 500 $
+ achats et sous-traitance	76 000 $	83 600 $
- stocks à la fin	1 500 $	1 500 $
Coût des produits vendus	76 000 $	83 600 $
Marge bénéficiaire brute	124 000 $	136 400 $
FRAIS D'EXPLOITATION		
Frais de ventes	10 100 $	10 610 $
Frais d'administration	104 148 $	119 115 $
Frais de financement	3 203 $	2 278 $
TOTAL DES FRAIS	**117 451 $**	**132 003 $**
BÉNÉFICES AVANT IMPÔT	6 549 $	4 397 $
Moins prélèvements	0 $	0 $
BÉNÉFICES D'EXPLOITATION	**6 549 $**	**4 397 $**

ANNEXES À L'ÉTAT DES RÉSULTATS

	1er juin 2004 31 mai 2005	1er juin 2005 31 mai 2006
FRAIS DE VENTES		
Salaires/commissions	0 $	0 $
Avantages sociaux	0 $	0 $
Déplacements	5 000 $	5 000 $
Créances douteuses	1 900 $	2 210 $
Publicité et promotion	2 000 $	2 200 $
Frais certification–CSA	1 200 $	1 200 $
Frais de ventes début	0 $	0 $
TOTAL FRAIS DE VENTES	**10 100 $**	**10 610 $**

FRAIS D'ADMINISTRATION

Salaires/promoteurs	74 820 $	85 591 $
Avantages sociaux	11 223 $	12 839 $
Téléphone	1 200 $	1 200 $
Fournitures de bureau	300 $	300 $
Honoraires professionnels	800 $	800 $
Amortissement	8 585 $	11 165 $
Taxes	420 $	420 $
Électricité et chauffage	3 600 $	3 600 $
Assurances	2 000 $	2 000 $
Entretien et réparation	1 200 $	1 200 $
Frais administratif du début	0 $	0 $
TOTAL FRAIS D'ADM.	**104 148 $**	**119 115 $**

FRAIS DE FINANCEMENT

Frais bancaires	300 $	300 $
Intérêts/court terme	0 $	0 $
Intérêts/long terme	2 063 $	1 978 $
Frais de marge de crédit	840 $	0 $
TOTAL FRAIS DE FINANCEMENT	**3 203 $**	**2 278 $**

6.2 Les bilans
Bilan au 31 mai 2005

Actif		Passif	
Actif à court terme		*Passif à court terme*	
Encaisse	6 441 $	Marge de crédit	0 $
Placements	0 $	Comptes fournisseurs – taxe	0 $
Comptes clients	10 000 $	Frais courus	0 $
Stocks	1 500 $	Portion dette long terme	1 258 $
Subvention à recevoir	0 $	**Total passif à court terme**	**1 258 $**
Frais payés d'avance	0 $		
Total actif à court terme	**17 941 $**		
Actif à long terme		*Passif à long terme*	
Bâtisse/amélioration	15 000 $	Emprunt à long terme	27 569 $
Terrain/aménagement	12 000 $	Dû aux propriétaires	0 $
Matériel roulant	7 000 $	Total passif long terme	27 569 $
Mobilier/équipements	28 750 $		
Frais de démarrage	5 620 $	TOTAL DU PASSIF	28 827 $
Total	68 370 $		
Amortissement cumulé	8 585 $	Avoir des propriétaires	
Total actifs long terme	**59 785 $**	Capital-actions/avoir	20 850 $
		Bénéfices non répartis	6 549 $
		Subventions	21 500 $
		Total de l'avoir	**48 899 $**
TOTAL DE L'ACTIF	**77 726 $**	**TOTAL PASSIF ET AVOIR DES PROPRIÉTAIRES**	**77 726 $**

Bilan au 31 mai 2006

Actif	
Actif à court terme	
Encaisse	21 746 $
Placements	0 $
Comptes clients	9 000 $
Stocks	1 500 $
Subvention à recevoir	0 $
Frais payés d'avance	0 $
Total actif à court terme	**32 246 $**
Actif à long terme	
Bâtisse/amélioration	15 000 $
Terrain/aménagement	12 000 $
Matériel roulant	7 000 $
Mobilier/équipements	28 750 $
Frais de démarrage	5 620 $
Total	68 370 $
Amortissement cumulé	19 750 $
Total actifs long terme	**48 620 $**
TOTAL DE L'ACTIF	**80 866 $**

Passif	
Passif à court terme	
Marge de crédit	0 $
Comptes fournisseurs – taxes	0 $
Frais courus	0 $
Portion dette long terme	1 349 $
Total passif à court terme	**1 349 $**
Passif à long terme	
Emprunt à long terme	26 221 $
Dû aux propriétaires	0 $
Total passif long terme	**26 221 $**
TOTAL DU PASSIF	**27 569 $**
Avoir des propriétaires	
Capital-actions/avoir	20 850 $
Bénéfices non répartis	10 946 $
Subventions	21 500 $
Total de l'avoir	53 296 $
TOTAL DU PASSIF ET DE L'AVOIR DES PROPRIÉTAIRES	**80 866 $**

Plan d'affaires La Vieille Garde

LES ANNEXES[11]

Annexe 1 : Curriculum vitæ

Annexe 2 : Bilan personnel

Annexe 3 : Convention d'actionnaires

Annexe 4 : Liste des clients potentiels

Nous avons rédigé une liste de clients potentiels afin de démontrer aux analystes que nous connaissions le marché et que nous avions une image précise de notre marché cible.

Annexe 5 : Lettres d'intention et de référence

Les lettres d'intentions de la part des distributeurs sont pertinentes dans une dynamique de démarrage puisque celles-ci donnent de la crédibilité au projet et servent à faire lever le financement.

Annexe 6 : Articles pertinents

Les articles pertinents permettent aux promoteurs d'avoir un maximum d'informations sur le marché et sur la compétition. Il est important de faire beaucoup de recherche sur le marché que l'on vise pour être en mesure d'attaquer celui-ci de façon logique et de trouver sa place parmi la compétition. De plus, ces informations démontrent aux analystes du dossier d'affaires que le projet d'affaires n'est pas le fruit seulement de l'imagination des promoteurs.

---

[11] N.D.L.R. À la demande des promoteurs, ces six annexes ne sont pas présentées afin d'en préserver la confidentialité.

Conclusion

Nous avons mentionné en introduction que le plan d'affaires pouvait servir à différentes fins. Sa principale raison d'être est de rassurer l'entrepreneur lui-même que le projet poursuivi est viable. Il est également utilisé pour obtenir du financement, pour convaincre des partenaires potentiels, pour trouver de nouveaux clients et, finalement, pour dénicher de nouveaux fournisseurs. De plus, ce plan d'affaires devient un outil de gestion lors de la phase de démarrage de l'entreprise.

Les objectifs poursuivis par les uns étant différents de ceux poursuivis par les autres, il est important d'adapter le contenu du plan afin de faire ressortir les dimensions les plus importantes pour chacun. Ainsi, si vous êtes à la recherche de financement auprès d'établissements financiers ou d'investisseurs privés, vous ferez ressortir la rentabilité du projet et la capacité de l'entreprise de pouvoir faire face à ses obligations financières. Si vous êtes à la recherche de partenaires, vous mettrez de l'avant l'avantage potentiel qu'ils peuvent en retirer, tant sur les plans personnel et professionnel qu'économique et fiscal.

Si vous utilisez le plan d'affaires pour recruter de nouveaux clients, vous devez insister sur les caractéristiques de votre produit ou de votre service, que ce soit la qualité, le prix, le service après-vente ou la garantie offerte. Si vous êtes à la recherche de fournisseurs, mettez l'accent sur le potentiel de ventes additionnelles que représente votre entreprise. Dans les deux cas, vous devez démontrer la viabilité de votre projet pour les convaincre que la relation qu'ils pourraient tisser avec vous sera durable. N'oubliez pas que les clients et les fournisseurs représentent également des sources potentielles pour l'obtention de financement.

Le plan d'affaires a de multiples usages ; il vous suffit de le moduler de façon à en tirer tous les avantages. Cependant, avant de transmettre votre plan d'affaires à qui que ce soit, assurez-vous de la qualité du français (en corrigeant les « fôtes » à l'aide d'un logiciel de traitement de texte et idéalement en le faisant relire par une personne compétente) et de la présentation graphique du document. Évitez les textes surchargés ou trop aérés (l'interligne et demi avec des marges de 2,5 cm sont généralement la norme), les tableaux sur plusieurs pages (mettez-les plutôt en annexe), les changements de polices de caractères, le gras et le soulignement abusifs. Bref, présentez un document de facture professionnelle.

Pour la recherche de financement auprès d'investisseurs professionnels, notamment lorsque vous êtes à la recherche de capital de risque, voici le processus à suivre.

Un premier contact avec l'investisseur est fait par téléphone, préférablement à la suite d'une première introduction faite par une personne qui a ses entrées dans le réseau (par exemple le commissaire industriel de votre localité). Évitez le courriel pour un premier contact : cela ne fait pas très « professionnel ». Il vous faudra être suffisamment convaincant dans la présentation de votre projet pour amener l'investisseur à vouloir en savoir plus. L'investisseur intéressé demande alors copie du plan d'affaires. Il est de pratique acceptable, quoique peu utilisée, de faire signer un accord de confidentialité par l'investisseur potentiel.

À l'aide du plan d'affaires, l'investisseur potentiel regardera l'expérience passée de l'équipe et son potentiel à mener à bien les destinées de l'entreprise. Il s'intéressera également au secteur d'activité et à son potentiel de croissance, à l'avantage concurrentiel offert par l'entreprise, à l'aspect financier actuel et futur et, finalement, à l'équité offerte pour le prix demandé. Si son intérêt tient toujours, il convoquera les promoteurs en entrevue.

Avant de vous rendre à toute entrevue avec un bailleur de fonds, nous vous suggérons de faire réviser votre plan d'affaires et votre présentation par un conseiller externe, votre parrain ou votre marraine d'affaires par exemple. Ce conseiller pourra vous poser toutes les questions qui pourraient surgir dans une entrevue de financement pour ainsi vous préparer à répondre adéquatement.

On n'a jamais une deuxième chance de faire une bonne première impression. C'est la seule chance qui vous sera offerte de convaincre verbalement l'investisseur du potentiel du projet. En conséquence, il est très important de faire une présentation professionnelle. Au cours de la présentation, l'investisseur va essayer d'évaluer l'équipe entrepreneuriale, ses connaissances des marchés et du produit, ses capacités de gestion, etc. De son côté, l'entrepreneur évaluera la valeur de l'investisseur, son intérêt et sa réputation sur le marché.

Par la suite, l'investisseur poussera plus loin ses recherches sur le projet. Il vérifiera d'abord le potentiel de marché, fera enquête sur l'équipe entrepreneuriale, évaluera la faisabilité technique du projet et vérifiera l'analyse financière présentée. Ce processus d'analyse peut s'avérer assez long. Ce n'est qu'une fois cette analyse faite que vont commencer les négociations qui pourront par la suite déboucher sur une entente.

Il est important de ne pas mettre tous ses œufs dans le même panier. Il ne faudrait pas vous limiter à un seul investisseur : votre pouvoir de négociation en serait réduit. En fait, il ne faut pas approcher plusieurs investisseurs en même temps, pour les mêmes raisons. Ceux-ci ont leur propre réseau d'affaires et ils sauront rapidement si vous avez sollicité plusieurs personnes en même temps, pour le même projet et les mêmes sommes. Le cas échéant, ils auront l'impression que vous leur faites perdre leur temps. Vous pouvez cependant fractionner le risque entre plusieurs investisseurs en respectant les spécialités de chacun.

Le choix des investisseurs potentiels doit être fait avec prudence. Parmi les critères de sélection, on pourra regarder l'intérêt dans les entreprises en démarrage, l'intérêt dans le secteur d'activité, la capacité et l'intérêt à fournir des conseils, à donner un appui moral et à vous présenter d'autres contacts. Il est important de choisir un investisseur avec qui on s'entend et qui a une bonne réputation et un bon sens de l'éthique.

Le démarrage d'une entreprise et la rédaction d'un plan d'affaires correspondent à une période de réflexion. Il faut mettre à profit cette période afin de bien comprendre et de s'approprier, dans son ensemble, son projet ou le projet de l'équipe. Cette période est aussi l'occasion de comprendre ce qu'implique le fait d'être en affaires et d'en reconnaître les exigences.

Profitez bien de cette période d'accalmie…

À NOTRE TOUR !

 Il ne nous reste plus qu'à vous souhaiter tout le succès que vos efforts entrepreneuriaux vous permettront d'atteindre. Bon démarrage !

Lexique des principaux termes financiers utilisés

Actif à court terme

Dans le bilan d'une entreprise, l'actif à court terme comprend généralement l'encaisse (argent dont dispose l'entreprise), les dépôts de sécurité pour le loyer ou les services publics, les placements, les stocks de biens à revendre ou de matières premières, les comptes clients. Il inclut aussi tout autre élément possédé par l'entreprise qui pourrait être vendu ou encaissé dans une période inférieure à 12 mois.

Actif à long terme

Dans le bilan d'une entreprise, l'actif à long terme comprend tous les éléments que possède l'entreprise afin de fabriquer ou de vendre son produit ou son service. On y trouve des biens comme l'équipement, l'outillage, le matériel roulant (camions), la bâtisse et le terrain, l'enseigne extérieure, le matériel de bureau et d'informatique, etc. Il s'agit ici de biens que l'entreprise doit conserver afin de vaquer à ses opérations.

Avoir du propriétaire

Dans le bilan d'une entreprise, l'avoir du propriétaire représente la différence entre la somme des éléments d'actif (court et long terme) et les dettes de l'entreprise. Tout comme dans le bilan personnel, il s'agit de la valeur nette, soit ce que l'on possède moins ce que l'on doit. Pour le calculer, on ajoute les revenus nets à la mise de fonds investie par le propriétaire pour la première année d'exploitation (ou bien on retranche les pertes nettes de l'entreprise de cette même mise de fonds). Cette valeur à la fin de la première année devient la valeur au début de la deuxième année et remplace alors la mise de fonds dans le calcul de l'avoir.

Bilan

Le bilan d'une entreprise présente, d'un côté, ce que l'entreprise possède (les éléments d'actif à court et à long terme) et, de l'autre côté, ce que l'entreprise doit (les éléments de passif à court terme et à long terme) de même que ce que vaut l'entreprise (avoir du propriétaire).

Coût des marchandises vendues

Pour les entreprises commerciales et manufacturières, le coût des marchandises vendues représente ce qu'il en a coûté à l'entreprise pour produire ou vendre ses produits. Pour le calculer, on ajoute les achats de l'année aux stocks au début de l'année puis on déduit les stocks à la fin de l'année (stocks au début + achats − stocks à la fin).

Endettement

L'endettement d'une entreprise est le solde total des montants qu'elle doit à ses créanciers, qu'il s'agisse d'un établissement financier ou d'un fournisseur.

État des résultats

L'état des résultats, aussi connu sous le nom d'état des revenus et dépenses, présente la différence entre les ventes et les dépenses engagées par l'entreprise pour réaliser ces ventes. Il permet de déterminer la marge bénéficiaire brute, le profit avant impôt, l'impôt à payer et le profit après impôt.

Fonds de roulement

Le fonds de roulement d'une entreprise est composé de l'encaisse, des comptes clients et des stocks de l'entreprise, soit la majorité des éléments d'actif à court terme. Il sert à évaluer si l'entreprise est à même de faire face à ses obligations financières à court terme.

Liquidités

Les liquidités ressemblent beaucoup au fonds de roulement. On leur retranche cependant les stocks pour avoir une meilleure idée de l'argent comptant disponible à court terme afin de payer les comptes courants de l'entreprise.

Marge bénéficiaire brute

Pour calculer la marge bénéficiaire brute, on doit retrancher le coût des marchandises vendues du total des ventes. La marge bénéficiaire brute représente alors le montant d'argent qu'il reste à l'entreprise pour payer les dépenses courantes, notamment les frais fixes comme le loyer, les assurances, etc. À noter que les achats de stocks ont été calculés comme des frais variables dans l'évaluation du coût des marchandises vendues.

Marge bénéficiaire nette

On obtient la marge bénéficiaire nette lorsqu'on soustrait les dépenses de la marge bénéficiaire brute. Le montant obtenu correspond au profit avant impôt lorsqu'il est calculé en argent et se nomme marge bénéficiaire nette lorsqu'il est calculé en pourcentage.

Mouvements de trésorerie

Les mouvements de trésorerie sont un état prévisionnel qui permet d'évaluer la façon dont les entrées et les sorties de fonds se feront dans l'entreprise.

Passif à court terme

Les éléments de passif à court terme comprennent les dettes que l'entreprise devra payer au cours des 12 prochains mois. Généralement, on y retrouve les comptes fournisseurs, le solde de la marge de crédit et la portion de la dette à long terme due dans les 12 prochains mois.

Passif à long terme

Les éléments de passif à long terme comprennent le solde de l'ensemble des dettes de l'entreprise moins, naturellement, la portion due à court terme. On y trouve généralement des hypothèques mobilières (emprunt pour du matériel, par exemple) et des hypothèques immobilières (emprunt pour une bâtisse, par exemple).

Profit avant impôt

Il s'agit de la somme qui sera imposée par les deux ordres de gouvernement. On calcule cette somme en déduisant les dépenses de la marge bénéficiaire brute de l'entreprise.

Stock à la fin (ou final)

Le stock à la fin correspond aux matières premières ou aux biens à revendre qui restent dans l'entreprise à la fin de l'année financière. Lorsque l'entreprise est en exploitation, on détermine le montant du stock final grâce à un inventaire physique. Dans les prévisions financières, il faut estimer ce montant en se servant des prévisions de ventes et d'achats. Au début de l'exercice financier suivant, le stock final devient le stock initial.

Stock au début (ou initial)

Au démarrage, le stock initial est représenté par l'évaluation qu'on fait des marchandises nécessaires pour répondre à la demande. Ensuite, il est calculé à partir du stock final de l'année précédente.

Références

Bibliographie

Belley, A. et J. Lorrain. *Guide de préparation du plan d'affaires : concours Devenez entrepreneur(e)*, Fédération des cégeps et Fondation de l'entrepreneurship, Québec et Charlesbourg, 1992.

Belley, A., L. Dussault et J. Lorrain. *Le plan d'établissement prototype : analyse critique du contenu de plans d'affaires*, ministère de l'Agriculture, des Pêcheries et de l'Alimentation, Québec, 1989.

Bergeron, P. *La gestion dynamique : concepts, méthodes et applications*, 3ᵉ édition, Gaétan Morin Éditeur (Chenelière Éducation), Montréal, 2001.

Berkowitz, E. N., et collaborateurs. *Le marketing*, Chenelière / McGraw-Hill, Montréal, 2003.

Burk Wood, M. et E. Le Nagard-Assayag. *Marketing planning*, Pearson Education, Paris, 2005. (livre en français)

Carrier, S. *Le Marketing et la PME,* Les Éditions Transcontinental et les Éditions de la Fondation de l'entrepreneurship, Montréal, 1994. (Collection Entreprendre)

Chebat, J. C., et collaborateurs. *Le comportement du consommateur*, 3ᵉ édition, Gaétan Morin éditeur, Montréal, 2003.

Chiasson, M. *Marketing gagnant*, Les Éditions Transcontinental et la Fondation de l'entrepreneurship, Montréal, 1995. (Collection Entreprendre)

Cossette, C. et N. Massey, *Comment faire sa publicité soi-même*, 3ᵉ édition mise à jour et augmentée, Les Éditions Transcontinental, Montréal, 2002.

D'Astous, A., et collaborateurs *Comportement du consommateur*, Chenelière / McGraw-Hill, Montréal, 2002.

D'Astous, A. *Le projet de recherche en marketing*, 3ᵉ édition, Chenelière Éducation, Montréal, 2005.

Dessler, G., et collaborateurs. *La gestion des organisations : principes et tendances au XXIe siècle*, Les Éditions du Renouveau Pédagogique Inc. (ERPI), Saint-Laurent, 2004.

Direction du commerce, des services aux entreprises et de la construction, *Tendances dans l'industrie du commerce de détail,* ministère du Développement Économique et Régional et de la Recherche, Québec, 2004.

Dubuc, Y. et B. Van Coillie Tremblay. *En affaires à la maison : le patron, c'est vous*, Les Éditions Transcontinental et les Éditions de la Fondation de l'entrepreneurship, Montréal, 1994. (Collection Entreprendre)

Filion, L.-J. *Vision et relations : clefs du succès de l'entrepreneur*, Les Éditions de l'entrepreneur, Montréal, 1991.

Fortin, R. *Comment gérer son fonds de roulement*, Les Éditions Transcontinental et les Éditions de la Fondation de l'entrepreneurship, Montréal, 1995. (Collection Entreprendre)

Gasse, Y. et A. D'Amours. *Profession entrepreneur : avez-vous le profil de l'emploi?*, Les Éditions Transcontinental et les Éditions de la Fondation de l'entrepreneurship, Montréal, 2000. (Collection Entreprendre)

Gouvernement du Québec. *Les principales formes juridiques de l'entreprise au Québec*, 3ᵉ édition, Les Publications du Québec, Québec, 2004.

Laferté, S. *Comment trouver son idée d'entreprise : découvrez les bons filons*, 3e édition, Les Éditions Transcontinental et les Éditions de la Fondation de l'entrepreneurship, Montréal,1998. (Collection Entreprendre)

Laferté, S. et G. Saint-Pierre. *Profession : travailleur autonome*, 2e édition, Les Éditions Transcontinental et les Éditions de la Fondation de l'entrepreneurship, Montréal. (Collection Entreprendre) À paraître.

Laroche, D.-C., et collaborateurs. *Le gestionnaire et les états financiers*, 4e édition, Les Éditions du Renouveau Pédagogique Inc. (ERPI), Saint-Laurent, 2004.

Levasseur, P., C. Bruley et J. Picars. *Autodiagnostic*, Les Éditions Transcontinental et les Éditions de la Fondation de l'entrepreneurship, Montréal, 1991. (Collection Entreprendre)

Roy, M. *Faire une étude de marché avec son PC*, Les Éditions Transcontinental et les Éditions de la Fondation de l'entrepreneurship, Montréal, 2002. (Collection Entreprendre)

Sallenave, J.-P. et A. D'Astous. *Le marketing : de l'idée à l'action*, 2e édition, Boucherville, Les Éditions Vermette inc., 1994.

Timmons, J. A. et S. Spinelli. *New Venture Creation : Entrepreneurship for the 21st Century*, 7th Edition, McGraw-Hill / Irwin, Montréal. À paraître.

Vallerand, J. et P. Gendron. *Naviguer en affaires : la stratégie qui vous mènera à bon port !*, Les Éditions Transcontinental et les Éditions de la Fondation de l'entrepreneurship, Montréal, 1995. (Collection Entreprendre)

Webographie

Association des centres locaux de développement du Québec (www.acldq.qc.ca)

Association des clubs d'entrepreneurs étudiants du Québec (www.acee.qc.ca)

Assurance-emploi (www.hrsdc.qc.ca)

Banque de développement du Canada (www.bdc.ca)

Bibliothèque nationale du Québec (www.banq.qc.ca)

Bureau de normalisation du Québec (www.bnq.qc.ca)

Commission de la santé et de la sécurité au travail (www.csst.qc.ca)

Commission des normes du travail (www.cnt.gouv.qc.ca)

Conseil de la coopération du Québec (www.coopquebec.coop)

Conseil national de recherche Canada (www.nrc-cnrc.gc.ca)

Développement économique Canada pour les régions du Québec (www.dec-ced.gc.ca)

Emploi-Québec (www.emploiquebec.net)

FedStats (www.fedstats.gov)

Gouvernement du Canada – portail entreprise (www.strategis.gc.ca)

Gouvernement du Québec – portail général (www.gouv.qc.ca)

Institut de la propriété intellectuelle du Canada (www.ipic.ca)

Institut de la statistique du Québec (www.stat.gouv.qc.ca)

Institut national de la statistique et des études économiques (www.insee.fr)

Manufacturiers et exportateurs du Québec (www.cme-mec.ca/qc)

Ministère de l'Emploi et de la Solidarité sociale Québec (www.mess.gouv.ac.ca)

Ministère de l'Environnement du Canada (www.ec.gc.ca)

Ministère de l'Environnement du Québec (www.mddep.gouv.qc.ca)

Ministère du Développement économique, de l'Innovation et de l'Exportation (www.mdeie.gouv.gc.ca)

Organisation internationale de normalisation – ISO (www.iso.org)

Publications du Québec (Les) (www.publicationsduquebec.gouv.qc.ca)

Régie de l'assurance maladie du Québec (www.ramq.gouv.qc.ca)

Régie des rentes du Québec (www.rrq.gouv.qc.ca)

Régime québécois d'assurance parentale (www.rqap.gouq.qc.ca)

Registraire des entreprises du Québec (www.req.gouv.qc.ca)

Répertoire des produits fabriqués – Centre de recherche industrielle du Québec (www.criq.qc.ca)

Réseau des Sociétés d'aide au développement des collectivités (www.reseau-sadc.qc.ca)

Ressources humaines et développement social Canada (www.rhdcc.gc.ca)

Revenu Canada (www.cra-arc.gc.ca)

Revenu Québec (www.revenu.gouv.qc.ca)

Statistique Canada (www.statcan.ca)

Stat-USA (www.home.stat-usa.gov)

Faites-nous part
de vos commentaires

Assurer la qualité de nos publications
est notre préoccupation numéro un.

N'hésitez pas à nous faire part de
vos commentaires et suggestions
ou à nous signaler toute erreur
ou omission en nous écrivant à :

livre@transcontinental.ca

Les éditeurs